Heinrich Gottfried Ollendorff

A Practical Grammar of Portuguese and English,

exhibiting, in a series of exercises in double translation, the idiomatic structure of

both languages, as now written and spoken

Heinrich Gottfried Ollendorff

A Practical Grammar of Portuguese and English,
exhibiting, in a series of exercises in double translation, the idiomatic structure of both languages, as now written and spoken

ISBN/EAN: 9783337298920

Printed in Europe, USA, Canada, Australia, Japan

Cover: Foto ©Paul-Georg Meister /pixelio.de

More available books at **www.hansebooks.com**

A PRACTICAL GRAMMAR

OF

PORTUGUESE AND ENGLISH,

EXHIBITING, IN A SERIES OF EXERCISES IN DOUBLE
TRANSLATION,

The Idiomatic Structure of both Languages,

AS NOW WRITTEN AND SPOKEN,

ADAPTED TO OLLENDORF'S SYSTEM.

BY THE

REV. ALEX. J. D. D'ORSEY, B.D.,

FELLOW-COMMONER OF CORPUS CHRISTI COLLEGE, CAMBRIDGE,

CHAPLAIN TO THE BISHOP OF GIBRALTAR, LATE CHAPLAIN IN MADEIRA, AND
FORMERLY MASTER IN THE HIGH SCHOOL OF GLASGOW.

LONDON:
TRÜBNER AND CO., 60, PATERNOSTER ROW.
1860.

TO

HIS MOST FAITHFUL MAJESTY,

DOM PEDRO V.,

KING OF PORTUGAL,

ETC., ETC., ETC.,

THIS GRAMMAR IS, BY EXPRESS PERMISSION,

Most respectfully Dedicated,

BY HIS MAJESTY'S

VERY GRATEFUL SERVANT,

THE AUTHOR.

PREFACE.

THE peculiar plan on which this Grammar* is constructed is so evident to the habitual student, from a mere inspection of any of its pages, that it seems hardly necessary to introduce it with the now almost stereotyped formality of a preface. It is, however, possible that some persons may feel the want of a few explanatory remarks as to the system, sources of information, method of study, and kindred topics; and I may, therefore, venture to offer one or two observations.

The plan may be called a copy or adaptation of Ollendorf's and Arnold's, for there is certainly enough of resemblance to justify the comparison; but, from having used the text-books of both authors in teaching classics and foreign languages, I can safely say that this little work is not a servile imitation. It aspires to follow the excellencies, without adhering to the blemishes, peculiar to the popular models in question. For instance, it does not indulge in the tedious repetition of the same words and phrases, which some consider the distinguish-

* The first edition, compiled in Madeira in 1852, was printed in *Lisbon*. This, the first *London* edition, is greatly improved and enlarged.

ing merit of Ollendorf; nor does it enter into those minute details and unimportant philological discussions with which Arnold often perplexes even the intelligent, and sometimes discourages the enthusiastic. How far the execution corresponds with the scheme, others must determine.

It may, I think, be laid down as a principle, that no Grammar is worthy of the name which does not support its rules by quotations from the best authors; and, though a brief treatise like the present cannot contain names and references, the very words of the writers ought in all cases to be given, as insuring purity of style, and exemplifying the actual state of the language; or, rather, the compiler of a grammar, instead of theorizing, ought rigidly to follow the principles of inductive science, and frame his rules on an extensive and impartial examination of all the forms of speech, as exhibited in modern standard works, periodical literature, parliamentary debates, and ordinary conversation. Such is the basis on which this work has been founded. Every page contains a "LESSON," consisting of *three* parts. First, the rule or precept, placed first for the sake of form, but really being the *inference* from the authorities quoted; secondly, Portuguese sentences, in strict relation to the rule, for translating into English; thirdly, English phrases for rendering into Portuguese.

The manner of using this Grammar will, of course, be modified by the views of the teacher and the requirements of the pupils; but it is suggested that an hour should be devoted to each page, that the *teacher* should first read the foreign language slowly, making the pupil imitate, and that there should be constant oral examination and practice in *viva voce* double translation, before writing the illustrations. Afterwards, the pupil should write out both exercises for correction by the teacher. The pages of this book have not been filled with long lists of words, which any dictionary can supply.*

Though a thorough knowledge of any language can only be gained by patient study and hard work, yet there are many who are forced, from want of time, to rest satisfied with a lower standard. Such persons are recommended to omit all exercises that refer to *unusual* or exceptional cases, or to write only half of each page. Several pages are intended more for the Portuguese than the English student, such as 17, 18, etc., and may be neglected by the latter.

In conjunction with his course of practical grammar, the student is recommended to commit to memory daily a page, or at least half a page, of the "Colloquial Portuguese."

The learner should bear in mind that the successful study of a foreign tongue requires a previous knowledge of his own, that there is no royal road to languages any more than to geometry, and that the ordinary hope of being able to "pick up" Portuguese without labour,

* At present there is no good dictionary of the English and Portuguese languages; but one is in preparation, and will, it is hoped, be published next year.

by living in Portugal, and associating with peasants and servants, is a pure delusion; for "*less* than *thorough* will not do it."

A. J. D. D.

Corpus Christi College, Cambridge.
7*th June*, 1860.

A PRACTICAL GRAMMAR
OF
PORTUGUESE AND ENGLISH.

LESSON I.
DEFINITE ARTICLE.

O pai, a mãi, a fílha.	The father, the mother, the daughter.
Do sól, da lúa.	Of the sun, of the moon.
Ao cavállo, á égua.	To the horse, to the mare.
Pélo* soldádo, péla igrêja.	By the soldier, by the church.
No jardím, na rúa.	In the garden, in the street.
De, em, a, para, por.	Of, in, to, for, by.

O sol. A lúa. O cavállo. A igrêja. Do soldádo Da fílha. Da égua. Do jardím. Ao |pai. A fílha do soldádo. A mãi da governadôr. Ao têmpo. No fim do mêz. A'gua na bacía. Na mêsa. No câmpo. Pélo camínho de férro. Ao princípio. No invérno. No már e na térra. Ao ar. Ao presênte. A cása do governadôr. O fim do ânno. Pâra a câma. O cavállo do soldádo. Ao sul do río. O exêmplo do bíspo. Na flôr da idáde. Ao têmpo do domínio româno. A história do paíz. A bôcca da grúta. A vínda do cônde com um exército. A influência da raínha. Pâra o progrésso da civilisação. Na câma. Ao mercádo. No chão.

The horse. The mare. The garden of the father. At the beginning of the year. On the table. Of the door. The history of the country. The influence of the governor. The progress of civilization in the Roman empire. The railroad in the country. To the entrance of the grotto. In the garden of the soldier. The father of the governor. The church in the street. At present. The count and the soldier. The sun and the moon. At market. On the ground. The end of the year. The governor's horse. In the garden of the soldier. The progress of the railroad.

* Pélo is a contraction for por o, no for em o, na for em a.

B

LESSON II.

DEFINITE ARTICLE.

GENERAL RULE.—*The Plural is formed, as in English, by adding* s.

Os lívros, as cártas.	The books, the letters.
Dos amígos, das cásas.	Of the books, of the houses.
Aos irmãos, ás irmãs.	To the brothers, to the sisters.
Pélos câmpos, pélas pórtas.	Through the fields, by the doors.
No serviço, nas guérras.	In the service, in the wars.
E, é.	And, is.

Os lívros. Os cavállos. Os soldádos. Os amígos. As cásas. As pórtas. As guérras. As rúas. As igrêjas. Dos lívros. Dos cavállos. Dos soldádos. Aos amígos. Aos câmpos. Os lívros dos Romãnos. As janéllas das cásas. As ôndas; nas profundêzas do már; as montânhas; os habitântes da térra. No serviço dos rêis. Pâra a glória da pátria. Nos brâços dos irmãos. Pélas janéllas. As hóras da vída. Nas universidádes, nas eschólas, e nos mostêiros. Nas gavêtas. A lísta dos êrros. As hérvas do câmpo. O árco dos fórtes. Pélos Românos. As faculdádes do entendimênto. Pélo valôr nos combátes. Os castéllos dos rebéldes. As fortúnas dos proprietários.

The horses. The friends of the soldiers. The house of the sisters. In the castles of the kings. The inhabitants of the fields. By the arms of the kings. The proprietors, and the inhabitants of the cities. By Grecian civilization. The waves of the seas. The caprices of the friends. By the faculties of the mind. By the valour of the brother. In the wars of the Romans. In the fields of the country. The friends of the sisters. The list of the kings. The inhabitants of the empires. The wars of counts. The fortunes of the Romans. By the doors of the houses.

LESSON III.

INDEFINITE ARTICLE.

Um* hómem, *úma** mulhér.
D'um' rei, *d'uma* raínha.
A um número, *a uma* corôa.
Por um têmpo, *por uma* semâna.
N'um lógar, *n'uma* hóra.
Com um sorríso, *um* vapôr.

A man, *a* woman.
Of a king, *of a* queen.
To a number, *to a* crown.
For a time, *for a* week.
In a place, *in an* hour.
With a smile, *a* steamer.

Um pai. *Um* soldádo. *Um* cavállo. *Uma* fílha. *Uma* égua. *Uma* rúa. *D'um*† jardím. *D'um* ánno. *D'um* río. *A* uma fílha. *A* úma igrêja. *A* uma mulhér. *D'um* vapôr. *Uma* colhér e *um* gárfo. *Um* chapéu de pálha. *Uma* deliciósa frescúra. Com *um* térno amôr. *Uma* revólta dos póvos nas províncias. *Um* côrpo de trópas, *Um* escúdo, *um* êlmo, *uma* espáda, e *uma* lânça. *Uma* chávana de chá. *Uma* garráfa de Málaga. *Um* profúndo silêncio. *Um* grânde mistério. A. vída de *um* hómem. *Um* mêmbro da família. *Uma* profúnda melancholía. *Umas** bótas. Com *uns** lívros nas mãos. Por *uns* válles. Por *um* dos notários.

A friend. *A* house. *A* queen. *A* crown. *Of a* friend. *Of a* house. *To a* man. *To a* crown. *The* horse of *a* king. *A* voyage to Funchal. *A* cup of coffee. The bell of *a* church. *A* shield of gold. *A* member of the family. In *a* thought. *With a* smile. The glance of *a* moment. The tender love of *a* sister. To *a* king. To *a* queen. In the midst of *a* life of combats. *An* invitation from the king. *A* bruise by *a* fall. *A* revolt of the soldiers. *A* bottle of wine. *A* member of the counsel. Residence in *a* family. *A* view of the plains. *A* small part of Portugal. *One* of the castles. *A* sword and *a* lance. A *straw-hat.* In an hour.

* Used in the plural *uns, umas, some.* Um, uma, were formerly always spelled Hum, huma (or hua), and are so still in official documents.

† *D'um* is a contraction for *de um,* as *n'um* is for *em um;* but the uncontracted forms are often used.

LESSON IV.

WITHOUT ARTICLE.

João, Inglatérra.*	John, England.
De María, de Pêdro.	Of Mary, of Peter.
A José, a Lisbôa.	To Joseph, to Lisbon.
Por Guilhérme, por Anna.	By William, by Anna.
Um scéptro de ôuro.	A sceptre of gold.
Sem fórma.	Without the form.

O filho *de* Ulysses. A guérra *de* Tróia. No território *de* Coímbra.† Na côrte do rêi *de* Leão. Vários râmos *de* instrucção. No câmpo *de* batálha. Filho *de* Robérto e irmão *de* Henríque. Aos fins *de* Abríl. O túmulo *de* Anchíses. Sem fórma *de* têmplo. Uma núvem *de* poêira. Uma ráça *de* gigântes. Os limítes dos estádos *de* Fernândo Mágno. Péla conquísta *de* Badajóz. A guérra nas frontêiras *de* Portugál. O Administradôr *do** Funchál na Ilha *da** Madêira. O camínho *por* térra *pâra* Jerusalém. Um lênço *de* cambráia. Os ídolos *de* ôuro, e *de* práta, e *de* cóbre, e *de* pédra, e *de* páu. Grânde reducção *em* préços. *Em* grande escála.

The tomb of the king *of* Portugal. In the court *of* Ulysses. By the wars *of* Anchises. In the territories *of* Robert. The son of the king *of* Leon. On the frontiers *of* the states. A province *of* Spain. Son *of* John and brother *of* Peter. A silver spoon. The tomb *of* Henry. The way *by* land *to* Lisbon. A straw-hat. A cloud *of* dust. By the conquest *of* Coimbra. *In* consequence of the cloud. At the end *of* May. Idols *of* gold and silver. In the territory *of* Austria. John's brother. Henry's mother. The Island *of* Madeira.

* Proper names sometimes take articles. (1.) Countries: A Lombardía, A Frânça. (2.) Rivers: O Téjo, O Míncio. (3.) Great men: O Camões, O Virgílio. (4.) Familiarly: O Phelps, O Castelbranco. (5.) For distinction: *A* Madeira, when it means *the island of that name;* because *Madeira, without* the article, means *wood*, or *timber.*

† Almost as if Queem-bra.

LESSON V.

ARTICLES USED IN ENGLISH, NOT IN PORTUGUESE.

Ramsgate, pôrto marítimo.	Ramsgate, a seaport.
Elle é médico.*	He is a doctor.
Que béllo cavállo!	What a fine horse!
Henríque primêiro.	Henry the First.
História de Portugál.†	A History of Portugal.
Não ha día.	There is not a day.
Em tal cáso.	In such a case.

De víva vóz. *Em* pôucas palávras. *Em* tercêiro logár. Lisbôa, capitál do rêino, residência do rêi. Setúbal, vílla múito notável, com vásto e segúro pôrto, expórta grânde quantidáde de sál. Coímbra, *em* felíz situação, têm estabelecimêntos *de* primêira órdem. Sou médico. Nôite calmósa de júnho. Séu tío é hespanhól. *Em* mêio dos grândes ríscos. Bristól, pátria de Lócke, philósopho illústre. O sêu amígo é tenênte. Que béllo navío! Que acção tão infâme! Éste é um paíz bellíssimo. Tânto melhór. E' animál amphíbio. *Em* benefício dos habitântes.

Madrid, *the* capital of Spain. Your brother is *a* lawyer. What *a* fine horse! So much *the* less. In *the* fourth place. George *the* Third. *A* history of Madeira. The frog is *an* amphibious animal. Not *a* day passed in which, etc. In spite of *a* brave resistance. In what we now call *the* province of Estremadura. Up to *a* certain point. What *a* night! It is *a* fact, that, etc. The church is *a* beautiful fabric. He had *a* good heart. His brother is *a* general. What *a* beautiful town! London, *the* capital of England. In *a* little time.

* The article is invariably omitted in Portuguese before names of professions, trades, etc., except when a special case is meant, as O vigário não está em casa."
† Article omitted in titles of books.

LESSON VI.

ARTICLE USED IN PORTUGUESE, NOT IN ENGLISH.*

O hómem é o senhôr da térra.	Man is the lord of the earth.
O prêto, o brânco, e o vêrde.	Black, white, and green.
A imágem da mórte.	The image of death.
A virtúde é amável.	Virtue is amiable.
Sôbre tôdos os assúmptos.	On all subjects.
Désde as 9 ás tres hóras.	From 9 to 3 o'clock.
Por tôda a Europa.	Through all Europe.

O fim da história é a verdáde. No progrésso da sciência. Tôdas as hóras da vída. O séu nôme é celebrádo por tôda a Ásia, pêlo sêu valôr nos combátes. Vênho da igrêja. O almôço está prômpto. A história antíga e modérna. Os soldádos môços e os vélhos. A rósa é a máis bélla das flôres. A grandêza do nascimênto. As virtúdes dos sêus maióres. A glória militár. A influência do ôuro. As rédeas do govêrno. O melhoramento da educação. Em tôdas as clásses do pôvo. As principáes nações da Európa. No decúrso da vída. Das cártas em gerál.

Ancient and modern history. The constant exercise of virtue. The weight of authority. The voice of independence, reason, and truth. The energy of social life. All sorts of letters. The community of language. The old and new scholars. The elephant is the largest of quadrupeds. The administration of justice. To the north of Cape St. Vincent. In spite of all separations. The vast dominions of history. In the empire of Brazil. Some of whom. In truth. At least. In case of alteration. The islands of Europe. Xavier, the apostle of India. The influence of gold.

* The article is used in Portuguese before nouns in their widest sense, e.g., man for mankind; and before abstract nouns, virtue, beauty, etc.

LESSON VII.

ARTICLES OMITTED, OR TRANSPOSED.

Com *úma* tál cárta.	With such *a* letter.
Em *tão* vásta escála. Tamânho.	On so vast *a* scale. So great.
Por vía de régra.	By way of rule.
Matérias de fácto.	Matters of fact.
Sêm ceremónia.	Without ceremony.
Uma mêia chícara.	Half *a* cup.

Ésta collecção de cártas. Em pôuco têmpo. Um género d'escriptúra. Tão louvável propósito. Em tál matéria. De tál módo. Núnca lhe dísse *tál* côusa. *Tál* nôme. Sêm restricção. Em *tál* cáso. Em vóz báixa. Máis de *mêia* hóra. A cáusa de *tál* mudânça. Em segrêdo. Em fúmo. Um *tamânho* privilégio. Sêm dúvida. Com elegância. Com máis frequência. Com órdem e méthodo. Em prática. Em silêncio. Em párte. Por fálta de espáço. Em pôucas semânas. Em grânde párte da Ásia. O motívo de similhânte procedêr.

With energy. In *a* severe tone. In general. Without pity. *Such a* man is praiseworthy. In short. This collection of books. In *a* little time. In *such a* case. In *a* low voice. In *a* few days. *Such a* king. More than half *an* hour. For want of time. In *a* great part of Europe. In practice. With *such a* collection of letters. *Such a* title. In *a* few days. The reason of *such a* smoke. In *a* few months. *A* kind of writing. The cause of *such a* change. Without doubt. In secret. In *such a* way. Without restraint. Half *a* cup. On so vast *a* scale. *Such a* thing.

LESSON VIII.

PECULIARITIES OF THE ARTICLE.

Quátro xelíns *o* arrátel.	Four shillings *a* pound.
Dúas patácas *a* vára.	Two dollars *an* ell.
Com as cháves *na* mão.	With the keys in *his* hand.
O vêr-te, e *o* abraçár-te.	Seeing thee and embracing thee.
Levôu *as* mãos *á* cabêça.	Raised *his* hands to *his* head.
O bom *do* mônge.	The good monk.

Em tôdos *os* têmpos. Pagár tânto *por* cabêça. Bôa gênte de âmbos *os* séxos. Fáça-me *outro* pár. *Cão* que ládra não mórde. A tôdos *os* respêitos. Instruído por *tão* memorável acontecimênto. *No* lêito *da* mórte. Apresentádo *por mão* de Fernândo. Eram* pérto *das* sêis hóras *da* tárde *do* dia sêis de maio *do* ânno de 1389. *Cão* que víve com lôbos, acába por sêr feróz. Com âmbas *as* mãos. O abúso *da* liberdáde *de* imprênsa. *Por espáço de* cínco ânnos. *Máu dia* pâra começár *viágem*. Metáde *de* úma semâna. *Ao* domíngo de tárde.

I was Charles's *comrade*. With the stick in *his* hand. Make me *another* hat. On his *death-bed*. With both hands. *A bad* day for beginning an enterprise. The liberty of the press is precious. *The good soldier* raised *his* hand to *his* mouth. This is three dollars *a* pound. I gave four bits *a* yard for it. In all respects, I think it good. The money was presented *by the* hand of Frederick. Half *a* week. On Saturday evening. On Monday afternoon. Another pair. For the space of five days. He pays so much *a* head. Both sexes.

---

* The third person plural may end "ão" or "am," *e. g.*, são, sam; erão, eram. The former is more usual, the latter gradually coming into practice.

LESSON IX.

ARTICLES COMBINED WITH PREPOSITIONS.

No, na, nos, nas, *in the.*
Pêlo, pêla, pêlos, pêlas, *by the.*
N'um, n'uma, *in a.*

Nós têmos, *we have.*
Elles têm, *they have.*
Está, *is.**

Bacía, *basin;* almôço, *breakfast;* mêsa, *table;* quárto, *a room;* lója, *shop;* igrêja, *church;* escáda, *staircase.*

Na câma. *Ao* almôço. *N'um* quárto. *Nas* lójas. *A* bacía não está *no* quárto. *Pêlo* fílho. *Pêla* fílha. *Pêlos* hómens. *Na* bacía. *Nas* igrêjas. *Na* escáda. *No* úso *da* língua. Uma differença *no* systéma. O domínio *dos* Romános. O almôço está *na* mêsa. O progrésso *da* sociedáde. *Na* verdáde. *Na* infância *da* história. *Nos* têmpos *da* revolução. A restauração *das* lêtras. *No* mêio. *Nas* universidádes e *nas* eschólas. As ruínas *da* liberdáde. *Pélas* influências *dos* têmpos. Nós têmos água *na* bacía. Élles têm lívros *nos* quartos. *Na* lója.

In the beds. *In the* rooms. *By the* progress of truth. *In a* shop. *In the* church and *in the* school. *In the* infancy *of* society. The restoration *of the* Romans. *In the* midst *of the* ruins. We have the use *of the* tongue. The basin is *in the* room. *By the* influence of liberty. We have a difference *in the* schools. Breakfast is *on the* table. *In the* ruins *of the* church. The son is *in* bed. *In the* room *of the* man. *In the* times *of the* Romans. The progress *of* truth. The restoration *of* liberty. A difference *in the* use *of the* book. *In the* boy's bed.

---

* *Está* is used for *is*, when time, place, and circumstances are spoken of; but *é* is employed when a *permanent* quality is referred to. "A água *está* quênte," the water is hot—*temporarily*—but A água do mar *é* salgáda—sea water is salt—*always.*

LESSON X.

NUMBER OF NOUNS—REGULAR PLURALS.

Lívro, *book;* úva, *grape;* irmão, *brother;* irmã, *sister;* mêia *stocking;* sapáto, *shoe;* naválha, *razor;* senhôr,* *lord, sir;* estão, *are;* eu tínha, *I had;* ella tínha, *she had;* nós tínhamos, *we had;* elles tínham, *they had;* dê-me, *give me;* mêu, *my* (m.); mínha, *my* (f.); mêus (m. p.); mínhas (f. p.); tôdo, a, os, as, *all;* méstre, *master;* não, *not.*

Eu tínha *lívros.* As discórdias dos tres *irmãos.* Dê-me as *naválhas.* Um côrpo de *trópas.* Os *irmãos* têm *sapátos* e *méias.* Elle tínha tôdas as *méias.* Dê-me os *lívros.* Nas *frontéiras* de Portugál. As *diocéses* dos *bíspos.* Os senhôres não têm *naválhas.* Guérras e *conquístas.* Os *mémbros* da congregação. Os *estádos* dos *réis.* Dê-me as mínhas *méias.* Os mêus *irmãos* estão na flôr da idáde. As *frontéiras* dos *estádos.* As *traições* dos *inimígos.* Tôdos os *lívros.* Os *descobriméntos* dos *navegántes.* Os *lívros* são os *méstres* múdos.

She had not *books.* I had *shoes.* I had not a body of *troops.* The *brothers* of the *bishops.* The *wars* of the *kings.* My brother has not *razors.* Had I *books?* I had not *shoes.* The *shoes* and *stockings* of my *brothers.* We had the *stockings* of the son. My *brothers* are in the *rooms.* My *sisters* are in the midst of the *ruins.* The *shops* of the *towns.* The *wars* and *conquests* of the *kings.* The *kings* had *troops.* We had *books.* The king had a body of *troops.* My *sisters* had *enemies.* Give me the *shoes* and *stockings.* She had three *sisters.* They had my *books.*

* Nouns in r take *es* to form the plural, senhôr, senhôres. Nouns in z likewise take *es*, vóz, vózes.

LESSON XI.

NOUNS—NUMBER.*

Cártas, pênnas, fôlhas.	Letters, pens, sheets.
Igrêjas, desêjos, cópos.	Churches, wishes, glasses.
Senhôras, devêres, môscas.	Ladies, duties, flies.
Días, rapázes, jógos.	Days, boys, plays.
Cáixas, rapôzas, impóstos.	Boxes, foxes, taxes.

Mil *agradeciméntos*. *Gráças* a Dêus. As *cártas* do amígo. Os *lírios* do câmpo. A grandêza dos *dêuses*. As *cártas* do Pádre Viêira. As *léis* da hónra e do múndo. As *músas* éram as *dêusas* das *sciéncias* e das *ártes*. Pênnas e tínta. As *garráfas* e os *cópos*. As *senhôras* e os *rapázes*. Os *días* do ânno. *Gínjas, morângos, amóras*, e *pêcegos*. *Vestídos* d'hómem. Um século das *descobértas*. As *igréjas* das *cidádes*. *Recádos* á família. Nos *cántos* das *rúas*. Os *râmos* das *fáias*. As *cáixas* de chá. As *rapózas* nos desértos.

The *letters* of the *man*. The *leaves* of the *trees*. The *wishes* of the *boys*. The dresses of the *ladies*. The *brushes* of the *men*. The *bottles* and the *glasses*. The *duties* of the *families*. The *glories* of the *discoveries*. The *plays* of the *boys*. *Birches, beeches*, and *larches* are fine *trees*. The *beauties* of nature. The *ladies* of the family. The *voices* of the *goddesses*. The *houses* and *churches* of the *cities*. The *boys* have *peaches, nuts*, and *cherries*. The *days* of the week. The *duties* of the ladies. *Lilies* and *daisies*. The *books* in the *churches*. A thousand *thanks*. The *sheets* of the *books*. The *wishes* of the *men* and *boys*.

* This page being intended to show Portuguese students the mode of forming English plurals, may be passed over by Englishmen.

LESSON XII.

NOUNS—NUMBER.*

Mulhéres, pães, fácas.	Wives, loaves, knives.
Téctos, pífanos, chéfes.	Roofs, fifes, chiefs.
Heróes, prêtos, échos.	Heroes, negroes, echoes.
Núncios.	Nuncios.
Volcões, búfalos, batátas.	Volcanoes, buffaloes, potatoes.

As *fólhas* das *flôres*. Noé com sêus fílhos, súa mulhér, e as *mulhéres* de sêus *fílhos*. Mil *cópos* de práta, vínte e nóve *fácas*, trínta *táças* d'ouro. Uma tórta de *cerêjas*. A virtúde dos *heróes*. Os *lôbos* são *animáes* ferózes. Os *pífanos* dos *prêtos*. As *mulhéres* dos *heróes*. Os *ladrões* da Syria. Os *núncios* são embaixadôres do pápa. Os *négros* n'uma róça da América. *Lencínhos* do pescôço. *Véus* de rênda. Seis *lênços* de sêda. *Côuves*, *espináfres*, *ervílhas* e *batátas*. Os *volcões, os terremótos*, as *alluviões*. Os *búfalos* da América. Os *cántos* da Lusíada.

The *wives* of the *men*. The *loaves* of the *thieves*. The *knives* of the *negroes*. The *roofs* of the *houses*. The *taxes* of the *province*. The *quarries* of marble. Paradise Lost, a poem in twelve *cantos*. The *trees* on the *margins* of the *rivers*. Four silk *handkerchiefs*. The *echoes* of the *woods*. The red and white *potatoes* are the most common *roots* now in use. The *punctilios* of public *ceremonies*. The cool *grottoes*. Ponderous *folios*. I sing of *heroes* and of *kings*. American *buffaloes*. *Knives, forks* and *spoons*. The *cantos* of Childe Harold.

* For the Portuguese student.

LESSON XIII.

NOUNS—NUMBER.*

Hómens, mulhéres, creânças.	Men, women, children.
Pés, dêntes, gânsos.	Feet, teeth, geese.
Bôis, pórcos; vinténs.	Oxen, swine; pennies, pence.
Rátos,†Morgânhos, cúnhos, dádos.	Mice, dies, dice.
Tafúes, fáchos, gádo.	Beaux, flambeaux, cattle.

Os *hómens*, as *mulhéres* e as *creânças* da cidáde. Os *rátos* cómem as *hervílhas*. Dois *vinténs* o arrátel. Os *pés* das senhôras. Tênho *bois*, jumêntos, *ovêlhas*, sérvos, e sérvas. Os sêus *dêntes* éram cômo os *dêntes* dos leões. Uma grânde manáda de *pórcos*. *Cúnhos* são péças d'áço pâra imprimír nas moédas ou medálhas. O vínho a sêis *vinténs* a garráfa. As plântas dos *pés*. A lúz dos *fáchos*. *Dádos* fálsos. *Fáchas* são tóchas ou fêixes de váras. As pátas dos *gânsos*. Os *dêntes* dos *morgânhos*. As pretenções dos *tafúes*. Os *azáres* dos dádos. Os *pés* dos *bôis*.

The *men* are thieves. The *women* have knives. The *children* have bottles and glasses. Abram had *sheep, oxen*, and asses. The hair of cats, rats, and *mice*. A gamester and the *dice*. Two *pence* a pound. The *coachmen* and *footmen*. The soles of the *feet*. Turkeys, *geese* and ducks. A herd of *swine*. The *teeth* of the lions. The thieves have dies. Three *pence* a yard. Four silver *pennies*. *Dies* used in stamping money. Four *pence* a pound. The *men's children* are with the *women*. The *teeth* of the *swine* and the *feet* of the *geese*.

* Chiefly for the Portuguese student.

† *Rátos* means *rats* and often *mice*; but *morgânhos* always *mice*.

LESSON XIV.

NOUNS—NUMBER.

Carnêiro, veádos.	Sheep, deer.
Apparáto, hiáto, espécie.	Apparatus, hiatus, species.
Mêios, riquêzas.	Means, riches.
Pôvo, gênte; hortalíças, maniótas.	People; vegetables, manacles.
Béllas-léttras, as gazêtas, archívos.	Belles-lettres, the papers, archives.

Os hómens cómem os *bôis*, os *carnêiros*, os *gânsos*, e os *veádos*. A dáta do reinádo de Affônso vi do nôme na *série* dos rêis de Oviêdo. O bom pastôr dá a própria vída pêlas súas *ovêlhas*. O *apparáto* de guérra. Um *hiáto* é úma abertúra da bôca occasionáda pêla pronúncia das vogáes O *pôvo* portuguêz, célebre na história. *Gênte*, multidão de pessôas. As *notícias* são bôas. *Hortalíça*, côuves, *alfáces*, *legúmes* nas hórtas. Riquêzas, *béns*, e glória. Uma multidão de *pôvo*. Balântes *ovêlhas* com os térnos cordêiros. Luiz xiv éra o protectôr das *béllas-léttras*.

The *sheep* and the *oxen* are in the fields. *News* of your brother. The *crocuses* and *narcissuses* are beautiful. A fine bed of *asparagus*. The deserted *archives* of Portugal. *Deer, stags*, and *buffaloes*. In the long *series* of kings. The Spanish *people*. The academy of the *fine-arts*. The *apparatus* of the Chemist. A *series* of vowels. *Sheep, deer*, and *oxen*. An obscure *population*. The *papers* are full of *news*. The *archives* of the kingdom. The *riches* of the shepherd are the *sheep*. The *vegetables* are good. The tender *lambs* of the bleating *sheep*. The *manacles* of the thieves. The king is the protector of the *fine-arts*.

LESSON XV.

PLURALS.*

Cidad*ãos*, Christ*ãos*, m*ãos*.   Citizens, Christians, hands.
Capit*ães*, c*ães*, p*ães*.   Captains, dogs, loaves.
Acç*ões*, naç*ões*, coraç*ões*.   Actions, nations, hearts.
An*ões*, vill*ães—ões*.   Dwarfs, country-men.

Os *cidadãos* de Lisbôa. Nas *mãos* do inimígo. *Capitães* de *ladrões*. Cinco *pães* e dóis *peixes*. A formação dos *pluráes*. A fúria dos *cidadãos*. Com violêntas *convulsões*. As *acções* do hómem. Os médicos, os *cirurgiões*, e os boticários. As *intenções*, são excellêntes. As *dissensões* do império. As *paixoes* das túrbas. *Christãos* e sarracênos. Os *capitães* do exército. Os chéfes das nações. As *orações* dos arcebíspos. Uma das *mãos*. Os altáres dos Christãos. As *pretenções* do rêi. A existência das *gerações*. As *collecções* de monumêntos. O alternádo das estações.

In the *hands* of the *citizens*. The *captains* of *Christians*. The *thieves* in the cities. The *actions* of the chiefs. The fury of the countrymen. The *intentions* of the *surgeons*. The *dissensions* and *convulsions* of the empires. The *generations* of Moses. The *relations* of the king. The *invasions* of the *Christians*. The *conditions* of the treaties. The council of the *ancients*. The *compositions* of the poets. The *dogs* of the *countrymen*. The *confessions* of the *hearts*. The *definitions*, the *opinions*, and the *questions*. The *orphans* of the *brothers*. The *passions* of the *pagans*. The *citizens* of Paris are in the *hands* of the enemy.

* There are *three* ways of forming the plural of nouns in *ão*, for which see Appendix.

LESSON XVI.

NOUNS—PLURALS.*

Már*es*, colhér*es*, crúz*es*. | Seas, spoons, crosses.
Amim*áes*, s*óes*, far*óes*. | Animals, suns, lighthouses.
Pap*éis*, tonn*eis*, fus*is*. | Papers, casks, firelocks.
Hóm*ens*, *fins*, b*ens*, atu*ns*. | Men, ends, goods, tunnies.
Consul*es*, mál*es*, paú*es*. | Consuls, evils, marshes.

Os *tujões* dos *máres* da China. *Annéis* e bríncos d'ôuro. O azeíte das *lúzes*. As plântas dão *sáes*. *Cabedáes* são dinheíros, *havéres* e *materiáes*. Os *hómens* são *officiáes* de justiça. *Milháres* de pergamínhos. Os *reptis* da térra. *Pescadóres* de *hómens*. A harmonía das *vózes*. O clarão nas *núvens*. Pêcegos, fígos e *nózes*- As *márgens* do río. Os *principáes* da cidáde. Os cartó rios das *cathedráes*. Os *hómens* de lêttras. Os *caractéres* dos *personágens*. *Broquéis* de madêira ou de metál. Os *mineráes* do paíz. As *órdens* do rêi. As *vézes*. Nos *fins* do século.

The *voices* of the *officers*. In the *seas* of Asia. The *fishes* in the *seas*. The oil of the *lights* in the *cathedrals*. The *salts* of the *plants*. *Thousands* of *papers*. The chief-*men* of the city are *men* of *letters*. The *minerals* of the *countries*. The harmony of the *voices* of the *fishermen*. In the *archives* of the *cathedrals*. *Rings* of gold. *Casks* of wine. Silver-*spoons*. *Suns*, *moons*, and *stars*. The *virgins* of the house. The *firelocks* of the *soldiers*. *The* words are the *signs* of *the* ideas. The *consuls* in the *cities*. The *nostrils* of the *men*. The *rings* of the *citizens*. The *waters* of the *seas*. The *sounds* of the *animals*. The *combs* of the *women*.

* See rules in Appendix.

LESSON XVII.

NOUNS—PLURAL.

Báses, êixos, críses.	Bas*es*, ax*es*, cris*es*.
Dádos, mêios, camádas.	Dat*a*, medi*a*, strat*a*.
Ráios, génios, múgos.	Rad*ii*, gen*ii*, mag*i*.
Redomoínhos, génios, indígenas.	Vortic*es*, geniu*ses*, aborigin*es*.
Lâminas, borrálho.	Lamin*ae*, scori*ae*.

Os *êixos* das cúrvas. As *críses* das doênças. As *báses* das colúmnas. As *críses* são as mudánças notáveis nas moléstias. *Dádos* são noções, razões, fundamêntos ou princípios. Os *ráios* são semi-diâmetros. Byron e Scott *fórão génios*. Os *génios* das lêndas das Mil e úma nôites. *Redemoínhos* são movimêntos em gíro nos ríos ou máres. Nos *appêndices* das óbras. Os *arcános* da monarchía. Os *mágos* érão os sábios dos orientáes. *Hypótheses* e systêmas. Os *phenómenos* da naturêza.

The *bases* of the pyramids. The *axes* of the planets. The *crises* of the histories. The *scoriae* of the volcanoes. *Strata* of lime and coal. I have not *data*. The *genii* of death. The *radii* or semidiameters of the circle. The *aborigines* of Spain. The *vortices* in the river. The *magi* of the East. The *Dons* of Castile. The *gifts* of nature and grace. *Laminae* in the minerals. The *phases* of the moon are *phenomena*. *Cantharides* are insects. The *foci* of the *ellipses*. The *Lares*, amongst the Romans, were domestic gods, protecting *genii*, and guardians of the house. *Errata* in the *theses*. The *apices* of the Pyramids.

c

LESSON XVIII.

PLURALS.

Esmóla, annáes, cínzas.	Alms, annals, ashes.
O ptica, política, collête.	Optics, politics, stays.
Tesôura, espivitadôr, tenázes.	Scissors, snuffers, tongs.
Bófes, fólle, cálças.	Lungs, bellows, trousers.
O'culos, ceróulas, as dâmas.	Spectacles, drawers, draughts.

Os *annáes* das ráças. Múitas *esmólas* ao pôvo. As *cínzas* de Isaác. No pó e na *cínza*. Lucérnas com sêus *espivitadóres*.* Lâmpadas e *tenázes* d'ôuro. Os miólos do hómem. A *óptica* é uma parte da *phýsica*. A *avêia* e o trígo. As *ábas* do telhádo. Aprendêu as *mathemáticas* com Pêdro Núues. Os *trópicos*. Os *póros* das plântas. Os *lófes* são os órgãos da respíração. A *política* é a sciência do govêrno. Uma *tesôura* é um instrumênto de dúas péças. Dai-me as mêias e as *cálças*. Onde está o *fólle?* As *tenázes* estão no cânto.

The *alms* of the Christians. The *annals* of the cities. The *ashes* of the dead. *Optics* is a branch of science. The *politics* of the governors. The *stays* are new. Give me the *scissors* and the *snuffers*. The *lungs* of the countrymen. Golden *tongs*. The *regimentals* are on the table. *Boots, half-boots, shoes, pumps,* and *slippers*. The shovel and the *tongs*. The *drawers* are in the bed-room. The *eaves* of the roofs. The *tropics* are parallel to the equator. He learned *Mathematics* and *Physics*. The *spectacles* of the deans. A game at *draughts*. The *brains* of the hermits.

* *Tesôura*, ou *tesôuras, espivitadêira, espivitadôr, tesôura das vélas,* are all terms in use for snuffers.

LESSON XIX.

PLURALS.

Pórtico, *portico;* cásco, *hoof;* meníno, *child;* hómem, *man;* mulhér, *woman;* pé, *foot;* morgânho, *mouse;* rapôsa, *fox;* gânso, *goose;* mugído, *lowing;* bôi, *ox;* dênte, *tooth;* lôbo, *wolf;* vitélla, *calf;* ovêlha, *sheep;* pôrco, *pig;* fôlha, *leaf;* heróe, *hero;* veádo, *deer;* écho, *echo;* glória, *glory;* cerêja, *cherry.*

Os *pórticos* dos têmplos. Os *meninos* dos *heróes.* Os *cáscos* dos cavállos. Os *hómems* e as *mulhéres* estão nas igrêjas. Os *pés* dos *ratínhos.* As *rapôsas* têm os *gânsos.* Os *mugídos* dos *bôis.* Os *dêntes* dos *lôbos.* Os *pés* dos *pórcos.* As *senhôras* têm *vitéllas, ovéllas, bôis* e *pórcos.* Os *morângos* estão nas *fôlhas.* Os *ladrões* têm os *vestídos.* Os *génios* da época.. Os *génios* da Lámpada. As *fôlhas* das árvores. Os zunídos das *môscas.* Os *meninos* tem *pécegos* e *cerêjas.* Os cavállos dos *hómens.* Os *dêntes* dos *meninos.* Os *gânsos.*

The *porticoes* of the churches. The hoofs of the *oxen.* The children of the *men* and *women.* The *teeth* of the *mice.* The *feet* of the *geese.* The *echoes* of the roofs. The *glories* of the *heroes.* The *wives* of the chiefs. He has *calves, sheep, swine,* and *deer.* The *peaches* and *cherries* are in the *leaves.* The *clothes* of the *thieves.* The ruffs of the *ladies.* The *geniuses* of the age. The *genii* of the lamp. The buzzing of *flies.* The *men* had *foxes* and *wolves.* The *wives* and *children* of the heroes. The *feet* of the *mice.* He has *cherries* and *peaches.*

LESSON XX.

NUMBER OF NOUNS.

Cidadão, *citizen;* Christão, *Christian;* mão, *hand;* órgão, *organ;* cão, *dog;* capitão, *captain;* escrivão, *writer;* guardião, *guardian;* acção, *action;* coração, *heart;* opinião, *opinion;* már, *sea;* cruz, *cross;* animál, *animal;* papél, *paper;* fóssil, *fossil;* páz, *peace:* múito,—a,—os,—as, *many.*

No território dos *Christãos.* Nas *mãos* dos *Allemães.* Os ólhos são *órgãos.* As *opiniões* dos *capitães.* O latído dos *cães.* Os *máres* da China. Os *corações* dos *animáes.* Os *papéis* dos *escrivães.* As *mãos* dos *guardiães.* As *crúzes* dos *Christãos.* Os *cidadãos* de Lisbôa. Os *irmãos* dos *capitães.* As *bençãos* dos *páes.* As *condições* da vída. Os *limões* do jardím. As *affeições* dos parêntes. *Lições* de morál. As *citações* dos authôres. As *impressões* do clíma, das *léis,* dos divérsos *estádos* da civilisação. As *producções* de tôdos êsses sublímes *génios.*

The *captains* have three *dogs.* The *opinions* of the *Christians.* In the *hands* of the *citizens.* The *organs* in the churches. The *actions* of the *writers.* The instinct of *animals.* The new *division.* The *conditions* of the *citizens.* By the *actions* of the *citizens.* In the *hearts* of many *animals.* The *signals* of *invasions.* By the *papers* of my parents. The *voices* of the *captains.* The *captains* are the *brothers* of the *citizens.* In the *papers* of the *writers.* In the *regions* of poetry. Different *editions* of *books.* The poetical *productions.*

LESSON XXI.

GENDER OF NOUNS (MASCULINE).

Pêdro, rêi, bíspo, leão.	Peter, king, bishop, lion.
Café, pé, válle.	Coffee, foot, valley.
Sál, fím, dóm, ardôr, prazêr.	Salt, end, gift, heat, pleasure.
Javalí, lívro, perú, náu.	Boar, book, turkey, ship.
(f.) Sé, fé, chaminé.	Cathedral, faith, chimney.

Pêdro é *médico*, e sêu *máno bíspo*. Os *desêjos* do *rêi*. O *rugído* do *leão*. O *ladrído* do *cão*. O *café* é bôm. O *pé* do monte. O *válle* de lágrimas. O *léite* da váca. O *cônde* é do sângue dos *rêis*. O *lácre* está quênte. A maré é o *flúxo* e reflúxo do *már*. A *sé* de Coímbra. A *fé* é úma das três virtúdes. Os *férros* da chaminé. O *sál* da térra. O *fím* da rua. O *dôm* da naturêza. O *ardôr* do conflícto. Os *colmílhos* d' um javalí. Um *catálogo* de lívros. Uma *náu*.

A king, the father of his people. *The gift* of the Archbishop. *The roaring* of the lions. *The clamour* of men and boys and dogs. *The coffee* is strong. *The foot* of the tree. *The heat* of the valley. *The Cathedral* of Funchal. *The milk* is good. *The blood* of the sacrifices. *The wax* is soft. *The tide* is favourable. *The faith* of the Christians. *The chimney* of the chamber. *The salt* of the sea. *At the end* of the book. *The heat* of the climate. *The feet of the boar*. *The* wing *of the turkey*. *The ships* of the line. Thy *grandmother* Lois. A cooper's *adze*. A *crowd* of people. A barber's *whet-stone*.

LESSON XXII.

GENDER OF NOUNS (FEMININE).

Raínha María, criáda, égua.	Queen Mary, servant, mare.
Lúa, água, cálma.	Moon, water, heat.
Mãe ⎱ lição, opinião. Mãi ⎰	Mother, lesson, opinion.
Amizáde, virtúde.	Friendship, virtue.
(m.) Planêta, systêma, día.	Planet, system, day.
Lã, mercê, lei.	Wool, grace, law.

Victória, *raínha* da Inglatérra, e María, *raínha* de Portugál. Úma *criáda* é úma *mulhér* que sérve. Um cavállo e úma *égua*. A *lúa* nóva. A *água* do már. A *cálma* é o calôr do sól, e a *fálta* de *vénto*. A *mãe* de João. Úma *lição* é úma *leitúra*, ou úma *exposição* de doutrína. Úma nóva *opinião*. Pêla súa *erudição*. A invasão dos Francêzes. Na *infância* da *história*. A monarchía hespanhóla. A *restauração* das *létras* Grêgas. A verdadêira *amizáde* é múito rára. Os fragmêntos dos *planétas* do *systêma* solár. As *órlas* do már.

The *Queen* of Spain. The servant-*maid* of the *Countess*. A new *society*. The *light* of the *moon* in the *water*. The *opinions* of the *mother*. The *experience* of the past. The immediate *consequence*. The glorious *traditions* of the *nation*. The *history* is in the Latin *language*. The *geography* of the Peninsula. A remote *antiquity*. The *genealogy* of the Portuguese *nation*. The French *monarchy*. The *restoration* of Roman *literature*. The *planets* and *comets* of the *system*. The reign of the *monarch*. The *horse* and the *mare*. Public *instruction*. A complete *victory*.

LESSON XXIII.

GENDER OF NOUNS.

Herdêiro, herdêira.	Heir, heiress.
Tutôr, tutôra.	Tutor, tutoress.
Bóde, cábra.	He-goat, she-goat.
Pavão, pavôa.	Pea-cock, pea-hen.
Perú, perúa.	Turkey-cock, turkey-hen.

Herdêiros e *herdêiras* são pessôas que recébem heránças em virtúde da lêi. A *duquéza* é *herdêira* dos sêus bêns. *Tutôr* de sêus fílhos. Nomeáva a *raínha* por *tutóra* do príncipe. Duzêntas *cábras* e vínte *bódes.* O *pavão* é ufâno da súa plumágem. O *actôr* e a *actríz* são excellêntes. Uma jóven *cantôra.* Um lôbo, úma *lóba,* e um lobinho. O *embaixadôr* e a *embaixatríz* estão em Lôndres. O *barão* e a *baronéza* de Goldsmid. O *cônde* e a *condéssa* de Castello-Melhor. A *pavôa* é a *fêmea* do *pavão.* O *perú* e a *perúa* estão no jardím.

The *heiress* of the crown. An *abbess* is the superior or *governess* of a nunnery. The *Countess* of Glasgow. Rachel is a *Jewess.* A *turkey-cock* and *turkey-hen.* A *prophetess.* The *dog-fox.* A *lady* and *gentleman.* A *shepherd* and *shepherdess.* A *lion* and *lioness.* A *tiger* and a *tigress.* A *bear* and *she-bear.* *Vixen* is the name of a *she-fox.* A *jack-ass* and a *jenny-ass.* The *infant* Don Miguel. The *infanta* of Portugal. Presumptive *heiress* of the throne. The *Duke* and *Duchess* of Wellington. The *Empress* of the French. The *Queen* is the friend of the *Countess.* A *male* monkey and a *female* monkey. A *Tom*-cat.

LESSON XXIV.

IRREGULAR GENDERS.

Rapáz, rapariga; mûno, mûna.	Boy, girl; brother, sister.
Rêi, rainha; senhôr, senhôra.	King, queen; lord, lady.
Viúvo, viúva; ûmo, âma.	Widower, widow; master, mistress.
Heróe, heroína; môço, môça.	Hero, heroine; lad, lass.
Cavállo, égua; tôuro, vácca.	Horse, mare; bull, cow.

O *irmão* dêu um lívro ao *rapáz* e úma bonóca á *rapariga*. O *rêi* e a *rainha* da Prússia. Mêu *tío* é mêu tutôr. O *tôuro* e a *váca*. Minha *tía* está doênte. Uma vélha *viúva*. A *senhôra* Rósa. O *gállo* e a *gallínha* estão no gallinhêiro. O *frângo* e a *frânga* estão gôrdos. O *perú* e a *perûa*. Um *gâmo* e úma *gâma*. Um *carnêiro* e úma *ovélha*. Uma *filha*, formósa *rapariga*, chamáda Bernardína. O *macáco* e a *macáca* chêgam do Brazil. O *veádo* e a *córça*. O *leão* e a *leôa* estão prêsos. O *heróe* e a *heroína* estão no têmplo da glória.

The streets of the city are full of *boys* and *girls*. The *brothers* and *sisters* are in the house. The *King* and *Queen* of Portugal. The *ladies* and *gentlemen* are ill. The *lion* and *lioness* are wild. A *hero* is an illustrious man; a *heroine*, a heroic woman. The *lords* and *ladies* have *horses* and *mares*. The *bulls* and *cows* are in the fields. The old *widower* is the *brother* of the *Queen*. Many kinds of *horses*. The *female-monkey* is in the garden. The *King* of Portugal. The *Queen* of Prussia. The milk *of the cow*. The horns of the *ram*. The wool of the *sheep*. She is a fine *girl*. I have a young *mare*.

LESSON XXV.
GENITIVE CASE (COMPLEMENT).

Um plâno d'*educação*.	A plan *of education*.
As possessões *da* monarchía.	The possessions *of the monarchy*.
Dígno d'*attenção*.	Worthy *of attention*.
A cidáde *de Lóndres*.	The city *of London*.
O dúque *de Wellington*.	The Duke *of Wellington*.

Os râmos *de sciência*. Alfândega grânde *de Lisbôa*. Theátro *de D. María II.* Sábbado 6 *de Márço*. Os jornáes *do Río de Janêiro*. A câmara *dos Páres*. Sessão *de* 9 de Márço de 1852. As dúas hóras *da tárde*. A' fôrça *d'ármas*. Déz môios *de trígo*. Por mêio *de figúras*. A árte *de escrevêr*. Lênços *de sêda*. Um projécto *de lêi*. O grão-dúque *de Báden*. Os camínhos *de férro*. Em nôme *do rêi de Dinamárca*. Um esquadrão *de lancêiros*. Um testemúnho *de respêito*. O preládo *da diocése*. Uma cárta datáda de 6 *do corrênte*.

The Marquis *of Rezende*. The importance *of this sort of exposition*. A glance *of the eye*. The Duke *of Braganza*. The council *of state*. The rest *of his days*. The improvement *of education*. The true spirit *of patriotism*. Different qualities *of oil*. With the rank of *lieutenant-colonel*. The municipal guard *of Lisbon*. A body *of* 5,000 *men*. The names *of the subscribers*. The various branches *of commerce*. The first method *of writing*. He is worthy *of praise*. The theatre *of D. Fernando*. Monday, 4th *of April*. On the 22nd *of the* current *month*. Silk handkerchiefs. The Bishop *of the Diocese*. 21st September, 1853.

LESSON XXVI.

ACCUSATIVE CASE.*

Celebrár uma *victória*.	To celebrate a victory.
Tomár o *commándo*.	Take the command.
Conciliár o *respéito* de—	Conciliate the respect of—
Publicár *notícias*.	Publish news.
Tomár um *castéllo*.	Take a castle.
Seguír o *cúrso*.	Follow the course.

Eu não tênho êsse *despácho*. Guardámos as nóssas *posições*. Não decinámos a *responsabilidáde*. Precísa explicár as *cáusas*. Os mêios de melhorár o *estádo* das nóssas colónias. Fazêmos algúmas *considerações*. Recommendámos a *cultúra* do café. Pâra beneficiár o *póvo*. Sêu irmão ganhôu a *batálha*. Ismaél accommettêu e tomôu o *castéllo* de Leiría. Seguíndo o *cúrso* do Téjo. Tomámos *agasálho*. Lôbo não máta a *lôbo*.* Cômo vêjo fazêr a *tántos auctôres*. As abêlhas fabrícam os *fávos*. O leão inspíra mêdo. Castigár o inimígo.

Its mission is to diminish our *losses*, soothe our *pains*, dry our *tears*. He neither loves *God*, nor his *neighbour*. To communicate our *ideas*. He has read the *despatch*. He keeps his *place*. I decline the *responsibility*. To better the *condition* of our friends. To benefit the *people*. The Duke gained the *battle*. The Count took the *castle*. Bees make *honey*. The way of dating *letters*. I took *shelter*. My brother read the *book*. John calls Peter. I have not read the *news*. The Duke has taken the *command*. I recommend the *cultivation* of coffee. The Count declines the *responsibility*.

* The accusative is marked by the particle *a* prefixed *only* when the omission would cause an ambiguity. João âma *a* Pêdro.

LESSON XXVII.

VOCATIVE CASE.

O' môço, trága um cópo de cervêja.	Boy, bring a glass of beer.
Adêus, *senhôr capitão*.	Good-bye, *Captain*.
A' súa saúde, *mêu senhôr*.	Your good health, *Sir*.
Não, *senhôr*, não pósso.	No, *Sir*, I cannot.
Sim, Vóssa Senhoría.	Yes, Sir.
Já, Vóssa Excellência.	Directly, your Excellency.

Eu só te escôlho a ti, *ó virtuósa Lydia! Págens*, ajudáe-me. *O' môço*, trága-me úma chávana de café e um pão francêz. Não temáes, *ó valorósos Portuguêzes. O' môço*, lêmbre-se que querêmos partir ás seis hóras. *O' rapáz*, vênha cá. *Cochêiro* ânde ligêiro. Aônde estáes, *minha fílha?* Estôu aquí, *minha mãe*. Bem as entêndo, *minhas senhôras*. Oiça, *senhôra*, o mêu recádo. Oh, *Córydon*, Córydon! *O' João*, vênha cá. *Postilhão*, páre. Múito obrigádo, *senhôr*. Mil agradecimêntos, *senhôra*. *Rapáz*, léve a mínha mála.

Where are you, *father?* * I understand you, *gentlemen*. Good-bye, *Colonel*. I hear you, *ladies*. *Boy*, bring me a glass of wine and a biscuit. Fear not, valiant *Romans*. Where art thou, *my son?* *Boy*, carry my trunk. Many thanks, *Sir*. Where are you, *my friend?* Here I am, *Sir*. No, *my Lady*, I cannot. *O grave*, where is thy victory? *Coachman*, stop. Your good health, *Madam*. *My lad*, bring me a cup of tea and a roll. *Boy*, take this letter. *Girl*, come here. *John*, give me the money. *Pages*, open the doors.

* The Portuguese use the possessive pronoun in such cases; the English not.

LESSON XXVIII.

ABLATIVE CASE.

Estabelecído *por* lêi.	Established *by* law.
Causádo *pélas* róchas.	Caused *by the* rocks.
Cercádo *de* montânhas.	Surrounded *by* mountains.
Resultânte *da* victória.	Resulting *from* the victory.
Passádo *pélo* párocho.	Certified *by the* parish priest.

O documênto produzído *por João Pédro*. O imperadôr fôi accompanhádo *por Adriáno*. De cérto, não é *por cúlpa súa*. Banhádo *pélo már*. Uma subscripção promovída *pélo* dígno governadôr civíl. Cértos lívros recentemênte publicádos *por* algúns dos professôres do lycêu. Proclamádo imperadôr *pélos* soldádos. O systêma pécca *por* excésso e *por* fálta. Uma árvore conhecída *péla* excelência dos sêus óleos. Nações espalhádas *por* tôda a térra. Uma náu assaltáda *por* contrários vêntos. As trópas commandádas *pélo* dúque.

Caused *by the waves*. A city surrounded *by mountains*. The paper produced *by William*. The King was accompanied *by the Duke*. Certain documents published *by Herculano*. John was proclaimed *by the soldiers*. The troops commanded *by the Count*. The castle bathed *by the sea*. The tree known *by the goodness of* its fruits. The steamer assailed *by contrary winds*. The ruin of the city caused *by* the *rocks*. A book published *by the professor*. The paper signed *by me*. Certified *by the doctor*. Caused *by the dog*. The city surrounded *by the sea*.

LESSON XXIX.
PROPER NOUNS.

A Európa, a A'sia, a A'frica.	Europe, Asia, Africa.
A Madêira,* o Funchál, o Pôrto.	Madeira, Funchal, Oporto.
Lôndres, París, Lisbôa.	London, Paris, Lisbon.
O Algárve, a Bêira, a Castélla.	Algarve, Beira, Castile.
Os Lusíadas, o Mílton, Cárlos.	The Lusiad, the Milton, Charles.

Os costúmes *da Európa* modérna. As márgens *do Líma, Mínho* e do *Dôuro.* As vástas regiões *da África* e *da Ásia.* As novéllas *do Cid.* O governadôr civíl do distrícto *do Funchál.* No servíço de *Hannibál.* A bárra de *Lisbôa.* As guérras civís de *César* e *Pompêu.* No thrôno dos *Césares.* Em *Búrgos,* capitál de *Castélla.* A guarnição de *Santarém.* A exportação de cereáes pâra *a Madéira.* O *Camões* nos *Lusíadas* dedicádos ao descobrimênto *da I'ndia.* Os cúmes do *Ararát.* O mostêiro *da Sérra do Pilár.* O Imperadôr de *França.*†

The laws of *Asia.* The banks of the *Tagus.* The governor of *Castile.* In the service of *Napoleon.* In *London,* the capital of *England.* The port of *Funchal.* In the university of *Oxford.* The *Cato* of *Addison.* The taking of *Lisbon.* The summits of the *Alps.* Territory bounded on the north by the *Douro.* The vast regions of modern *Europe.* The city of *Oporto. Charles XII.* was the *Alexander* of the north. The *Virgils* of the century.

* When the name of a place is also the name of a thing, the *proper* noun takes the article; thus, "Madeira" means "wood," in its original sense.

† França, Italia, Portugal, Hespanha, *with* or *without* the article.

LESSON XXX.

COMPOUND NOUNS.

Chapéu de pálha, colhér de práta.	Straw-hat, silver-spoon.
Pêixe de río, água do már.	River-fish, sea-water.
Palácio de guérra, corrêio.	War-office, post-office.
Hómem d'ármas, méstre de cânto.	Man-at-arms, singing-master.
Dêntes d'álhos. Frúta de carôço.	Cloves of garlic. Stone-fruit.

Os *bríncos d'ôuro*. Úma *mésa de carválho*. O *arsenál da marínha*. Úma *colhér de chá*. Úma *dôr de cabéça*. Dúas *cadêiras de bráços*. Úma *bandêja magnífica*. *Officiál da alfândega*. A *cása da moéda*. A *cása de jantár*. Os *dédos dos pés*. Um *rámo de flóres*. Úma *toálha de mésa*. O *cantár do gállo*. Um *cavállo de sélla*. O *guárda-lívros*. Úma *estação de polícia*. Um *espêlho*. *Acção de gráças*. *Fivéllas d'áço*. *Mantêiga de pôrco*. *Môlho de pêixe*. O *nascêr do sól*. *Têia de arânha*. O *hómem do lême*. Os *moínhos de vénto* éram gigántes. Úma *estânte pâra lívros*.

A *tea-cup*. A *singing-master* with a *straw-hat*. Two *arm-chairs* are in the *dining-room*. The *gunpowder* in the box. A *custom-house officer*. A *railway*. *Sun-set*. *Wind-mills*. *Cloves of garlic*. A *tooth-brush*. A *church-yard*. A *war-horse*. A *counting-house*. *Whale-fishery*. *Gunpowder*. The *Foreign Secretary*. A *straw-hat* within a *hat-box*. The *tea-pot*, *sugar-basin*, and *milk-pot*. The *pen-knife* and the *sealing-wax*. A *leg of mutton*. A *round of beef*. *Fish-sauce*. A *book-case*. *Stone-fruit*. A *sheet of paper*. A *linen-draper's shop*. *Dancing-shoes*.

LESSON XXXI.

ABSTRACT NOUNS.

Naturêza, virtúde, vício.	Nature, virtue, vice.
Amizáde, crueldáde, heroísmo.	Friendship, cruelty, heroism.
Valôr, altivêz, esperânça.	Bravery, haughtiness, hope.
Diligência, doçúra, alegría.	Diligence, meekness, mirth.
Clarêza, simplicidáde.	Clearness, simplicity.

Pêla *naturêza* das côusas. A *amizáde* é um sentimênto duradôuro. Os *motívos* de *respéito* e de *gratidão*. O govêrno. As *influências* da *invéja*. Dêus aborréce *avarézas*. A *tyrannía* do rêi de Gallíza. Os maióres bêns são a *saúde*, a *fórça*, o *ânimo*, a *páz*, a *união* daí famílías, a *liberdáde* dos cidadãos, a *abundância* das côusas necessárias, o *desprézo* das supérfluas, a *applicação* ao trabálho, e o *horrôr* da ociosidáde, a *emulação* da *virtúde*, a *submissão* ás lêis, e o *temór* dos Dêuses. *Pobreza* não é *viléza*.

The *friendship* of the king. The *poverty* of the families. The *respect* and *gratitude* of the citizens. The *nature* of man. The *authority* of the prince. The *truth* of the maxim. The *designs* of the enemy. The *term* of life. *Dignity* without *pride*, *affability* without *meanness*, *elegance* without *affectation*. The *appearance* of *merit*. The *influences* of *tyranny*. The foundation of *wealth* and *prosperity*. The *trade* of the English colonies. The *sanctity* of the day. The *solemnity* of the scene. The *nothingness* of *humanity*. Two centuries of *ingratitude*. The *simplicity* of the work. The friendship of the Queen.

LESSON XXXII.

COLLECTIVES.

Exército, marínha, fróta.	Army, navy, fleet.
Púr, parélha, tropél.	Pair, yoke, troop.
Reunião, partída, cardúme.	Assembly, party, shoal.
Manúda, rebânho, bândo.	Herd, flock, flight.
Sérra, cordilhêira.	Chain of hills.
Pílha, ríma.	Pile, heap.

O *exército* do rêi de Prússia. As deliberações da *assembléa*. Um *pár* de mêias. Uma *parêlha* de bêstas. Um *pár* de bótas fínas. Uma *máta* de coêlhos. Um *bándo* d'áves. Uma *ninháda* de píntos. A *infantería* Celtibéra e a *cavallaría* Andalúza. Um *rebânho* de ovêlhas, um *fáto* de cábras, uma *vára* de pórcos. Cínco *grúpos* principáes de *tríbus* bárbaras. Um grôsso *côrpo* de soldadêsca. Um *punhádo* de Yódos. Um *trôço* de cavallêiros. Um *cardúme* de pêixes. Um cácho d'úvas. Uma *manáda* de gádo. Os *rebânhos* de carnêiros, *exércitos* de inimígos.

The *army* of the Queen. The *navy* of England. The *fleet* in the Tagus. Two *pairs* of gloves. Six *pairs* of stockings. A *cloud* of locusts. The Portuguese *infantry*. A *shoal* of fish. *Flocks* of sheep. A *pair* of boots. A *flight* of birds A *swarm* of bees. A large *body* of cavalry. A *pair* of shoes. A *multitude* of people. Two *pairs* of sheets. A *collection* of flowers. A *bunch* of grapes. The acting *committee*. A *forest* of masts. An *assortment* of books. *Herds* of cattle and ponies. *Rows* of houses. The *Congress* of Vienna. An *assembly* called the *diet*.

* *Andaluz* is often used as the *feminine* form, instead of Andalúza.

LESSON XXXIII.

TITLES, TRADES, ETC.

Dúque, marquêz, cônde.	Duke, marquis, earl.
Banquêiro, barbêiro, barquêiro.	Banker, barber, boatman.
Mercadôr, ferradôr, pescadôr.	Shopkeeper, farrier, fisher.
Droguísta, oculísta, perfumísta.	Druggist, optician, perfumer.
Bibliothecário, empregádo.	Librarian, official.
Méstre, officiál, trabalhadôr.	Tradesman, workman, labourer.
Portêiro, portadôr, gallégo.*	Gatekeeper, messenger, porter.

Um *banquêiro* têm bânco de commércio. Seu pai é *barbêiro*. Os *barões* de Portugál. Com o título de *cônde*. O casamênto do *infânte*. *Trabalhadôres* pâra a vínha. Eu éra *mercadôr* e *pescadôr*. O *chronísta* da idáde média. O bárco do *pescadôr*. O *guárda mór*. Câda hómem é *fabricadôr* da súa fortúna. Os *segadôres* são os ânjos. Os *peões* da térra. Um *ouríves* de práta, por nôme Demétrio. O *presidénte* interíno. *Ajudânte* de câmpo do *rêi* com o gráu de *coronél*. João é *médico*, e Pêdro *negociânte*. *Portêiro*, hómem que guárda a pórta. *Portadôr*, *pessôa* que léva cárta ou cárga.

The *officer* of the law. The mind of the *statesman*. The *fishermen* and the *reapers*. George the Third was *King* of England. The *gardener*, the *miller*, and the *cowherd*. The *woodcutter, labourer*, and *ploughman*. The Queen of Sweden. *Marquis* of Pombal. The *Earl* of Derby. The *merchants* of Scotland. The *Counts* of Barcelona. The *Duke* of Saldanha. The *minister* of the interior. The *grand-master* of the order. The *treasurer* of the palace. *Ministers* and *secretaries* of state. The *Professor* of Portuguese Grammar. The *second lieutenants*. The *librarian* is not at home. The *gatekeeper* of the quinta.

---

* "Gallégo" literally means a Gallician; but the Gallicians in Lisbon are the *water-carriers* and *porters* of the city. " *Mariála*"— translated " porter" (!) in the dictionaries—means blackguard.

D

LESSON XXXIV.

NAMES OF PLACES.*

Officína, fábrica.	Work-shop, manufactory.
Tinturaría, cordoaría.	Dye-house, rope-yard.
Moínho de vênto, moínho d'água.	Wind-mill, water-mill.
Pombál, laranjál, pomár.	Dovecot, orangery, orchard.
Tapáda, acháda, ramáda.	Park, level, bower.
Oratório, observatório.	Oratory, observatory.

As *officínas* de imprimír. O *palácio* da marínha. O *escriptório* dos pássapórtes. *Fundição* dos týpos. Úma *sé*, úma *igrêja*, e úma *capélla*. O *páço* episcopál. Úma *cása* de trabálho. O *asýlo* dos súrdo-múdos. Úma *tinturaría* é úma *officína* de tingír. A *tôrre* de Lôndres. Os *arsenáes*, *estaléiros*, e *officínas* ônde se fabrícam as náus. Um *pombál* é úma cása de criação dos pômbos. Um *laranjál* é um pomár de laranjêiras. A *officína* typográphica. Um *distillatório*. Úma *lója*. Úma *cása de pásto*. A *pésca* do arênque.

The *war-office*, the *custom-house*, and the *mint*. A *fish-market*. An *eating-house*. *Wind-mills* and *water-mills* are in the country. An eagle in a *dovecot*. A *kitchen-garden* is a more pleasant sight than the finest *orangery*. Baths, orchards, and *fish-pools*. The *palace* of Holyrood. The *observatory* of Greenwich. An *orchard* and a *kitchen-garden*. The *museum* of natural history. The Royal *library*. A lunatic *asylum*. *Paper-mills*. *Carpet-manufactory*. A *cannon-foundry*. An *oratory* is a private place for prayer. *Steam-engine manufactory*. *Type-foundry*. The Ajuda *palace*. A *printing-office*.

---

* The usual terminations indicating *where* a thing is, is done, or a trade carried on, are *al, ada, ia, ina, orio.*

LESSON XXXV.

DIMINUTIVES.*

Ribeirínho, braceletinho, folhínha. Rivulet, braceletinho, leaflet.
Gansínho, patínho. Gosling, duckling.
Cordeirínho, anão ou anãosínho. Lambkin, mannikin.
Gatínho, cachorrínho, cãosínho. Kitten, puppy, whelp.
Partícula, corpúsculo. Particle, corpuscle.
Montículo, Guilhermínho. Hillock, "Willie."
Vasílha. Coitadínho! Utensil. Poor little thing!

As arrecádas e *braceletes* nas mãos de súa irmã. A márgem do *ribeirínho*. O bracelête d'Annícas. O *patínho* da pôça. O *gansínho* da criação. O *cordeirínho* da manjadôura. O *anão* do páço. O *gatínho* do *pastorínho*. Os *cachorrínhos* da mocéta. Úma *partícula* da *cartínha*. Um *corpúsculo* do escudête. Os *livrínhos* da escóla. O *velhaquête* do criádo. As *mãosínhas* da menína. Os *cavallínhos* do círco. Úma *ilhóta* desérta. A *luzínha* da auróra. A *corôasínha* da condêssa. Uma febrínha é uma pequéna fébre. *Coitandínho!*

By fountain or by shady *rivulet*. *Bracelets* of gold. An odorous *chaplet* of sweet buds. Drakes, ducks, and *ducklings*. The *coronets* of the dukes. The *islets* in the river. *Eaglets*. The *levrets* were in the field. A brood of *goslings*. Clean as young *lambkins*. *Whelps* or *kittens*. The gilded *puppets*. Young *puppies* are blind. *Particles* of bodies. *Corpuscles* are atoms or *small fragments*. The mountain and a few *hillocks*. Here are *rolls*. The poor *puppy*. The *little steamer*. *Little William* was the youngest son. My *little son*. The *little brother* was in the house. The *dwarf* is in the *rivulet*. A *leaflet* is a little leaf.

* Diminutives are much used in Portuguese, and the correct employment of them is no slight test of a foreigner's proficiency. They do not always imply diminutiveness, but very often express compassion or affection.

LESSON XXXVI.

AUGMENTATIVES (*often slang*).

Hómemzarrão, sabichão.	*Large* man, wiseacre.
Doutoráço.	A *mighty* doctor.
Toleirão, mocetão, casacão.	*Great* fool, bumpkin, great-coat.
Rapazão, papelão,* ratão.†	*Big* boy, *thick* paper.
Velhacáz, mulherão, chapeirão.	*Old* rake, amazon, "bad hat."
Mocetôna, mulherôna.	*Stout* lass, *big* woman.

O *hómemzarrão* da Patagónia. O *doutoráço* de Coímbra. O *toleirão* do entremêz. O *mocetão* do criádo. *Papelão* de desênho. O *velhacáz* do boiêiro. O *rapazão* do arriêiro. O cúra éra *bonacheirão*. Os *mestráços* de dirêito. As *mocetônas* da fêira. As *mulherônas* do arraiál. Os *papelões* do theátro. Os *paspalhões* da práça pública. Os *rapazões* de freguezía. Os *toleirões* da platéia. Os *bonacheirões* da república. Os Allemães são *hómemzarrões*. O *velhacáz* do portêiro. *Sabichão* em dirêito. O *casacão* do mêu amígo. O *toleirão* têm o têu *casacão*.

The *wiseacres* have general ideas on the question. He is a *mighty doctor* of Oxford. The inhabitants of Patagonia are *immense men*. The *blockhead of a boy* has not his lessons. The *great fool* was in the theatre of D. Fernando. You have a "*shocking bad hat.*" Your *great-coat* is in your room. The curate is a "*right-good fellow.*" The *bumpkin* of a groom is in the stable. The *big lads* of the parish. The *good fellows* of the city. The Germans are *jolly men*. This is my old *great-coat*. John is a *queer fellow*.

* Papelão also means "a *swell*," a braggart.
† Ratão is a term of contempt, equal to "queer fellow," "odd fish," etc.

LESSON XXXVII.

ADJECTIVES.

Deliciôso, dolorôso.	Delightful, painful.
Perigôso, preciôso.	Dangerous, precious.
Terréstre, celéste, planetário.	Earthly, heavenly, planetary.
Brutál, pessoál, formál.	Brutal, personal, formal.
Branquínho, negrínho.	Whitish, blackish.

Um jardím *deliciôso*. Uma operação *dolorósa*. N'um logár *perigôso*. Vínho *bránco*. Um *perigôso* visínho. Um momênto de *cruél* incertêza. Um *vélho* soldádo de valôr. A *preciósa* púrpura do sêu vestído *comprído*. Os espíritos *celéstes*. A guérra divíde-se em *terréstre* é *marítima*. Môço *estrangêiro*. Um génio *brutál*. Um serviço *pessoál*. Um cavállo *Arabe*. Uma declaração *formál*. O négro está caládo e *immóvel*. Uma refórm a*gerál* no govêrno. O progrésso do ensíno *público*. Obrigação *pessoál*. Um chapéu de velúdo *préto*. Os *preciósos* réstos da antiguidáde.

A *rustic* simplicity. *Warm* water. In a *delicious* place. A *personal* service to the *young* stranger. The war *by land*. The *precious* wine. The operation is *dangerous*. The man is *silent*. In the variety of *contradictory* opinions. The *planetary* system. A *dangerous* disease. The *white* hat. A *furious* horse is a *dangerous* neighbour. In the *military* college. *Good* counsel is the first duty of a *true* friend. A view of the *principal* city. In a *historical* work. A *delightful* climate. *Delightful* music. A *painful* loss. A *dangerous* enterprise. The *precious* gifts of nature. *Celestial* blue.

LESSON XXXVIII.

ADJECTIVES.

Actívo, antígo, fugitívo.
Horrível, agradável, singulár,
Amádo, vestído, continuádo.
Doméstico, humâno, modérno.
Constânte, decênte, differênte.

Active, ancient, fugitive.
Horrible, agreeable, singular.
Beloved, dressed, continued.
Domestic, human, modern.
Constant, decent, different.

O múndo *antígo*. Um hómem *actívo*. Úma mórte *horrível*. Úma vóz *agradável*. O rêi *fugitívo*. Úma coíncidência *singulár*. Um animál *doméstico*. Um vênto *constânte*. O altár *vestído* de brocádo. Úma *continuáda* primavéra. O podêr *independênte*. O género *humâno*. O podêr *absolúto*. Sábbado *passádo*. A guérra *incessânte* com o *bellicóso* rêi. O sentimênto de independência *nacionál*. Com *gerál* applauso. Na *seguínte* nôite. Úma guérra *doméstica*. O *valénte* rêi de Leão. O prádo *vestído* de rélva. Portugál *modérno*. Úma têrra *abundânte* de frúctas.

An *active* king. The *horrible* death of the Arabian horse. The *agreeable* voice of the queen. *Domestic* affairs. A *steady* wind. The power of *national* independence. The *new* world. The *fugitive* animal. The *royal* palace is an *irregular* edifice. A *fatal* and *horrible* presentiment. The *singular* aspect. A *short* period. *Natural* history. A *terrible* example. The *public* authority. An *active* life. *Ancient* customs. *Fugitive* years. A *horrible* monster. The *singular* number. A man *clothed* with honour. The *fugitive* slave. *Continued* labours. Discoveries *continued* by new explorers. A *domestic* animal. *Human* weakness.

LESSON XXXIX.
ADJECTIVES (GENDER.)

Nôvo, nóva ; perfêito, *a* ; vélho, *a*.
Chris- ⎧ ã ⎫ ; bôm, bôa; vão, vã,
tão, ⎩ án ⎭ mão, má.
Portuguêz, *a ;* Hespanhól, *a* ;
nú, *a*.
Bréve, finál, felíz, fiél.

New, perfect, old.
Christian, good, bad, vain.
Portuguese, Spanish, naked.
Short, final, happy, faithful.

Em *perfêita* saúde. O altár da *vélha* cathedrál. Um *nôvo* mêio. Os têmpos da restauração *christã*. Uma nôite *linda*. Em *bôa* occasião. Pêdro o *crú*. Cárne *crúa*. Um *máu* jantár. Uma graváta *brânca*. A mínha casáca *nóva*. A *última* móda. Cervêja *brânca*. Um hómem *são*. Uma doutrína *sã*. Agua *fría*. Uma espáda *núa*. Em segúnda mão. Muita moéda *fálsa*. A *cúrta* distância. O *vásto* côrpo da monarchía *Hespanhóla*. Um calôr *excessívo*. Uma *bôa* e *bonita* carruágem. O *grão* Túrco. A *Grã*-Bretânha. Uma *frondósa* árvore. Êlle é *vão*. Um *béllo* día.

My *faithful* friend is in perfect health. *Vain* ambition. The girl is *young* and *vain*. *Sound* advice. A *volcanic* eruption. The *populous* city of Turin. Books in the *Spanish* and *Portuguese* languages. In the *principal* street of Burgos. The coat is *new,* in the *last* fashion. The man has a *beautiful* voice. At a *short* distance from the *old* cathedral. A *new* and *excellent* bridge. The *premature* death of the king. A town *pretty, well-built,* and *clean*. It is not a *new* thing. A *naked* sword. His *bare* foot. A *perfect* work. A *good* climate. *Good* fruit. *Good* air.

LESSON XL.

ADJECTIVES (SINGULAR).

Um día* boníto.	A beautiful day.
Cervêja brânca.	Ale (white beer).
Um trêm especiál.	A special train.
Um quárto retirádo.	A retired room.
Bom ânno; ânno bom.†	Abundant year; new year.
Sêis pés de largo.	Six feet broad.

Nêste empênho *patriótico*. O corrêio *estrangéiro*. A câmara *municipál*. Uma fébre *agúda*. Nenhúma descobérta *importânte*. A *priméira* necessidáde. O *único* mêio. Máppa *geográphico* do theátro da guérra. Nóssa *bélla* província. Uma communicação *regulár*. Uma mulhér *casáda*. Sêu *máu* procedimênto. No día *seguínte*. A *grânde* cidáde *industriál* de Birmingham. Um *líndo* tapête de verdúra. Um *famóso* día.* Um práto *límpo*. Agua *quénte*. Mantêiga *frésca*. Mêu sêmpre *chorádo* sobrínho. O mêu *culpável* esquécimênto. O sêu *obsequióso* convíte.

A *strong defensive* position. A *severe* fever. The *beautiful* province. *Cold* water. An *irregular* communication. The *first* discovery. *Last* year. The *kind* proposal of the governor. The *large commercial* city of Bristol. His *ever-lamented* sister. The *civil* governor of the province. The *bad* behaviour of the captain-general. *Fresh* butter and a *clean* plate. A *married* man. On the *following* day. By the *first* ship. The *patriotic* general. The *culpable* forgetfulness of the captain. In *such* a case. In this *important* employment. Our *beautiful* house.

* A few words in "*a*" are masculine.
† The adjective generally follows the noun in Portuguese, but sometimes precedes. Usage determines; but the *sense* is altered by the relative position, as above; like "*petit* homme," and "homme *petit*."

LESSON XLI.

ADJECTIVES (PLURAL*).

Notícias *estrangéiras*.	Foreign intelligence.
As condições *seguíntes*.	The following conditions.
Arvores *fructíferas*.	Fruitful trees.
Actos *immoráes*.	Immoral acts.
Os *reáes* hóspedes.	The royal guests.
As authoridádes *civís*.	The civil authorities.

Sêus servíços *pessoáes*. Os mêus agradecimêntos *sincéros*. Os capitães-*generáes* de *differêntes* districtos. Os officiáes *superióres* têm tído fébres *epidémicas*. As esquádras *combinádas*. Cronstádt têm *imménsas* fortificações abundantemênte *artilhádas*. Cártas *fechádas*. As *bôas* manêiras do commandânte, e o bom arrânjo de *tôdas* as *côusas*. Funccionários *públicos* bêm *escolhidos* e bêm *págos*. Nos *priméiros* días do corrênte mêz de Júlho. Guérras *civís*. Estes *excellêntes* piânos. As vínhas *doêntes*. Corações *insensíveis*. Pagamêntos *iguáes*.

The *following* proposals. *Important* news. The *civil* and *military* authorities. The *personal* services of the *public* functionaries. The *first* days of the week. The *English* officers in the *combined* squadrons. The *pleasant* manners of the *French* generals. The *immense* fortifications of Sebastopol. The *naval* and *military* resources. *Useful* letters. The *royal* generals. The *excellent* hearts of the princes. Two *English* steam-frigates of the *combined* squadrons. The *foreign* generals have *serious* apprehensions. The three *great* powers. His *sincere* thanks.

* Adjectives form their plurals as nouns do. For Rules, see Appendix.

LESSON XLII.

ADJECTIVES (PLURAL continued).

Bôns, bôas; dôis, dúas; máus, más.	Good; two; bad.
Sãos, sãs; deliciósos, ósas.	Sound, delicious.
Allemães, ãs; nacionáes, suáves.	German, national, sweet.
Fáceis, amáveis, difficeis.	Easy, amiable, difficult.
Posteriôres, civís, urgêntes.	After, civil, urgent.

Ráro côrno os *bôns* días. A públicação dos primêiros *dôis* volúmes. As *dúas* grândes épochas. Os periódicos *Allemães*. Áres *sãos*. Cidádes *sãs*. As divisões *territoriáes*. Óvos *quêntes*. As côres *nacionáes*. Os lineamêntos *principáes* da idáde. Os *suáves* accêntos da súa vóz. Estes *deliciósos* sítios. Uma latáda de *tênras* vídes. As rúas são *límpas* e as cásas bêm *edificádas*. As condições *fáceis*. Hómens *amáveis*. Estúdos *difficeis*. Privilégios *pessoáes*. Negócios *urgêntes*. As senhôras *Allemãs*. Pênnas *metállicas*. As memórias *christãs*. Os succéssos *posteriôres*.

Civil wars. The days are *short*. The paintings are *admirable*. Cities *large* and *small*. The roads are *good*. Two volumes of the *German* book. The two *great* cities. The *national* privileges. The *civil* rights. Streets *good* and bad. The *sweet* accents of the *beautiful* voices. The *difficult* affairs. The *German* institutions. The *principal* streets of the *new* cities are *clean*. *Terrible* difficulties. *Irreconcilable* enemies. The *remarkable* buildings. *Happy* men. *Royal* persons. *Fertile* fields. The *adjacent* provinces. The streets are *narrow*. *Fossil* riches.

LESSON XLIII.

ADJECTIVES (COMPARATIVE).

Máis esclarecído que—	*More* enlightened than—
Ménos agradável que—	*Less* agreeable than—
Tão álto e tão brânco.	*So tall* and white.
Não *tão* quênte *cómo*—	*Not so hot* as—
Melhór, peiór, menór, maiór.	Better, worse, less, greater.
Tânto melhór; múito.*	So much the better; very.

O bôm resultádo é *ménos duvidôso*. Êsse descúido é múito *máis notável*. Um logár éra *ménos importânte* e *ménos pingue*, ôutro *máis importânte* e *máis rendôso*. O fím fôi *máis agradável* que o princípio. *Máis cúrto* na sáia. Quéro as cálças *máis compridas*. Acho a câma *múito dúra*. Porquê está a cárne *mais cára*? O cabêllo déve estár *mais líso* e lustrôso. O clíma não é *tão quênte cómo* na Inglatérra no verão, nem *tão frío cómo* lá no invérno. Aquéllas mulhéres não são *tão bôas cômo* êstes hómens. Báses *máis sólidas* que as da fôrça materiál.

The hand is *more exposed* than the foot. The battle was *less doubtful*. The woman was *more remarkable* than the man. The climate is *less agreeable* than that of Madeira. My brother is *better* to-day. The place was *more important* but not *so lucrative*. The winter is *more agreeable* than the summer. Henry is not *so tall* as James. I want the trousers *not so long*, but *wider*. The water is not *so cold as* it is in the hills. *Longer* in the waist. This bed is *harder* than yours. His health is *worse* than mine. So much the *worse*. Europe is *more* enlightened than Asia. These girls are *better* than those boys.

* "*Múito*" used adverbially in comparisons means both *very* and *too*; e. g., "Múito grande" may mean "*very* large" or "*too* large," according to the context. "*Mais* melhor" is, though common, an odious vulgarism.

LESSON XLIV.

ADJECTIVES (COMPARATIVES *continued*).

Tão infelíz cômo grânde.	As *unhappy* as great.
S. é *máis formósa* que eu.	S. is *handsomer* than I.
O *máis brávo* dos dôis.	The *braver* of the two.
Maiórzinho.	A *little* larger.
Ménos preguiçôso que eu.	*Less lazy* than I.

João é *máis generóso* que Cárlos. Náda ha tão contagiôso cômo o exêmplo. O fílho é *melhór* médico que o páe. *Máis cláro* que o sól. *Máis brânco* que a néve, Múito *máis sujéitos* a fadígas. O sól é *máis brilhánte* que as estrêllas. Com múita *máis* fúria e préssa do que, etc. Úma cása *máis illústre* do que ríca. Um tratamênto *ménos duro* do que éra usuál. As mulhéres póbres com paciência *mais própria* d'Allemãs que de Portuguêzas. *Máis que provável*. Úma toálha máis fína. João é *tão sábio* cômo sêu irmão.

My patience is *as great as* yours. Mary is *more generous* than Jane. The swain is *happier than* his monarch. Iron is *harder than* wood. Mary is *lazier than* Anna. Nothing is *so white as* snow. The son is as *learned as* the father. The queen is *more beautiful than* the countess. The sun is much *more brilliant than* the moon. Homer was the *greater* genius. Virgil the *better* artist. The *shorter* road of the two. The poor women are *more subject* to fatigue *than* the men. The bread is *better than* ever. The *more dangerous*, the *more honourable*.

LESSON XLV.
ADJECTIVES (SUPERLATIVES).

As *máis béllas* são as que—	The *handsomest* are those which...
Côm o *máis profúndo* respêito.	With the *greatest* respect.
Bara*tíssimo*. Óptimo.	*Very* cheap. *Very* good.
Os paízes *máis* cúltos.	The *most civilized* lands.
Nêm o *menór* favôr.	Not the *least* favour.
A *maiór* opposição possível.	The *greatest* possible opposition.

As *máis vívas* sympathías. Os pôntos *máis expóstos* ao sól. Com a *maiór* affabilidáde. Fazêndo os *maióres* mâs os *máis bem merecídos*. Reináva a *melhór* intelligência êntre os Francêzes e Inglêzes das dúas esquádras. O príncipe têm mostrádo *grandíssima* actividáde. Em tôdos os paízes *máis adiantádos* na carrêira da civilisação ha o *maiór* desvélo, etc. Admiráveis exêmplos *do máis esclarecído* zêlo. O governadôr é sem dúvida pessôa da *máior* respeitabilidáde. Têm havído sêmpre a *melhór* vontáde de acabár com o tráfico da escravatúra.

The *greatest* possible favour. The *most civilized* country. The *most lively* sympathy. Your friend is doubtless a person of the *greatest* respectability. She was my *best* pupil. This wine is *very cheap*. The house *most exposed* to the sun. He is my *best* friend. Show me the *best* cloth you have. The *best deserved* praises. The *most polite* attentions. Not the *least* opposition. The *best* understanding between the pupils. The tiger is *very cruel*. The Queen has exhibited *very great* activity. The country is the *most advanced* in civilization. The *handsomest* flowers.

LESSON XLVI.

ADJECTIVES (SUPERLATIVE continued).

A guérra *máis feliz*.	The *most fortunate* war.
O *máis sábio* de tôdos.	The *wisest* of all.
Os inimígos *máis perigósos*.	The *most dangerous* foes.
Virgílio é *mui gránde* poéta.	Virgil is a *very great* poet.
Homéro é um poéta *grandíssimo*.	His are *exceedingly great* poems.

O Capitólio éra o máis *célebre* edifício de Rôma. Na párte máis *oriental* da cidáde. O sól está *brilhantíssimo*. O sól é *o máis brilhánte* dos ástros. Varrão fôi *o máis dôuto* dos Românos. *A máis importánte* notícia. O módo *máis fácil* pâra os cultivadôres. As *duríssimas* guérras. Nésta *gravíssima* história. Uma das qualidádes máis *notáveis*. Um cavallêiro *múi illústre*, chamádo Ermígio. Uma côusa *certíssima*. A sciéncia dos *máis hábeis* cirurgiões. As profundêzas *máis obscúras* do univérso ideál. *Utilíssimos* serviços.

The *newest* works in the language. The *most skilful* engraver. The *newest* patterns. The *most beautiful* flowers. The *most eminent* authority. The civilization of India is the *most ancient* of the old civilizations of Asia. In the *most western* part of the city. The moon is *very bright*. Cicero was the *most eloquent* of the Romans. The *most important* service. The *nearest* way. The fields are *very fertile*. One of the *most illustrious* cavaliers. The eyes of the Portuguese are *very black*. The *most remarkable* qualities of the poet. The *most certain* proofs.

LESSON XLVII.

ADJECTIVES (IRREGULAR IN COMPARISON).

Grånde, maiór,	{ o maiór, máximo, grandíssimo.	Great, greater,	{greatest, very great.		
Pôuco, mênos,	{ pouquíssimo, o menór.	Few, fewer, Small,	{ fewest, very few.		
Quênte, máis quênte,	{ quentíssimo. o máis quênte.	Hot, hotter,	{ hottest, very hot.		

Com *grandíssimo* difficuldáde. A *maiór* das práças é a de Luíz XV. *Ménos* orgúlho. *Grandíssimo* gôsto. Um inimigo *acérrimo*. Próximo á ruína. Um *aspérrimo* castigadôr. Um poéta *celebérrimo*. Vóssa Magestáde *Christianíssima*. Palávras *dulcíssimas*. Um clíma *frigidíssimo*. *Humíllima* miséria. De *pouquíssima* importáncia. Perpétua éra póbre, *pobríssima*. Úma porção *tenuíssima*. Úma cidáde *antíga*. Úma *antiquíssima* vílla. Os *últimos* moméntos do artísta. O rêi *fidelíssimo*. Os Românos *magnificentíssimos* nas óbras públicas.

The *greatest* soldier. The *largest* of the cities. Byron was a *very celebrated* poet. The climate of Canada is *very cold*. A *most ancient* castle. A *very bloody* battle. A *most cruel* punishment. With *very great* eloquence. A *very bitter* enemy. A *most noble* intellect. The *largest* of the trees. The *greatest* danger. The Greeks *very magnificent* in temples. This holds *less* liquid than that. *Very near* death. The *next* century. A *very cold* climate. The house *next* to the castle. *Less* vanity. A *very celebrated* author. She is *very poor*.

LESSON XLVIII.

ADJECTIVES (IRREGULAR BOTH IN ENGLISH AND PORTUGUESE).

Bom, melhór,	o melhór. / o óptimo.	Good, better, best.
Máu, Ruím, } peiór,	o peiór. / o péssimo.	Bad, worse, worst.
Pequêno, menór,	o máis pequêno. / o mínimo.	Little, less, least.

O sol é *maiór* que a térra. Indo na *melhór* órdem. Que *melhóres* documêntos? As térras nêgras são as *melhóres*. Este instrumênto é *melhór* que o ôutro. O fílho é *peiór* que o páe. O vínho *commúm* é pôuco *bom*. *Algúma* côusa peiór. *Menór* quantidáde. A Európa é *menór* que a Ásia. Com a *maiór* clarêza. A plébe pêla *maiór* párte é *póbre*. O *melhór* môio de sêr felíz. Com *pequênas* excepções. Faz *muitíssimo* frío. O *melhór* de mêus amígos. Com *múita* préssa. Da *melhór* qualidáde. Êlle tínha *máis* que os ôutros. As *melhóres* hospedarías.

Last, best, and *greatest*. In the *worst* inn's *worst* room. The earth is *greater* that the moon. The house is in the *best* order. A *greater* service. Freedom's *best* and *bravest* friend. With the *least* difficulty. The streets of the city are in the *best* order. Black soil is the *best*. The wine is of *the best* quality. The *best* things are in the city. The houses are very *bad*. The streets are very *good* and *clean*. One of the *most amiable* men. The *first* of his class. One of the *most lamentable* instances. Patriotism is the *worst* counsellor of the historian. These are *good* and *bad*. A planet is *greater* than a satellite. A *smaller* number.

LESSON XLIX.

ADJECTIVES (NUMERAL).

Um lívro, úma cárta.	One book, one letter.
Dòis } lívros, dúas cártas. Dôus }	Two books, two letters.
O primêiro dia, a segúnda vêz.	The first day, the second time.
Só, o dúplo, o tríplo.	Single, double, treble.
12 de Máio de 1852.	12th May, 1852.

Cênto e *um*. *Trezêntos* e *cincoênta* e *cínco*. Em *segúndo* logár. Lívro *primêiro*. Capítulo *quínto*. Jórge *Quárto*. Luíz *Quatôrze*. Em *cínco* de Júlho. As *dúas primêiras* cártas. O *têrço*. Um dos *primêiros* devêres do hómem. Em *vínte* e *nóve* días. *Dôus mil quinhêntos* e *trínta* e *quátro* hómens. *Mil* e *quinhêntas* cásas. A cárta é datáda de *vínte e dôus* de Márço. Em *quínze* de Máio. É *úma* hóra. São *dúas* hóras mênos um quárto. Ás *quátro*. *Três* arráteis. *Setênta* e *dôus* frâncos. De *três* bráças de comprído e *dúas* e mêia de lárgo. Úma *décima séptima*.

Four hundred and fifty men. William the *Fourth*. In the *third* place. Chapter the *sixth*. In the *fourth* place. The letter is dated the *twenty-second* of January. On the *fourth* of July. *Three* pounds of coffee. Monday at *two* o'clock. *Three* leagues long and two broad. *Four thousand two hundred* and *forty* houses. It is a quarter to *three* o'clock. *Twelve* to *fourteen* leagues. The *fourth*. The *seventh* of March. In *three* minutes. 7th January, 1850. In the year 1824. Peter the *First*. *Two-thirds* of the nation. *Five thousand* persons. Not a *single* word of truth. *Two hundred* and *ten* soldiers. The 6th of January, 1854.

LESSON L.

ADJECTIVES (INDEFINITE, DECLINABLE).

Tôdo, totál, âmbos.	All (*or* the whole), total, both.
Os máis, tôdos os máis.	The rest, all the rest.
Algúm,* nenhúm.	Some, any; no one, no, none, not any.
Cérto, múito, qualquér.	A certain; much, many; whoever.

Tódos os dias. *Tódos* os póvos. *Algúns* navíos da esquádra. *Tóda* a tárde. *Tódas* as novidádes. A ruína *totál*. *Algúns* defeitos. *Algúmas* pêras. *Nenhúm* dos juízes. *Cérto* hómem diz. Nós *tódos*. *Tódos* êlles. Múita *gênte*. *Múitos* lívros. *Algúma* pessôa. Pessôa *algúma*. A sómma *totál*. *Tál* âmo, *tál* criádo. Nem *um*, nem *óutro*. Algúns cêm soldádos. Ambos côntão o mêsmo cáso. Não fáças *tál*. Por *óutra* manêira. O *óutro* dia. Os bíspos Anglicânos são rícos, os *óutros* ecclesiásticos póbres. *Múitas* razões. Os *máis*. *Nenhúm* dos dôus. Sem *nenhúm* vestígio.

All the family. *Every* day. *Another* time. *So much* work. *Something*. *All* of us. *Many* letters and *many* books. The sum *total* is 400 dollars. M. *Such-a-one* says. *One* brother is in Canada, the *other* in Madeira. *Some* geographers. *Any* man. *No* man. Not *much* warmth of imagination. The *first* of *all* the Roman kings. *Some* time. *As* the parent, *so* the child. *Others* say. To *such* a woman. *All* the rest. They are *all* our friends, *as-many-as* you see. *Some* of the men. I do not remember *such*. *Some* inscription. *Some* letters. Without *any* vestige.

* It has a *negative* force *after* the noun. "Arvore *algúma* se encôntra nos desértos d'África," "*No* tree is met within the deserts of Africa."

LESSON LI.
ADJECTIVES (INDEFINITE, INDECLINABLE).

Cáda ; máis, cáda um.	Each, every; more, every one.
Náda,* túdo.	Nothing; everything, all.
Ninguém, outrem.	None, nobody, no one; another.
Alguém; quemquér.	Anybody; whoever, whatever.

Cáda día. *Máis* crímes que virtúdes. *Túdo* está perdído. *Cáda* um pâra si. Mêu *túdo*! *Máis* vínho que água. *Ninguém* é feliz. Aquíllo que pertênce a *óutrem*. *Ninguém* d'êlles. Se *alguém* viér—. Pêla respósta de *cádu* pergúnta. *Cáda* vêz máis. Quántos médicos, *máis* moléstias. Não é *náda*. *Náda* mênos. Hómem capáz do *túdo*. *Náda* de nôvo. *Cáda* período da vída tem prazêres. *Máis* glória que provêito. Em *cáda* julgádo ha um juíz. Outro *qualquér* mêio. *Quemquér* que está ahi, fálle. *Alguém* díz o que não sábe. Quér ir? *Náda.**

Every night. *More* money than wit. *All* is done. *Every man* for himself. John is my *all*. *No one* in this world is happy. *Nothing* new in the papers. *Every* man. *Every* tenth soldier. She had *more* knowledge than the others. Will you go? *By no means.** *All* was going well in the ship. He is *a nobody*. In generosity he yields to *no one*. In *every* city of the kingdom. *More* water than wine. *More* and *more*. *Every* language has its defects. *Every* word and action. If *any one* comes. My *all*. *Any* other away. *It* is *nothing*. *Every* period of life. *All* is lost.

---

* Often used, in denying emphatically, for "*não*," "*por módo nenhúm*," "not at all," "by no means."

LESSON LII.

ADJECTIVES (PROPER).*

O público *Portuénse*.	The *Oporto* public.
A nação *Portuguéza*.	The *Portuguese* nation.
Súa magestáde *Británnica*.	Her *Britannic* Majesty.
O generál *Austríaco*.	The *Austrian* general.
O govêrno *Saxónio*.	The *Saxon* government.
Um commissário *Túrco*.	A *Turkish* commissioner.

Úma péça de pânno *Hespanhól*. Hiáte *Portuguêz* Olivêira. Brígue *Inglêz* Alpha. Úma fragáta *Ingléza*. Bárca *Prussiána* Lúcifer. Úma galeóta *Hollandéza*. Dúas escúnas *Inglêzas*. Um bárco de vapôr de guérra *Brasiléiro*. A associação industriál *Portuênse*. As trópas *Austríacas*. As potências *Allemãs*. O embaixadôr *Rússo*. O público *Lisbonênse*. Súa magestáde *Bélga*. As málas *Poruguêzas*. Os generáes *Rússos*. O govêrno *Francêz*. As côrtes *Allemãs*. Os generáes são tôdos emigrádos *Polácos*, *Húngaros* e *Italiános*. Brígue *Suéco* Maryanna. A bandêira *Americána*.

The *Saxon* general. The *Spanish* mails. The *English* government. The *Portuguese* ambassador. The *Prussian* troops. The *Hungarian* generals. The *Brazilian* parliament. The *Russian* flag. Three *French* schooners and an *American* war-steamer. The *German* generals and the *French* ambassadors. The *British* nation and the *Portuguese* government. The *Danish* public. The *Greek* language. A French brig and three English frigates. Many *Hungarian* and *Italian* refugees are (estão) in the Turkish armies. A *Danish* family is (está) in the *American* steamer.

* Portuguese authors sometimes write proper adjectives with capital letters; sometimes not. The former practice is more Portuguese, the latter more French.

LESSON LIII.

ADJECTIVES (PROPER *continued.*)

As ilhas *Británnicas*.	The *British* Islands.
Cínco rêis *Móuros*.	Five *Moorish* kings.
A dynastía *Austríaca*.	The *Austrian* dynasty.
O império *Grêgo*.	The *Greek* empire.
Várias tríbus *Indias*.	Various *Indian* tribes.

O arsenál do exército *Portuguêz*. Exposição da indústria *Madeirênse*. Um ríco fidálgo *Genovêz*. A monarchía *Hespanhóla*. A conquísta *Romána*. A língua *Hebráica*. A músa *Homérica*. O govêrno *Británnico*. A igrêja *Anglicána*. A ráça *Hottentóte*. O verdadéiro camêllo *Arabe*. Nas Indias *Orientáes*. Chandernagôr, capitál dos estabelecimêntos *Francêzes* no território *Bengalím*. Rúbens, grânde artísta *Flamêngo*. A língua *Allemã*. Os caractéres do alphabéto *Germánico*. Na província *Russiána* de Ozenbúrgo. Ésta cásta *Africána*. O público *Lisbonênse*.

The *British* army. The *Madeira* people. The *Latin* language. The *Arabian* horse. The *English* establishments in India. The *Russian* forces. The *Caspian* sea. A great *Roman* bridge. A superb *Gothic* cathedral. The *French* Empire. The *German* confederation. The *Teutonic* knights. The *German* states of Austria. *English* horses. The *Lisbon* Cathedral. Some *Greek* monks. The *Portuguese* flag. The *French* republic of 1848. The *Lisbon* press. The *Danish* territory. The *Judaic* law. He is a *Flemish* painter. The *Hebrew* text.

LESSON LIV.

ADJECTIVES (COMPOUND).

Recém-chegádo, recém-víndo.	Newly-arrived, newly-come.
Bemaventurádo, bemdíto, bem nascído.	Fortunate, blessed, well-born.
Súpracitádo, bem víndo.	Above-quoted, welcome.
Abáixo assignádo.	Undersigned.
Mal creádo, mal dizênte, mal féito.	Ill-bred, evil-speaking, ill-made.
Sémpre-víva, sêmpre-vêrde.	Ever-living, ever-green.

Guiáe pâra ésta célla o *recém-chegádo*. Diânte dos freguêzes *recém-víndos*. Os filhos *recém nascídos*. Aquéllas ilhas *bemaventurádas*. Os campínos ficárão *cabisbáixos*. O authôr da cárta *supracitáda*. Os *abáixo assignádos*. Glória *sêmpre-víva*. Frúcta *sem-sabôr*. O mânto *aurifulgénte*. O hómem é *recém-defúncto*. *Bemdíto* sêja Dêos? É múito *mal creádo*. Hérva *sêmpre-vêrde*. Alma *bemfazêja*. *Benemérito* de pênna. Úma plânta *sêmpre-víva* é úma plânta que se consêrva vêrde tôdo o ânno. E um hómem *semsabôr*.

The child is *newly-dead*. The *new-comer* is my brother's friend. The *new-born* child is very strong. *Insipid* wine. In a *fortunate* hour. A *benevolent* heart. *Deserving well* of his country. The words of the *above-quoted* letter. The *tricolor* flag. Animals *carnivorous* and *herbivorous*. The young man is very *ill-bred*. The *antepenultimate* syllable. The *benevolent* soul of the old man. *Blessed* be God. Those *happy* lands. The trees *ever-green*. The *poor* sailor was *half-dead*. The *undersigned* members of the society. Well *deserving* of punishment. He is *welcome*.

LESSON LV.

ADJECTIVES (AUGMENTATIVES AND DIMINUTIVES).*

Sósínho, friosínho, bomzínho.	All alone, cold, good.
Innocentínho, fraquínho, doentínho.	Innocent, weakly, poorly.
Baixínho, tenrínho, acabadínho.	Short, tender, done.
Soberbão.	Proud.
Cabeçúdo, nervúdo.	Blockhead, strong-nerved.
Doutoráço.	Wiseacre.

Um cavallêiro chegôu *sósínho* á pórta. A filha *innocentínha*. A vélha começôu a fallár *baixínho*. Súa *mesquínha* irmã. Os cavallêiros fôrão sahíndo do páço *tristônhos*. Uma roseirínha *pequenína, bonitínha*. Hómem *cabeçúdo*. Ha úmas cértas boquínhas *gravesínhas* e *espremidínhas* pêla doutoríce... Estâmos *sosínhos* nós dúas nêste múndo. Êlle batêu *devagarínho*. Êlle tem olhár de *soberbão*. Tem-se em cônta de *doutoráço*. Uma cása *lindínha*. O coêlho é múito *tenrínho*. O vélhínho está múito *acabadínho*. Tem bráços *nervúdos*.

He is *a good little* fellow. We were *all alone* in the house. She is a sweet *little innocent*. The daughter of the *little* man is *pretty*. The child is *weakly*. Little John is *naughty*. The poor *little blind* girl. The *little negress* is *poorly*. His *little* feet are *cold*. Your frock is *new* and *clean*. The boy began to speak *low*. My *neat little* house. My brother knocked *softly*. Thomas considers himself a *learned man*. The *melancholy* cavaliers. He reached the gate *all alone*. We two are *all alone*. That *wicked little* monkey! She has a *sweetly pretty* bonnet. Such a *darling* child.

* The diminutive power of the adjective often qualifies the *noun* with which that adjective agrees.

LESSON LVI.

PRONOUNS (PERSONAL).

Eu, de mim, a mim, mim, me.	I, of me, to me, me, me.
Nós, de nós, a nós, nós.	We, of us, to us, us.
Tu, de ti, a ti, ti.	Thou, of thee, to thee, thee.
Vós, de vós, a vós, vós.	You, of you, to you, you.
Êlle, dêlle, a êlle, êlle.*	He, of him, to him, him.
Élla, délla, a élla, élla.	She, of her, to her, her.
Êlles, dêlles, a êlles, êlles (m.).	They, of them, to them, them.
Éllas, déllas, a éllas, éllas (f.).	They, of them, to them, them.

Élle é generôso. *Nós* sômos venturósos. *Élles* estão occupádos. Não sôu súrdo. Dôus dêlles. *Tu* abandônas os amígos. *Eu* o châmo. *Eu* âmo. *Élle* está prômpto. *Élle* ía com *élles*. *Élles* fállão de mim. *Eu* núnca fállo dêlles. *Élle* é máis môço que eu. *Eu* o âmo. Ámo-*o* cômo mêu próprio irmão. Nós os modérnos. *Élle* é máis ríco que *élles*. O assúmpto em que V. S. *me* tem falládo. Entre *élle* e *mim*. Nós o chamámos. *Éllas* âmão. *Élle* lhes dísse. A *mim*. *Délle*. Lêmbro-*me délla*. Eu por *mim*. No mêio *délles*.

I have a knife. *I* have no husband. *Thou* hast a fork. *He* has no shoes. *We* have good wine. *He* is deaf. *She* is blind. *We* are lazy. *Thou* lovest the friends. *I* love *him*. *He* loves *her*. *She* is my sister's friend. The women are beautiful, and *they* are sisters. *He* has spoken to *me*. *We* love *him*. *He* is in the midst of *them*. My mother who sent *me* with *them*. *She* is richer than *he*. *They* (f.) love *their* father. With *me*. With *thee*. *They* (m.) are ready. Of *her*. Without *me*. Without *him*. *She* loves *us*. *We* love *her*. *She* is good.

* *O, a, os, as*, are often used for the accusative of the third personal pronouns. "Eu *o* chamo," I call *him*; "Não *a* vejo," I do not see *her*, etc.

LESSON LVII.

PRONOUNS (CONJUNCTIVE).

Me, te, se, *lhe*.
Nos, vos, lhes.
Me, te ; o,* a,* lo,* la.*
Nos, vos, os,* as,* los,* las.*
Comígo, com-tígo, com-sígo.

To me, to thee, *to him, her, it*.
To us, to you, to them.
Me, thee ; him, her, it.
Us, you, them.
With me, thee, etc.

Dá-*lhe* úma pênna. Não *lhe* dígo. Fáça-*me* o favôr. V. S. póde fazêr-*me* um grânde servíço. Fíco-*lhe* múito obrigádo. Agradêço-*lhe* infinitamênte. Sínto dár-*lhe* tânto incómmodo. É o que *lhe* pósso dizêr. Eu *o* suppônho. Não *o* crêio. Eu *o* quéro. Êlle dêu-*me* um lívro. Êlle fálla côntra *mim*. Êlle dêu-*nos* dúas patácas. Élla dêu-*lhes* múito dinhêiro. Com-*nôsco*. Levêi o cão ao río, e lancêi-*o* na água. Montêi a égua, e levêi-*a* ao río. Díga-*me*. Díga-*lhe*. Díga-*lhes*. Quéro vê-*lo*. Não pósso vê-*la*. Fáça-*me* um pár dé bótas.

It seems to *me*. *I* give *you* these books. Do *him* the favour. Give *me* the new pens. *I* am much obliged to *you*. *I* thank *them*. *It* is what *I* can tell *you*. She gave *me* two beautiful books. Tell *them* that the money is good. *I* wish to see *her*. *I* cannot see *them*. Make *me* a pair of shoes. *I* do not believe *him*. *He* gave *me* a dog, and *I* threw *it* into the river. Give *him* a book. *You* can do *him* a great favour. She gave *him* a pen. Tell *him* that I cannot give *him* the horse. *He* gave *them* a pair of boots. *They* speak against *me*. *I* am sorry to give *them* so much trouble.

* Used after *infinitives*, as "Não pósso amá-*lo*," or more correctly "amál-*o*."

LESSON LVIII.

PRONOUNS (MIXED CONJUNCTIVE).*

M'o, m'a. | It or him to me, her to me.
M'os, m'as. | Them to me.
T'o, t'a, t'os, t'as. | Him, her, it or them, to thee.
Lh'o, lh'a, lh'os, lh'as. | Him, her, it or them, to you.

Dái-*m'o*. Eu comprêi-o pâra dár-*lh'o*. O lívro é nôvo, eu *lh'o* darêi. A pênna é bôa, êlle *m'a* dará. Êlles *lh'a* levárão. Fáça-*m'as* lárgas. Dô-*m'as*. Dísse-*m'o* cérta pessôa. Dêixe-*m'o* vêr. Não *lh'o* dirêi. Assim *m'o* dissérão. Não *lh'o* diga. Perdôa-*m'o*, se o fiz. Dizía-*lh'o* o sêu espêlho. Perguntái-*m'o* a mim. Não *lh'o* pósso dizêr. Eu *lh'o* darêi. Múito *lh'o* agradêço. Dêixe-*m'o* álguns días. Eu *lh'o* tenho díto. Fáça-*m'os* vêr. Quándo *m'os* poderá dar? Eu *lh'os* mandarêi. Dê-me licênça de *lh'os* provár. Eu *lh'o* affiánço. Pôis dir-*vo-lo*-hei eu.

Give *it me*. Give *it him*. Give *it them*. I bought it to give *it to them*. These pens are good, give *me them*. The mare is beautiful, and I gave *her to him*. The letter is beautiful, let *me* see *it*. Is the book good? I will give *it you*. Give *me* leave to show *them to him*. I shall pay *it you*. I will give *it you* for less. The rings are pretty, I will show *them to thee*. I thank you much for *it* (m.). When shall you be able to show *them to me*? I assure you *of it*. I shall tell *you it*. He gave *it me*. The house is new, I will *it to you*. The horse is gentle, will you give *it to her*? Give him leave to try *them for me*.

* These pronouns are compounds of the *dative* of the person with the *accusative* of the thing. *M'o* stands for *me o*, *it to me*, the accusative of course agreeing with the noun to which it refers.

LESSON LIX.

PRONOUNS (POSSESSIVE).

Mêu, mêus; mínha, mínhas.
Têu, têus; túa, túas.
Sêu, sêus; súa, súas.
Nósso, nóssos; nóssa, nóssas.
Vósso, vóssos; vóssa, vóssas.

My, mine.
Thy, thine.
His, her, its, their, your.*
Our, ours.
Your, yours.

Mêu páe, *mínha* mãe e *mínhas* irmãs estão no câmpo. *Sêu* fílho é sábio. *Sêu* irmão é môço. O† *sêu* jardím é maiór que o *mêu*. *Vósso* amígo e o *mêu*. Este chapéu é *mêu*. Com os *sêus* parêntes. Côrno está *mínha* irmã. Os *nóssos* amígos nos abandônão. *Súa* Magestáde. No *sêu* lêito. O *sêu* primêiro impúlso. Uma das *súas* mãos. Um *mêu* patricio.‡ Dôus amígos *sêus*. No mêio dos *sêus* concidadãos. A energía da *súa* álma. *Mêus* amígos. Lôndres tem *súas* bellêzas. Os *sêus* máis pequênos movimêntos. Van-Dyck fôi o *sêu* melhór discípulo.

My mother and *my* brothers are in the garden. *His* son is young. *Your* house is larger than *mine*. He is *my* friend. He is one of *my* friends. One of *your* countrymen. In the midst of *his* friends. The image of *my* mother. He was the victim of the ideas of *his* time, as so many are of those of *ours*. With *his* hand between *hers*. Two volumes of this *our* journal. One of *my* legs. *My* aunts. With all *my* heart. Three friends of *his*. This house is *mine*. *His* garden is large. In other countries, especially in *ours*.

* When speaking *to* any one in the third person, *seu* stands for *your*, e. g., " Gósto do sêu estylo," I like *your* style. When speaking *to* a person *of* another person, use *d'êlle*, " Gósto do estylo d'êlle," I like *his* style.

† The article is prefixed to the possessive when emphasis is required.

‡ One of my countrymen.

LESSON LX.

PRONOUNS (DEMONSTRATIVE).

Êste, ésta; êstes, éstas; ísto.* | This; these; this.*
Êsse, éssa; êsses, éssas; o,† a, | That; those; that;† that.*
os, as; ísso.*
Aquêlle, aquélla; aquêlles; aquél- | That; those; that.
las; aquíllo.
Est'ôutro, ess'ôutro. | This other; that other.

Éste tapête. *Aquélla* árvore. *Éstes* lívros. *Aquêlles* hómens. *Éssa* cása. *Ésses* ríos. *Éste* quádro é líndo. *Ísto** é pâra mim. *Éstas* bótas são de Páulo. *Éste* é o século das revoluções. *Aquéllas* mulhéres não são tão bôas cômo *éstes* hómens. *Éste* hómem é o authôr *dêste* lívro. Sôu *désta* opinião. Náda *dísto** é assim. Um día *dêstes*. Cômo é *ísto** possível? Não gósto *dísto*. *Naquêlle* logár. No aspécto *daquéllas* líndas paizágens. Por *êste* vil prêço. *Nésta* capitál. *Néste* momênto. *Ísto** não é provável. *Éssas* representações. *Ésta* espécie cruelíssima.

This house. *That* tree. *These* houses. *Those* trees. *This* book is beautiful. Of *this* house. Of *those* books. In *these* representations. *Those* books are John's. *This* is for him. In *these* rivers. *This* is not possible. The leaves of *those* beautiful trees. *These* (f.) are not good. He is of *that* opinion. Of *these* two men. In *this* case. *This other* one has a disagreeable voice. *Those* cavaliers. In *that*. Of *this*. The ground is *that* of a Roman town. The voice is *that* of a man. One of *these* days. *Those* sheets are damp. The door of *this* house.

* *Isto* and *isso*, this and that, are used without nouns, like *ceci* and *cela* in French.

† In contrasted allusion: "O ar da cidáde é máu; *o* do câmpo, bom,"—The air of the town is bad; *that* of the country, good.

LESSON LXI.

PRONOUNS (RELATIVE).

O quál,* os quáes; a quál, as quáes.	Who, which.
Cújo, cúja; cújos, cújas; de quem.	Whose.
Quem; o que.	Who, he, who, whoever; what.
Que,† a quem.	Who, which, that, whom.
Aquêlle que, aquélla que; o que.	He who, she who; that which, what.

Encontréi um hómem, o *quál* me reconhecêo. O nôvo relógio *que* êlle tem. O pássaro *que* cánta. A mulhér *que* eu estímo. O hómem de *cújo* cavállo lhe fallêi. Dêus, *cújas* óbras admirâmos. Camões, *cújo* mérito conhecêmos. Úma flôr, *cújo* chêiro é agradável. Quem máis tem, máis desêja. É úma côusa de *que* êlle não é capáz. As circunstâncias em *que*, etc. Sômos *quem* sômos. Os *que* são sábios são felízes. Está V. S. cérto do *que* díz? A pênna com *que* eú escrêvo. Os *que* pênsão. O negócio de *que* tráto. Ísto é túdo o *que* êlle me dísse.

He saw a man in the house, *who* said, etc. The situation in *which*. To know *what* was the substance of the petitions. In every place in *which*. Lorenzo was he *who* knew him. Very different from *what* it at present appears. One of those men in *whose* hands. If I judge by *what* I see. *He who* is religious knows, etc. *Whoever* has most, wants most. This sea *whose* waves, etc. I am sure of *what* I say. The pencil with *which* I write is yours. *He that* has most, wants most. The man *that* is in the garden is my friend. The house *in which* he lives.

* *Quál* preceded by the article corresponds to the Latin *qui*, not *quis* or *qualis*. It is like the old English, "*the which*," or to the French "*le quel*," and reproduces the idea of the object already designated.

† *Que* is equal to *who, which, that,* and *whom*, and is indeclinable.

LESSON LXII.

PRONOUNS (INTERROGATIVE).

Quál* dêstes?	Which of these?
Que hómem é êste?	What man is this?
Que trópas são éssas?	What troops are those?
Quem é? que?	Who is it? What?
De quem? Cújo? } a quem —?	Whose? To whom? Whom?

Quem é? *Quem* está ahí? *Quál* de sêus irmãos? *Que* livros tem o rapáz? *Quál* dêlles? *Quáes* são as súas razões? *Quem* está á pórta? *Quem* serão os púes dêstes meninos? De *quem* é êste quádro? Ellas são dúas irmãs: a *quem* dá V. S. a preferência? *Que* é isso? *Que* hóras são? *Quem* são êlles? *Que* vergônha! *Quál* dos dôus? *Que* lhe paréce dísto? *Quem* t'o dísse? *Que* novidádes? *Que* bôas nóvas ha? *Que* é a virtúde? *Quem* sábe se éssas são verdadêiras? *Que* idáde tem sêu tio? *Quál* é o mêu livro? Nenhúm dêstes. Em tom de *quem* quer sêr obedecído. *Quem* fórão os priméiros.

Which of your sisters? *What* is that? *What* books have the girls? *What* woman is that? *What* a pity? *Whose* hat is this? *What* age is your son? *Which* of them? *Who is* in the garden? They are brothers. *which* do you prefer? *What* ship is that? To *whom?* *Who* knows? *What* news to-day? *What* o'clock is it? *Whose* pen is this? *What* are your reasons? *What* is truth? *What* horse is this? *Who* art thou? *Who* is the master of the house? *Which* of these monuments? *What* are the requisites of a good soldier? *Who* were the second boys?

---

* *Quál*, interrogative, corresponds nearly to the Latin "*qualis.*"

LESSON LXIII.

PRONOUNS (REFLECTIVE AND INTENSITIVE).

Eu *mésmo*, êlle *mésmo*.	I *myself*, he *himself*, etc.
Élla *mésma*.	She *herself*.
Êlles *mésmos*.	They *themselves* (m.).
Éllas *mésmas*.	They *themselves* (f.).
Me, te, se.	M*yself*, thy*self*, him*self*.
De sí *mésmo*.	Of *one's self*.
Contentár-*nos*, em *si*.	To content *ourself*; in *itself*.
A, pâra, de, por *si*.	To, for, of, by one's self; or *himself*.
Fálla-*se* de páz; por sí só.	*They* speak of peace; alone.

Eu *mésmo* o fiz. A mim *mésmo*. Lêmbro-*me* dísso no *mésmo* día. Quál é o hómem que núnca *se* engâna? Êlle fèz-*se* soldádo. Fáz-*se* tárde. Limíto-*me* á questão. Desêjo-*me* no câmpo. Vôu-*me* pâra cása. A falsidáde é odiósa em si *mésma*. Ísto por si *mésmo* está cláro. Lançou lônge de *si* a árma fatál. Éllas *mésmas* m'o dissérão. Aquí *mésmo*. Côrno *se* châma ísto? Êlle não está em *si*. Châma-*se* mílho. Fálla-*se*, convérsa-*se*, e o têmpo *se* pássa. Fázem mal a *si* os que abúsão da saúde. Não *se* sábe. A mim *mésma* coméça a turvár-*se*-*me* a cabêça.

I *do* not *remember* this. In *itself*. *Alone*. He limits *himself* to the fact. Whose origin *is unknown*. I saved her, and he saved *himself*. He *became* a sailor. They are of importance to *me*. Nothing subsists *by itself*, save God. I *myself* was present. I *am going* home. Vice is odious *in itself*. The women *themselves* went away. Henry killed *himself*. He said to *himself*. He threw far from *him* the gold. That wine *is called* "*bual*." I *forgot* to *write* the letter. They *themselves* said it to him. He did it *himself*. I limit *myself* to this question. To content *themselves*.

LESSON LXIV.

PERSONAL AND CONJUNCTIVE PRONOUNS WITH INDICATIVES.

Dêixão-*vos* a hônra.	They leave *you* the honour.
Dár-*me*-hás prazèr.	Thou wilt give *me* pleasure.
A mim *me* darás, etc.	To *me* myself thou wilt give, etc.
Dêus apráz-*se* da humildáde.	God delights in humility.
Assím *o* promettêrão.	So they promised *it*.
Eu *ró-lo* dígo.	I tell *you it*.
Adórão-*no*,* *na, nos, nas*.	They adore *him, her, them*.

Perdoáe-*me*. Gábas-*me* o bom génio. Affiguráva-*se-me* que élla estáva júnto de mim. Depôis erguêu-*se*, e assentôu-*se-lhe* ao ládo. Êlle obrigôu-*o* a tomár algúma refeição. Êlles matárão-*n'o*. Calêi-*me*. Dêu-*me* uma das súas mãos, levêi-*a* á bôca, e beijêi-*a*. Esta palávra sentí-*a* soár, palpáva-*a*, vía-*a* escrípta, affiguráva *se-me* convertída em effêito. Arripiárão-*se-me* os cabêllos. Aquí *me* matárão um filho. Encaminhêi-*me* pâra a pórta. Repíto-*te* que não *me* impórta. Êlle assenton-se-me ao ládo. Êlles matárão-na.

I went to bed, but could not sleep. I told *him* all. It remains *for us* to know. Without his knowing *it*. His hands, above all, incommoded *him*. He gave me one of his hands; I pressed *it* between mine, raised *it* to my mouth, and kissed *it*. A dagger glittered in *my* hand. *My pulse* beat with feverish force. I told *him* I was ready. Let them leave *us* the honour. Fame *has* exalted *him*. They love *him*. They honour *her*. These men leave *him* the glory. They killed *my* daughter here. The heathen adore *her*. The old man seated *himself* at my side.

---

* The "n" is for the sake of sound, instead of adórão-*o*.

LESSON LXV.

CONJUNCTIVE PRONOUNS WITH INFINITIVES.

Quéro perdoár-*lhe*.	I wish to pardon *him*.
Que perígos *se me* pódem offerecer?	What dangers can present themselves to *me*?
Pôis máis *vos* quéro dizêr.	Then more I wish to tell *you*.
Vim de cása pâra *te* vêr.	I came from home to see *thee*.
Quíz vê-*lo*,* vê-*la*, vê-*los*, vê-*las*.	I wished to see *him, her, them*.

Káleb sahíu da cidáde, fingíndo abandoná-*la* de tôdo. O vélho vêiu acompanhál-o. O bom do mônge corrêu a abraçál-o. Custôu-*me* a conhecêr-*lhe* as feições. Vê-*lo*-hêis já. Pensá-*lo* e fazê-*lo* são côusas bem differêntes. Não quería demorar-*me* allí máis. Custáva-*me* a crê-*lo* O aspécto far-*vos*-ha crêr. Enganár-*vos*-heis. Vê-*la*-heis. O sol começáva a tingír-*me* a câma de tôdas as côres das vidráças de úma frésta que *me* ficáva frontêira. Cortár-*lhe*-hêmos úma talháda. Dísse-*me* que sêu senhôr precisáva de fallár-*me*. Ouví, sem irritár-*me*.

After *giving him*. He resolved to *ask her* in marriage. We are going to *help you* to *raise it*. No one dared to contradict *me*. I wish to spare *you* some trouble. I began to observe *myself*,‡ and to study *myself*, in order to know *myself*. They come to *consult him*. I cannot hear *you*. He offered to give *him* the horse. The good priest ran to tell *him*. He desires to see *them*. I came from Lisbon to see *you*. He told *me* that the duke wished to speak to *me*. I can hardly believe *him*. After pardoning *him*. To say *it* and to do *it* are not the same thing. I wish to see *you* at home.

* *Vê-lo* is contracted for *ver o*, or *ver lo*.
† Often divided " abandon*al-a*" instead of " abondan*á-la*."
‡ Rendered by "me."

LESSON LXVI.

CONJUNCTIVE PRONOUNS WITH IMPERATIVES.

Dêus *vos* prospére!	May God prosper *you*!
Óra não* *me* importúne.	Now, do not teaze *me*.
Fáça-*me* êste favôr.	Do *me* this favour.
Dê-*me* úma rósa.	Give *me* a rose.
Trága-*no-lo*.	Bring *us* some.
Não *lhe* díga ísso.	Don't tell *him* that.

Abráça-*me*, fálla-*me* de mêu páe. Trága-*me*. Dê-*me* de que bebêr. Não *se* môva d'ahí. Trága-*nos* azêite. Trága-*no-las*. Fáça-*me* o bânho máis quênte. Vá-*me* buscár úma carruágem. Díga-*lhe* que me trága os sapátos. Senhôr, sálva-*nos*. Ségue-*me*. Explíca-*nos* éssa parábola. Levantáe-*vos*. Pága-*me* o que me déves. Tíra-*te* d'ahí. Dáe-*me* êsse lívro. Véste-*me*. Trága-*me* as mêias. Dêixa-*o* entrár. Assênte-*se* ao pé do lúme. Móstre-*me* o melhór que tivér. Acórde-*nos* cêdo. Díga-*lhes* que me trágão o mêu bahú. Fáça-*me* obséquio de dizêr.

Give *him* a tulip. Don't leave *me*. Don't tell *me* that. Speak to *me* of my friend. Bring *me* a glass of water. Tell *him* to bring *me* my coat. Follow *me*. Pay *me* the money. Do *me* this kindness. Bring *us* some wine. Embrace *him*. Give *him* some drink. Don't *move* from this house. Explain to *me* this history. Give *him* these new books. Let *them* come in. *Sit down* here. Show *him* the best cloth you have. Do *us* the favour to show it to *him*. Do not strike *them*. Tell *him* to bring *me* the new boots. Do *me* the favour to tell *him* the way.

* In negative sentences the pronoun precedes.

LESSON LXVII.

CONJUNCTIVE PRONOUNS WITH GERUNDS.

Promettêndo-*me* não cahír.	Promising *me* not to fall.
Em *vos* vêndo.	In seeing you.
Estôu-*me* aprestândo.	I am getting ready.
Queimândo-*me** o cérebro.	Burning *my* brain.
Pedíndo-*nos* o nósso vóto.	Asking *our* vote.
Têndo-*os* ouvído.	Having heard *them*.

Êlle fazêndo-*os* cahír em úma ciláda, os destroçôu. Obrigândo-*se* a entregár Tolêdo. Pôndo-*lhe* a mão no hômbro. Chegândo-*se* ao pé do lêito. Voltândo-*se* pâra mim. Paréce-*me* que *o* estôu vêndo. Comparândo-*me* a ôutrem. Faltândo-*lhe* as fôrças, retirôu-se pâra a súa cidáde. Comparândo-*as*. Elevândo-*o* acíma das núvens. O sérvo lançândo-*se-lhe* aos pés. Têndo-*os* deixádo, retirôu-*se* êlle. Chamândo-*os*. Assegurândo-*lhe* que achará. Deixândo-*o* chêio. Offerecêndo-*se-lhe* á vísta. Pôndo-*nos* de joêlhos diânte délla. Pendurândo-*o*.

Listening to *him*. Placing *my* hand on *his* shoulder. Asking *me* that. Promising *me* not to go. In hearing *you*. *I* am dressing *myself*. Asking *him* for *his* vote. Having seen *them*. *His* strength failing, *he* went home. The man falling at *my* feet. Falling on *my* knees before *him*. Hanging *them*. Cutting *my* hand. Raising *him* above other men. Making *me* fall. Obliging *them* to retire. Placing *his* hand on *my* head. Leaving *them*. Having left *me*. Placing *his* foot on the ground. Comparing the one with the other. Seeing *him*.

---

* This form is often equal to a **possessive** pronoun.

LESSON LXVIII.
PRONOUNS (DEMONSTRATIVE RELATIVE).

Por *o* sêrem.	On account of their being *so.*
Sem *o** sêrem.	Without their being *so.*
As cásas contrastúvão com *as* que—	The houses contrasted with *those which*—
As máis béllas são *as* que—	The handsomest are *those which*—
Sem *a* ouvír.	Without hearing *it.*
E realmênte *o* não é.	And really it is not *so.*

Os mêios érão *os* da persuasão, não *os* da fôrça. Essas são as mínhas razões, bôas ou más dígo-*as* cômo *as* sínto. O número daquêlles é múi pequêno, *o* dêstes infiníto. Quândo a nóssa razão discórda *da* dos ôutros, etc. Os máles da primêira vida são náda comparádos com *os* da segúnda. Ha verdádes que a nós *o* não parécem. A esperânça terréstre é frágil, cômo *o** são tôdas as côusas da térra. Que hýmnos pódem entrár em parallélo com *os* que Davíd cantáva? A situação não é *a* da dúvida. Uma só ambição, *a* de agradár a Dêus.

This condition is worse than *that* of excited passions. Its sphere is inferior to *that* of truth. Some books, as *those* of the Egyptians, etc. The handsomest flowers are *those which* perish soonest. The number of servants exceeds *that* of the masters. I know the end of the story without hearing *it.* It is necessary to be just, and in order to be *so,* it is indispensable, etc. Political questions are *those which,* etc. I say *them* as I feel *them.* The more I am contented with *my* heart, the less I am with *my* pen. The situation is not *one* of difficulty. My opinion is not *that* of the Court.

* Like the French " sans *l'*être."

LESSON LXIX.

PRONOUNS (CONJUNCTIVE AND PERSONAL, REFLECTIVE FOR POSSESSIVE).

Abaixár-*lhe* a sobêrba.	To lower *his* pride.
Vá a cása d*é*lle.*	Go to *his* house.
Fíca-*me* o pé máis á vontáde.	*My* foot is easier.
Arranhôu-*me* a orêlha.	You have scratched *my* ear.
Dóe-*me* a gargânta.	*My* throat is sore.
Em *lhe* morrêndo o páe.	As soon as *his* father is dead.

Arripiárão-se-*me* os cabêllos. Custôu-*me* a conhecêr-*lhe* as feições. Ficôu-*me* bem estampádo na memória. Notêi que os bestêiros *me* vigiávão os pássos. Ergui o punhál, e cravêi-*lh'o* dúas vêzes no pêito. O suór corria-*me* da frônte. Êlle devía seguir os pássos do hómem, vigiá-lo, escutár-*lhe* as palávras, e estudár-*lhe* o menór gésto. Os cabêllos eriçárão-se-*lhe* de horrôr. Vião-se-*lhe* na têsta rúgas, que, etc. Êlle *lhe* fálla ao ouvído. Quér que *lhe* léve a súa mála? Tênha a bondáde de *m'os* mandár a cása. Êlle tocôu-*lhe* na mão.

These sounds, instead of causing me pleasure, *made my* hair stand erect. A smile played on *his* lips. To lower *his* pride. *My* head aches. To diminish *their* importance. *My* head begins to turn. He seated himself at *my* side. It puzzled me to recognize *his* features. He touched *their* eyes. To remedy an evil, one must know *its* causes. He took the ring from *his** own hand, and put it on *his** (another's). He put around *his* neck a collar of gold. I closed *his* eyes. Will you cut *my* hair? The scene remained impressed on *my* memory. She touched *my* hand.

---

* It is important to note the difference between "*súa* cása" and "*cása* délle." See p. 59, note.

LESSON LXX.
SÊR—TO BE (INDICATIVE, ALWAYS).

Sôu, és, é; sômos, sôis, são.   Am, art, is; are, are, are.
Éra, éras, éra; éramos, éreis, érão.   Was, wast, was; were, etc.
Fúi, fôste, fôi; fômos, fôstes, fôrão.   Was, wast, was; were, etc.
Fôra, fôras, fôra; fôramos, fôreis, fôrão.   Had been, hadst been, had been.
Seréi, ús, á; émos, êis, ão.   I shall be; etc.

Sóu súrdo. *Sóu* mônge. *És* inglêz. Eu *sóu* José. *É* têmpo de dizêr-lhe adêus. *É* um fácto. *É* cérto que.... *É* úma história. Ísto é impossível. *É* bem triste. Que felíz que *sóu!* Não é tárde. Os días *são* cúrtos. *Éra* o frío excessívo. *É* êste o camínho? *É* o máis cúrto camínho. *Élle éra* médico. *Élle é* dos nóssos. Ísto é naturál. Que hóras são? *É* verdáde. *Sóu* apaixonádo dêlles. *Sóu* eu em pessôa. *Sóu* um dêlles. Um só *será* bastânte. Eu *seréi* pintôr. Nós *serémos* sapatêiros. Cômo *fôi* ísso? César *fôi* um grânde generál. O irmão dêlle *é* soldádo.

I *am* an Englishman. She *is* French. He *is* blind and deaf. It *is* improbable. The evenings *are* long. This needle *is* too large. The flowers *are* beautiful. It *is* I myself. It *is* nothing. This pen *is* bad. The bed *is* good. These chairs *are* very beautiful. It *is* more than probable. It *is* ten o'clock. What *is* the price? *Is* he a German? It *was* night. John and Henry *were* the sons of Charles. It *is* late. It *is* time to go. It *is* possible. I *am* fond of it. John *will be* a soldier. *Is* it all the same? Hannibal *was* a very great general.

* "*Sêr*" expresses *attributes* or *permanent qualities*. "*Sóu* doênte" is, "I am *always* ill, an invalid;" but "*Estóu* doênte" means "I am *at present* unwell."

LESSON LXXI.
SÊR—to be (subjunctive).

Que eu sêja, as, a ; âmos, áis, ão.	That I be, or may be.
Se eu fôsse, es, e ; ĕmos, eis, em.	If I were, or might be.
Se eu fòr, es, fòr ; mos, des, em.	If I be, were.
Fôra, as, a ; ămos, eis, ão.	Would be ; were, had been.
Se eu fòr, etc.	If I should be, or were.
Sería, as, a ; ămos, eis, ão.	I should be.

É possível que assím *séja*? A fím de que eu *séja* ríco. Se ísso *fôsse* comígo. É precíso que élla *séja* prudênte. Éra precíso que *fôsse* máis modésta. Se a mantêiga *fôr* bôa, trága quátro arráteis. Impórta que os trabálhos *séjão* acabádos. É possível que não *séja* felíz. Se *fôr* da súa vontáde. Sentiría que *fôssem* recusádas. Éra possível que *fôssemos* diligêntes. Que as bótas *séjão* de bom cabedál. É necessário que V. S. *séja* apresentádo. A discussão êntre nós *fôra* impossível. Se eu *fôr* em sêu logár. Sentiría que V. S. *fôsse* cansádo. Impórta que a óbra *séja* complêta. *Fôsse* o que *fôsse*.

It is impossible it *can* be so. That I *may* be wise. It is necessary that he *should be* good. You must *be* diligent. Discussion would *be* improbable. If I *were* prudent. I am sorry that the story *is* so short. He *will be* our friend. If he *were* a rich merchant. It was necessary he *should be* more diligent. I am sorry they *are* refused. Let the gloves *be* good. If the cheese *is* good, buy it. It is not possible *for you to be* quiet. You must *be* presented to the king. In order that he *may be* happy. Let the shoes *be* of the best leather. If I *were* in his place.

LESSON LXXII.

SÊR—TO BE. (INFINITIVE, IMPERATIVE, PARTICIPLES).

Sêr; sêr eu, sêres tu.*	To be; my being; thy being.
Sêr êlle, sêr élla.	His being, her being, its being.
Sêrmos nós, sêrdes vós, sêrem êlles.	Our being, your being, their being.
Sêndo, sído; em sêr.	Being, been; in being.
Sê tu, sêja êlle; sejâmos nós, sêde vós, sêjão êlles.	Be thou, let him be, let us be.

Sêr fêio. Não *sêr* boníto. O que tem de *sêr* não se póde evitár. Tênho de *sêr* julgádo. Pàra *sérmos* julgádos. Eu estíve *sêndo* o guárda. Pôis bem, *séja* assim. O *séres* tu formósa. As fêias, nem por o *sérem*. O resultádo fôi o *sérem* exterminádos. Os sentimêntos não podião deixár de lhe *sérem* presêntes á memória. Que não *séja* tão comprído. A *sêr* assim. *Sêr*-lhe-hêi reconhecído. *Sejâmos* virtuósos, e *serêmos* felízes. *Sêndo* tão tárde. Em *sêr* máis usádo. Em *sêr* o amígo d'êlle. Pàra *sérmos* amígos. Que lhe parêce se *fôramos* dar um passêio. *Sêndo* assim.

Not *to be* brave. What has *to be* done, must not *be* neglected. The man *must be* judged. In being punished. Whatever it *might be*. Let us *be* good, and we *shall be* happy. The youth *being* better taught, will *be* more competent. In order to *their being* friends. *To be* old. In *being* more useful. The result was *our being* almost exterminated. Far from *being*. In spite of my stature *being* rather diminutive. It was no great merit *my being* good. In spite of *my being* a child. If it *is* so. This *being* so. Our *being* English. *Being* early. Very good, *let it be so*.

* A peculiarity in Portuguese is the possession of a personal or declined infinitive, equal to the English participle with a possessive pronoun.

LESSON LXXIII.
SÊR—TO BE (COMPOUND TENSES).

Eu tênho sído, tu tens —, êlle tem —.	I have been, thou hast —, he has —.
Eu tínha sído, tu tínhas —, êlle tínha —.	I had been, thou hadst —, he had —.
Eu hêide sêr, tu hásde sêr, êlle háde sêr.	I shall be, thou shalt —, he shall —.

Ténho sído múi infelíz. Tu hás de *sêr* mínha espôsa. Êlles *terão sído* máis fórtes. *Terías sído* súa víctima. Eu não *tínha sído* o priméiro. Eu não *tería sído* commerciânte. O futúro há de *sêr* crênte. Aquíllo núnca há de *sêr*. Têve grânde felicidáde em não *sêr* descobérto. Se assim *tivér* de *sêr*. Se *tivéres* saudádes de mim. *Sêr-me-hía* impossível. Não têr *sído* vencído. Osca ficôu *sêndo* o cêntro da refórma intellectuál. N'úma vélha estrebaría que *tínha sído* habitáda por úma váca. O rapáz *tería sído* o amígo d'êlle.

He *will be* my husband. The boy *has been* very unhappy. That *will* never *be*. He was fortunate in not *being* punished. If such *take place*. He had a house which *had been* inhabited by robbers. It *will be* impossible for him. If I *had been* a Frenchman, I *should have paid* the money. If I *had been* blind, I *should have been* very unhappy. He *would* not *have been* a soldier, if he *had been* the heir. The sun, *being* the centre of the system. She *has been* very unhappy in not *being* rewarded. It *would have been* impossible for me to pay the money. He *would have been* the victim of the robber.

LESSON LXXIV.
ESTÁR—TO BE (AT PRESENT, INDICATIVE).

Estôu, ás, á; âmos, áes,* ão.†	Am, art, is; are.
Estáva, ávas, áva; ávamos, áveis, ávão.	Was, wast, was; were.
Estíve, ivéste, êve; ivémos, ivéstes, ivérão.	Was, wast, was; were.
Estivéra, ivéras, ivéra; ivéramos, ivéreis, ivérão.	Had been, hadst been, etc.
Estarêi, ás, á; êmos, êis, ão.	I shall be, thou, etc.

Estôu doênte. *Estôu* contentíssimo. Côrno *está* V.S.? A pórta *está* abérta. O témpo *está* bom. *Estôu* cansádo.‡ *Está* dormíndo. A água *está* quênte. *Estáva* viúvo. O almôço *está* prômpto. Tôdos *estão* em cása. Onde *está* o lívro? Aquí *está* a cárta. *Estão* rícos. As toálhas *estão* na gavêta. Nisso *estáva* tôda a dúvida. Oh! que dúra que *está!* Mínha irmã *está* em Allemânha. *Estámos* no invérno. A sála *estáva* chêia. *Está* o sól no zeníth. O Senhôr B. *está* em cása? Eu núnca *estíve* em Inglatérra. *Estôu* de saúde. *Estarêi* aquí dêntro n'um mêz.

I am old. She is at table. He is not ill. The door is not open. The water is cold. Where is the letter? The book is in the drawer here. I am pleased with him. They were rich. Dinner is on the table. Here is the boy. They are afflicted. All the ladies are in the hall. My brother is in England. I was there last month. She is much better. He is so-so. I am angry. The weather is showery. He is delighted. My friend is in France. I was at my brother's. He is ill. We are in a very difficult case. He will be here within a week.

* Often *áis*. † *Am* is more usual.
‡ *Estár* refers to *accidents*, or *temporary* states, qualities, positions, circumstances. Hence "*Estôu* cansádo," but "*Sou* Inglêz."

LESSON LXXV.
ESTÁR—TO BE (SUBJUNCTIVE).

Estêja, as, a ; âmos, áes, ão.	That I be, may be.
Se estivésse, ses, se ; sĕmos, seis, sem.	If I should be, were.
Se estivér, es, ér ; mos, des, em.	If I (shall) be.
Se estivéra, as, a ; ămos, eis, ão.	If I were, had been.
Estaría,* as, a ; ămos, eis, ão.	I should be.

Náda tênho que não *estéja* ás órdens de V. S. Múito me alégro que *estéja* a sêu gôsto. Espéro que *estéja* bem dispôsto. *Estéja* quiéto. Não sabía que êlle *estivésse* doênte. Se o coronél *estivésse* aquí, etc. Se *estivérmos* lônge. *Estéja* á súa vontáde. Se *estivéra* no sêu logâr. Hôje não haverá estrêlla, por pôuco importânte que sêja, que não *estéja* comprehendída em algúma das constellações. Fáça cômo se *estivésse* em súa cása. *Estéja* o jantár prômpto ás sêis hóras. Se *estivéres* pêlo que dígo, está jústo. Êlle faría ísso, se *estivésse*, etc. *Estava** eu bem servído ?

If he *were* in my place, he would not pay the money. If my friend *had been* here, I should have been quite happy. *Be* quiet. *Let* dinner *be* ready at five o'clock. I did not consent that she *should be* here. If he *were* here, he would sing. I *should be* content, if I could see my brother. He has nothing which *is* not at your service. If I *were* in your place, I should not go to Lisbon. *Let* the horse *be* ready at 4 o'clock. If he *agrees* to what I say, the thing is settled. He would do this, if he *were* at home. *Be* quiet, if you can.

* The *imperfect* is often used for the *future* conditional, i. e., *was* for "*would be*," e. g., "*Desejáva* múito vêl-o," instead of "*Desejaría*;" like the French, "*Si j'allais*," or the English, "If I *went*, I should get wet."

LESSON LXXVI.

ESTÁR—TO BE (INFINITIVE, IMPERATIVE, AND PARTICIPLES).

Estár; estár eu, estáres tu.*	To be; my being, thy being.
Estár êlle, estár élla.	His being, her being.
Estármos nós, estárdes vós, estárem êlles.	Our being, your being, their being.
Estândo, estádo, tênho estádo.	Being, been, having been.
Está tu, estáe vós.	Be, be you.

O *estáres* pádre, a mim m'o déves. *Estár* pâra morrêr. Não pódem os hómens *estár* alégres sem contendêr? O *estárem* êlles aquí não me impórta. Dêixe *estár*. *Estêja* á súa vontáde. Apesár de *estár* sentádo ao seu ládo. Em um hómem *estándo* contênte, túdo váe bem. Ha V. S. de *estár* em cása? Pâra *estármos* satisfêitos fálta pôuco. *Estár* eu aquí não vos incommóde. *Estáe* cértos do que vos dígo. O desêjo de *estár* na súa companhía. Élla tem *estádo* a chorár. *Estándo* élla melhór, túdo se fáz. *Estárem* êlles tristes, a si o dévem.

———

My being sure of his aid. *In order that we may be* satisfied. Their *being warm* does not depend on me. *To be about to* fall. In spite of *being* satisfied. Without *being* clear. Their *being* unhappy is owing to their laziness. For our *being* happy, little is needed. Your *being* a soldier you owe to him. Can the boy not *be* quiet? Let it *be*. The desire of *being* with me. The sky begins *to be* clear. My *being* here is not agreeable. In spite of *being* in my house. Their *being* unwell is not my fault. In order to our *being* certain.

* This *declined* or *personal* infinitive is peculiar to the Portuguese language. It is often used, as in Greek and German, with the article prefixed. It seems best rendered by the *present participle*, and a *possessive pronoun*.

LESSON LXXVII.

ESTÁR—TO BE (COMPOUND TENSES).

Tênho estádo, tens —, tem —.	I have been, thou hast —, he has —.
Tínha estádo, tínhas —, tínha —.	I had been, thou hadst —, he had —.
Héí de estár, has de —, ha de —.	I shall be, thou shalt —, he shall —.
Teréi estído, terás —, terá —.	I shall have been, thou shalt —, he shall (or will) —.
Tería estúdo, etc., etc.	I should have been.
Se eu tivér estádo.	If I had been.
Se eu tivésse estádo.	If I should have been.

Tênho estádo múito doênte. Eu *tínha estádo* em cása. Eu *tería estádo*, em cása, com avíso têu. *Héí de estár* militár ámanhã. *Teréi estádo* lá. Êlle *há de estár* bom. Êlle não sôube que eu *tínha estádo* lá. *Tér estádo.* Se eu *tivésse lá estádo*, náda accontecería. Quândo eu *tínha estádo* á mêsa, etc. Depôis de *tér estádo* tão alégre! Se eu *tivér estádo* lá, núnca máis o chégue a vêr. Não é o cúco que *estóu* ouvíndo? *Terá estádo* no têmplo. Éllas *têem estádo* no escriptório. Depôis de élles *térem estádo* tão trístes. *Há de estár* em cása ántes de êlles chegárem.

He *has been* very ill. We *have been* quite well. *Having been* in bed. They *had been* in the street. He *will be* a sailor next week. If he *had been* on horseback, he would have gone quickly. If I *had been* rich. If the weather *had been* bad, I should have staid at home. If the lady *had been* well, she would have gone to the country. To *have been* at home. He *has been.* We *have been* here. I *should have been* in church. He *has been* well. After *having been* very ill. We *had been* there. The men *had been* with you. To *have been* at home.

LESSON LXXVIII.
TÊR—TO HAVE (INDICATIVE).

Tênho, tens, tem; têmos, têndes, têem.* | Have, hast, has; have.
Tínha, tínhas, tínha; tínhämos, tínheis, tínhão. | Had, hadst, had; had.
Tíve, tivéste, téve; tivémos, tivéstes, tivérão. | Had, hadst, had; had.
Tivéra, as, a; ămos, eis, ão. | Had had.
Terêi, ás, á; êmos, êis, ão. | Shall have.

Ténho úvas. Élla *tem* fígos. Êlle *tem* larânjas. *Témos* vínho. *Téndes* cerêjas. Élles *têem* nózes. Não *ténho* mêias. Não *ténho* chapéu. Não *têmos* sapátos. Éllas não *têem* rêndas. Eu *tínha* úma fôlha de papél. Élle *tínha* um chapéu de pálha. *Tem* élla úma fáca? *Tem* vínho?† *Témos* nós pênnas? *Tínha* êlle um práto? Êlles não *tínhão* lúvas. Não *ténho* eu um cão? Não *terêmos* nós chúvas? Que idáde *tem* V. S.? *Ténho* vínte ânnos. Não *tíve* têmpo pâra ir. *Ténho* esperânças de sêr o primêiro. Já o *ténho*. Não *tería* eu a desgráça?

We *have* a fine morning. We *have* time enough. *Have* you change? Every thing *has* an air of life. I *shall have* the honour. What disease *have* you? *Shall* we *have* time? We *had* no winter this year. We *shall have* rain. I *have* a great weakness. I *had* a sore throat. He *had had* a headache. *Has* he? *Will* you *have* the goodness? I *should have* much pleasure. We *shall* not *have* a fine day. I *shall* be very angry. *Would* you *have* the goodness to? How old *are* you? I *am* thirty. I *had* not time. They *have* a sheet of paper.

* It is better to use *téem* or *tém* than *tem* for the plural.
† "Have *you* wine?"—the third person singular being often employed *without* V. M. or V. S. The Portuguese speak to each other generally in the third person, as if, "Has *he* wine?" and yet, strange to say, when they represent a dialogue, in a novel, they do not give it in the language *as spoken*, but transform all the *third person singular* into the *second person plural*, *vós!*

LESSON LXXIX.
TÊR—TO HAVE (SUBJUNCTIVE).

Que êu tênha, as, a; âmos, áes, ão.	That I may have, thou, etc.
Que êu tivésse, ésses, ésse; éssemos, ésseis, éssem.	That I might have; if I had;* etc., etc., etc.
Se êu tivér, éres, ér; érmos, érdes, érem.	If I (shall) have, etc.
Se êu tivésse, etc., etc.	If I (should) have; if I had.
Tería, as, a; ămos, eis, ão.	I should have, etc.

Que eu *ténha* chá. Que êlle *ténha* náta. Que *tenhámos* quêijo. *Ténha* a bondáde de dár-me um bocadínho. Que eu *tivésse* mostárda. Se eu *tivésse* cínco patácas. Recêio que *tenhámos* um verão quênte. A fim que êlle *ténha* bons exêmplos. Não crêio que êlle *ténha* fóme. Quéro que mêu fílho *ténha* a melhór instrucção. Quándo eu *tivér* sêde. Virêi ámanhã, se *tivér* têmpo. Sentiría que os mêus amígos *tivéssem* frío. Têmo que êlle não *ténha* dinhêiro. Aínda que não *tivéssemos* os lívros, etc. Qualquér fortúna que eu *tivésse*, etc.

That we *may have* coffee. That they *may have* good wine. *Have* the goodness to show him the book. If I *had* money. If your brother *had* five pounds. I fear we *may have* bad news. We do not believe that they *are* hungry. In order that he *may have* new books. When I *am* hungry, I shall have bread. If I *have* time, I shall have that pleasure. They fear they *may* not *have* money. I should be sorry if the poor boys *were* hungry. Whatever fortune we *might have*. I fear I *shall* not *have* ten dollars. I shall write to-day, if I *have* time. He wishes his son to *have* the best masters.

---

* If I *had*, where *future* (i. e., if I *should* have), is, "Se eu *tivésse;*" where *past* (i. e., if I *had* had), "Se eu *tivéra.*"

LESSON LXXX.

TÊR—TO HAVE (INFINITIVE, IMPERATIVE, PARTICIPLES, ETC.).

Têr; têr eu, têres tu.	To have; my having, thy having.
Têr êlle, têr élla.	His having, her having.
Têrmos nós, têrdes vós, têrem êlles.	Our having, your having, their having.
Têndo, tído, têndo tído.	Having, had, having had.
Tem tu, tênde vós.	Have thou; have ye.

Ténho recêio de *têr* necessidáde de sêu auxílio. *Têr* algúm mêdo. *Têr* fóme. *Têr* sêde. Não ha de que *têr* mêdo. É melhór *têr* múito que pôuco. Paréce-me *tê*-lo alcançádo. O *têrem* êlles concebído êsse projécto. Não *tênha* sústo. Este río *tem* três léguas de lárgo. *Tenhámos* paciência. *Tênha* por cérto o que lhe digo. Onde váe *têr* ésta estráda? Sem *têr*-mos um monumênto. Depôis de *têr* acabádo. *Têndo* de mencionár os Francêzes. Os que cásão com mulhéres maióres no sêr, no sabêr e no *têr*, estão em grandíssimo perígo.

We begin to *have* some hope. *To be* hungry and thirsty. It is better to *have* hope than fear. My *having* conceived this scheme was lucky. Without our *having* money. The man begins *to be* hungry. After my *having* the horse in the stable. This road *leads* to the palace. There is nothing *to be afraid* of in the garden. Don't *be* afraid. *His having* patience is important. The boy begins *to be* thirsty. This house *is fifty feet* high. In spite of *their containing* the money. Your *having* finished this monument is a proof of your talent. That I may *have* a new book.

LESSON LXXXI.
TÊR—TO HAVE (COMPOUND TENSES).

Eu tênho tído, tu tens tído, êlle tem tído, etc.	I have had, thou hast had, he has had, etc.
Eu tínha tído, tu tínhas tído, etc.	I had had, thou hadst had, etc.
Eu hêide têr, tu hásde têr, êlle háde têr.	I must (or *shall*) have, thou shalt have, he shall have.
Eu terêi tído, tu terás tído, etc.	I shall have had, thou shalt—
Que eu tênha tído, etc.	That I had had, etc.

Ténho tído fébre. Tu *tens tído* sêde. Eu *tínha tído* larânjas. *Hêide têr* vínho. Tu *terás tído* um chapéu de pálha. Não *têmos tído* sapátos. *Hêide têr* o gôsto de o vêr ámanhã. *Hêide têr* a satisfação. Êlle está tòdo nú, e *háde têr* múito frío. *Hêide têr* notícias de mêu pái. Não *terêi* a ousadía... *Háde têr* túdo ás 8 hóras. *Hêide têr* fóme. *Tem tído* mêdo. Esta rúa vái *têr* á práça. Comêço a *têr* vontáde de comêr. Se eu *tivér tído* dinhêiro. *Ténho tído* múito dinhêiro. O rapáz *háde têr* úma fortúna immênsa. Êlles *têem tído* a moléstia. *Terêi tído* o gôsto de vêr o rêi.

I *have had* money. He *has had* hope. We *had had* good friends. The boy *must be* thirsty. I *shall* be cold. I *shall have had* the satisfaction. *Having had* the pleasure. If I *had had* a sword. *Having had* fever. They *had had* news of my brothers. He *has had* the boldness to— We *shall have* the satisfaction of— The children *must be* hungry. This street *leads* to the cathedral. We begin *to be* hungry. You *shall have* the boots at 4 o'clock. We *shall have* hope. *Having had*. They *have had* the pleasure of seeing the queen. He *must have* news of his brother. They *had had* plenty of money.

LESSON LXXXII.

HAVÊR*—TO HAVE, THERE TO BE, MUST.

Hêi, has, ha; havêmos,† havêis, hão.	Have, hast, has; have.
Havía,‡ havías, havía, havíamos, havíeis, havíão.	Had, hadst, had; had.
Hôuve, houvéste, hôuve; hôuvémos, hôuvéstes, hôuvérão.	Had, hadst, had; had.
Haverêi, as, a; êmos, eis, ão.	Shall have.

Ha gênte que. *Ha* dôus ânnos. *Hêi* de confessár. Tu *has* de ir. Êlle *ha* de têr múito frío. Que *ha* de sêr de mim? Não *ha* côusa máis provável. *Havía* múita gênte. *Ha* múito ôuro no Brazíl. Não *ha* pênnas. *Ha* ôutras línguas. *Hôuve* vínte mórtos. *Havía* úma mulhér. *Ha* orválho. *Ha* de fazêr-se. Que se *ha* de fazêr? Quântas léguas *ha* d'aquí a Camácha? *Ha* úma légua e mêia. Não *ha* máis d'uma mílha. Mostrár-lhes-*hêmos*. *Ha* de sêr um pôuco tárde. *Haverá* múitos inséctos êste ânno. Não *ha* perígo. Espéro que *haverá* múita frúcta.

There are men that never pay. Five years *ago* I was in this house. You *must* confess that you have done wrong. I *have* to read. We *shall be* very cold. What *will become* of us? *There is* nothing more certain. *There were* many people in the fields. How many leagues *is it* to Lisbon. *Is there* danger on the road? *It is* not more than a league. *There will be* much fruit this year. We shall show (to) them the road to Lumiár. I hope *there will be* many peaches. *There was* a long interval of profound silence. *There was* a feast. *It is* ten years since I had that horse. *Are there* many soldiers?

---

* Havêr is *principal* and *auxiliary*; but is now less used than *têr*. Its chief use as an *auxiliary* is to form the compound tenses of verbs expressing future actions or states, as "*Hêi* de escrevêr;" also used by itself, "Se *houvêr* tempo." Impersonally, its use is very general; *Ha*, "there *is*," with both singular and plural nouns, e. g., "Há *vínho*," and "Há múitas *pessôas*."

† Or hêmos.

‡ *Hia*, or *ia* in compounds; "Sêr-me-*ía*," but better "Sêr-me-hía."

LESSON LXXXIII.
HAVÊR—TO HAVE (SUBJUNCTIVE).

Que êu hája, hájas, hája, hajâmos, hajáis, hajão.	That I may have; that there be.
Que êu houvésse, houvésses, houvésse; houvéssemos, houvésseis, houvéssem.	That I might be; that there were.
Se êu houvér, houvéres, houvér; houvérmos, houvérdes, houvérem.	If I have; if there *were* or *be*.
Se êu houvésse, etc.	If I had; should have.
Havería, as, a; ămos, eis, ão.	I should have.

Tênho mêdo que *hája* grânde poêira. É necessário que *hája* prémios pâra que *hája* soldádos. *Hajámo*-nos por ôutra manêira. Não é pâra admirár que eu não *hája* chegádo a têmpo? Póde sêr que *hája*. *Hája* saúde! Se eu *houvér* de ir. Se *houvéres* de vêr. Quéres que *hajâmos* saúde. Se *houvésse* de escutár, êlle saberia. Se êlle *houvér* de pagár. Aínda que ísso me *houvésse* de custár a vída. Se *houvésse* occasião, eu lhe escrevería. Se *houvér* occasião, eu lhe escreverêi. Lógo que *hája* occasião, escrêva-me. Têrmos medo que *hája* um temporál. Se êlle *houvér* de sahir ésta nôite.

I fear there *may be* a shower. It is necessary to *have* rewards that we *may have* good scholars. It may be *there* are. See if *there is* beer. If they *would* listen, they would know. Good-bye. As soon as *there is* an opportunity, write me a long letter. If *there be* (or *is*) an opportunity, I will send you the money. We *must manage* another way. If he *has* to pay the money. Even though this battle *should* cost me my life. If these boys *do* anything of the kind, they must suffer punishment. If a chance *should* occur, I *should* of course write. If you *have* to go, you must go at once.

LESSON LXXXIV.
HAVÊR—TO HAVE (INFINITIVE, IMPERATIVE, PARTICIPLES).

Havêr; havêr eu; havêres tu.	To have; my having, thy having.
Havêr êlle, havêr élla.	His having, her having.
Havêrmos nós, havêrdes vós, havêrem êlles.	Our having, your having, their having.
Havêndo, havído.	Having, had.
Há, havêi.	Have, have ye.
Havêr, têr havído.	To have, to have had.

Pâra *havêr* de fallár. *Havêr* mistér. *Havêr* eu díto ísso, não me pêsa. *Havêr* êlle ído não póde têr causádo ísso. Pâra *havêr* de sêr têu amígo, é precíso sabêr ísso. O *havêrmos* feito ísso não impórta. *Havéi* compaixão de mim. Estão *havêndo* múitas chúvas. Êlle sábe cômo se ha de havêr. Ha de *havêr* mistér dinhêiro. Nós *havêrmos* mistér dinhêiro. Não póde *havêr* tal. *Havêr* pão impórta-nos. Eu hêi de *havêr* dinhêiro de fulâno. *Ha*-se de fazêr o que êlle quizér. *Havêr* por bem. Pâra *havêr* de ouvír. *Havêr* por mal. *Havêndo** chúva, não vôu.

My *having* done that does not affect me. *In order to buy.* He knows how to *behave* himself. *In order to speak.* To *have* good wine is important for us. His *having* said that does not grieve him. I *am* to receive twenty dollars from Mr. Stuart. A good deal of rain is *falling.* The queen *has thought fit.* He is determined to *take it amiss.* The troops *have need* of money. To *have said* so much to the poor boy was very bad. The tailor *has* to *get* fifty dollars. His *having* spoken was unfortunate. Your *having* money gives me pleasure.

* *Havêndo* has a *future* meaning, e. g., "*havêndo máo têmpo,*" means, "*there being* bad weather," that is, "*if there is* bad weather."

LESSON LXXXV.

HAVÊR—TO HAVE (COMPOUND TENSES).

Tènho havído,* tens —, tem —.	I have had, thou hast had, etc.
Tínha —, tínhas —, tínha —.	I had had, thou, etc.
Hêi de havêr, has de havêr, etc.	I shall have; it will be.
Terêi havído,* terás —, terá —, etc.	I shall have had.
Tería havído, terías —, etc.	I should have had.
Que êu* tênha havído.	That I may have had.
Se êu tivér havído.	If I have had.
Se êu tivésse havído.	If I had had.

Tem havído múitos naufrágios. *Tínha havido* grânde sêcca. *Tinhamos havído* éstas notícias. Não *ha de havêr* náda. *Hêi de havêr* lívros de fulâno. Não sêi se *terá havído* múita néve éste ânno. Êrros, *havê*-los-ha† nêste volúme, mas não os conhêço. Êrros, *havê*-los-hía† menóres, se os hómens aprendêssem. *Têndo havído* múita sêcca por fálta de chúva. Se *tivéssem havído* flôres, tería *havído* frúctos. Não sêi se *terá havído* múito vínho êste ânno. Sabe, se *terá* de *havêr* fésta? Cêa *havê-la-ha*† bôa. Pennas *havê-las-ha†* nésta gavêta, mas não as vêjo.

There have been many fires in Constantinople. I know not if *there has been* much disease amongst the vines this year. Errors *there must be* in the life of every man, but he must reform. If *there had been* a good education, we should *have had* good results. *There having been* no rain, the ground was perfectly dry. *There would be* less crime, if *there were* less ignorance. My brother *had had* this news before the newspapers came. *There had been* showers all day. *There have been* many shipwrecks this year. If *there had been* industry, *there would have been* money.

* Not much used in first person.
† Though these forms are of frequent occurrence, the best writers write thus: *Havêl-os-ha, havêl-os-hia.*

LESSON LXXXVI.

I. CONJUGATION.—VERBS IN *AR* (INDICATIVE).

AMÁR—to love.

Âmo, âmas, âma; amâmos, amáis, amão.	I love, thou lovest, loves; love.
Amáva,* amávas, amáva; amávamos, amáveis, amávão.	I loved, or was loving.
Amêi,† amáste, amôu; amámos, amástes, amárão.	I loved, or did love.
Amára, amáras, amára, amárămos, amáreis, amárão.	I had loved, etc., etc.
Amarêi, amarás, amará, amarêmos, amarêis, amărão.	I shall love.

Amâmos. Jógas. Mândão. Laváras. Gastávão Contêi. Amáste. Fallôu. Declararêi. Abraçará. Comprárão. Voltêi. Pagarêi. Louvaríamos. Fiquêi (from *ficár*). *Ensinarêi. Gritávão. Levêi. Govérnas. Elevêi. Regulôu. Professára. Toquêi. Ensinôu. Dançávamos. Límpo* os quádros. *Solicitâmos* um emprêgo. *Atêi* o animál. *Despejôu* o cópo. *Achâmos* o hómem. *Sellástes* o cavállo. Eu *estudára* a lição. *Fechôu* as janéllas. *Quebrára* a pórta. *Encontrêi* um amígo. Élla *nomeôu* o matadôr do rêi. Não *levantarás* fálso testemúnho.

I *play*. Thou *commandest*. He *washes*. I *was* not *washing*. The governor *spoke*. I *remained* at home. I was *declaring*. I shall *teach*. They *will buy* a horse. They *had returned*. I *should declare*. I *solicited* an office. The boy *was cleaning* the pictures. The girls *broke* the windows. We *met* two friends. We *bought* two gold rings. He *tied* the horse. I *was preparing*. I *danced* at the ball. The murderer *will break* the door. Thou *shalt love* thy neighbour. They *played*. My brother *bought* a fine horse. The port-captain *visited* the frigate.

* *Amáva*, indicates a *continued* past action *during* a time.
† *Améi* shows an *instantaneous* action *at* a time.

LESSON LXXXVII.

VERBS IN AR (SUBJUNCTIVE, INFINITIVE, IMPERATIVE, AND PATICIPLES).

Que êu âme, âmes, âme; amêmos, amêis, âmem.	That I may love, etc.
Que eu amásse, amásses, amásse; amássemos, amásseis, amássem.	That I might love, etc.
Se eu amár, amáres, amár; amármos, amárdes, amárem.	If I love, etc.
Eu amár, tu amáres, êlle amár, nós amármos, vós amárdes, êlles amárem.	My loving, thy loving, his loving, our loving, your loving, their loving.
Ama, amêi.	Love, love ye.
Amândo, amádo.	Loving, loved.
Têndo amádo.	Having loved.
Amár, têr amádo.	To love, to have loved.

Que êlle *gríte* pâra eu parár. Quândo eu *chamár*. Múito *fólgo* que me *tráte* com liberdáde. Diga-lhe que *êntre*. *Pásse* múito bem. *Entrêmos* nésta lója. Não *chóre*s, meu fílho. Que não se *engâne*. A mênos que eu *amásse* êste hómem. *Ficár*-lhe-*héi* múito obrigádo. *Continuêmos* nósso passêio. *Mandóu* que se *começásse* o atáque. Se tu *obráres* bem. Não *fálle* nísso. Amêi os parêntes. Água quênte pâra *lavármos* a bôca. *Mandái*-o *chamár* pâra me *tomár* medída. Póde *tomá*-la. O *amár* eu a poesía. *Amândo*-me. *Tél*-o *amádo*.

They *call* him to *stop*. When we *call* always come. I am very glad that you *treat* me with sincerity. Tell them to *come* in. He *takes* whatever pleases him. Let them *go* into this church. When he *weeps* comfort him. Don't *cry*, my children. Our *loving* history is praiseworthy. Some *work* to *gain* a living. Water to *wash* my hands. He *hoped* to *find* them at home. Lest I should *call* the old man. *Finding* the men *working*. To *take* my measure. He *ordered* them not to *work*. *Loving* him. *Take* this glass of wine.

LESSON LXXXVIII.

VERBS IN AR (COMPOUND ACTIVE TENSES).

Héi* (or) *ténho* amádo.	I have loved.
Havía (or) *tínha* amádo.	I had loved.
Hóuve (or) *tíve* amádo.	I had loved.
Haverêi (or) *terêi* amádo.	I shall have loved.
Havería (or) *tería* amádo.	I should have loved.
Hája (or) *ténha* amádo.	That I have loved.
Houvésse (or) *tivésse* amádo.	That I had loved.

Aínda que *hei visitádo* múitas vêzes a súa quínta, núnca o encontrêi. *Havíamos encontrádo* um amígo. Quândo *tínha nomeádo* o hómem, tôdos se espantáram. Oxalá que eu *tivésse começádo* máis cêdo. Se *tivésse contádo* com a satisfação de têr V. S. a jantár, *tería mandádo* fazêr macarrão. *Terêi reparádo* ésta desgráça em tres ou quátro días. Êlles *terão rasgádo* a cárta, antes de chegár a policia. No cáso que V. S. *ténha conservádo* éssa canção, rógo-lhe que m'a préste. Duvído que o rêi *ténha chegádo*. Depôis de *havêr chamádo* o rapáz dêu-lhe um recádo.

He *has visited* my quinta to day. I *had met* my sister. When he *had repaired*† the loss. They *had torn* the letters. The traitor *would have declared* all. In case you *have* not *torn* the letters, I beg you will show them to me. We *should have given* him the book. *Would that* I had *finished* the work! If I *had calculated* on the pleasure of having you to breakfast, I *should have had* something good. They *would have travelled* all night, if necessary. He doubts the queen's *having arrived*. After *having spoken*. He will *have torn* the book, before the police-officer arrives.

* See note, page 82. † Translate by present subjunctive.

LESSON LXXXIX.

VERBS IN AR (PASSIVE, PROGRESSIVE, AND FUTURE FORMS).

Estôu amândo, estôu a amár.	I am loving.
Estáva amándo, estáva a amár.	I was loving.
Estôu encantádo.	I am enchanted.
Fiquêi admirádo.	I was astonished.
Sóu, éra, ténho sído amádo.	I am, was, have been loved.
Aínda que eu fôsse amâdo.	Though I were loved.

Sêmpre *está cantândo*. O río *está geládo*. Êlle *está zombândo*. A pórta *está fecháda*. Aínda que eu *sêja amádo*. Tôda a cidáde *está illumináda*. O vêrde *agradár-me-hía* máis. Um póbre hómem *tínha sído accusádo* dêsse críme. Éllas *fôrão acompanhádas* por Jórge. *É estimádo* de tôdos. A pérna *está quebráda*. Élla *é amáda* de seu páe. Ântes que túdo *estêja arranjádo*. *Estôu enganádo*. Causéi-me *de viajár*. Cânso-me de *ensinár*. *Estáva admirádo* da súa simplicidáde. *Fiquéi encantádo de* súas manêiras.

I *am calling*. He *is finishing*. The boys *are singing*. The queen is *accompanied* by the duke. The Thames *is frozen*. I *am astonished*. Though he *was admonished*. He *has been deceived*. All the houses *will be illuminated*. The governor *is esteemed* by all good men. The boy *is beloved* by his father. Black *would please* me more. The horse's leg *was broken*. You *were joking*. Henry was tired of *speaking*. Your friend *was astonished*, when he entered the house. All the houses *were* brilliantly *illuminated*. He is tired *of teaching*.

LESSON XC.

VERBS IN AR (REFLECTIVES AND RECIPROCALS).

Ácho-me; tórna-se.	I *find* myself; it *grows*.
Aproveitár-me de—	To *avail* myself of.
Aquécêndo-me ao sól.	*Warming* myself in the sun.
Pósso enganár-me.	I may be *mistaken*.
Eu me tênho *lisongeádo*.	I have *flattered* myself.
Êlles se *ámão* uns aos óutros.	They *love* one another.

Eu me *lisongéio*. Êlle *apróxima-se* a nós. João retiróu-se. Êlle *se lóuva* a si mêsmo. Êlle *ausénta-se* da mínha cása. *Levánto-me* sêmpre ás sêis hóras. Se não me levánto lógo, tórno a adormecêr. Múito *me alégro*. É múita amabilidáde *têr-se lembrádo* de nós. Péço-lhe que *se assénte*. Não pósso *demorár-me*. Começáva a *impacientár-me*. Êlle *se lémbra*. São hóras de *levantár-me*. *Assênte-se* aquí. Terêi o gôsto de *aproveitár-me* de sêu amável convíte. *Levantár-se* cêdo é a máis saudável cóusa. Êlle *apéa-se* do cavállo. Avisêi-o pâra que *se calásse*.

We *may be mistaken*. Henry *retires*. *Warming himself*. I *find myself* quite well. I do not *remember* this. They *absent themselves* from my house. We *flatter ourselves*. The girls *drew* near to (de) us. We *get up* at 7 o'clock. The boy *praised himself*. If I do not *flatter myself*. We cannot *stay*. It is time *for us to get up*. He will have the pleasure of *availing himself* of your offer. The soldiers *alighted from* their horses. They have *flattered themselves*. I *remember* it well. Do you *remember her?* *Sit* here.

LESSON XCI.

VERBS IN AR (ACTIVES AND NEUTERS, REFLECTIVES IN PORTUGUESE AS PASSIVES IN ENGLISH).

Áchão-se rósas.	Roses are found.
Continuár-se-ha.	It will be continued.
Mênos de receiár.	Less to be feared.
É mistér separár-nos.	We must part.
Ísto não é de admirár.	This is not to be wondered at.
V. M. devía envergonhár-se.	You ought to be ashamed.
Ísto châma-se—	This is called—

E *se achará*. *Gastóu-se* tôda a véla. O senhôr *engânar-se*. *Admíra-me* ísto. *Duvída-se* múito désta notícia. O melhór inglêz *fálla-se* em Lôndres. O têmpo seréna. *Abaixóu-se* a pônte levadíça. O que se dá aos mêndigos. Ésta distíncção *fúnda-se* na authoridáde de Cícero. *Confírma-se* a notícia. O sol *se móstra*. *Acabár-se-ha* o cúlto divíno, e *prégár-se-hão* heresías. *Tem-se derrotádo* os inimígos. Não sei se *me atrêva* a perguntár-lhe. Côrno *se châma* ísto? *Châma-se*... *Continuár-se-ha* ámanhã. Éste cavállo é mênos de receiár.

Gold *is found* in Brasil. This history *will be continued*. These men *ought to be ashamed*. The best Portuguese *is spoken* in Coimbra. They *will be found*. This news *was confirmed*. The first *is modified* by the second. The moon *appears*. This distinction *is founded* on truth. The thieves *have been put* to flight. What *do* you *call* this in Portuguese? The sun *will show* himself. The glorious traditions of the nation *were sought* out. The boys *ought to be* ashamed. Less *to be* praised. Roses *are found* in these mountains. The moon *appears*.

LESSON XCII.

VERBS IN AR (IMPERSONALS).*

Fálla-se.	It is said, they say, people say.
Trovêja, néra, géla.	It thunders, snows, freezes.
Cónta-se, résta.	It is related, it remains.
Nóte-se, todavía.	Be it observed, however.
Lóuva-se-lhe o valôr.	They praised his courage.

Hôntem á nôite chovía. Começáva a trovejár, quândo me deitêi. A quem está cansádo, a câma paréce bôa. Não impórta. Básta. O fôgo apága-se. Não nevôu durânte a túa ausência? Não trovejará. Desagráda-me. Alégra-me ísto. Bastará que me lêmbre o sêu nôme. Está ameaçândo chúva. É-me precíso. Résta-me contar. Relampêja. Está trovejándo. A admiração começou a tornár-se máis moderáda. O jóven tornôu a calár-se. Ao chegármos ao fim de nóssa viágem. Melhôr é não fallármos máis nêste assúmpto. Cónta-se, que o rêi, etc.

They say that it *thunders*. It was beginning to *snow* when I went to bed. It *is thundering*. When one *is tired*, a chair is agreeable. This *will be* enough. *It was raining* all night. I must. On their *arriving* at the end of their voyage. The heat *began* to grow more moderate. The old man again *became* silent. *It is better* for us not to say more. *It is said* that the duke, etc. I was glad of it. *It lightens* and *thunders*. I *was displeased*. They *praise* her beauty. *It is said* there will be war. *It did not snow*. The girl *was* again silent.

* Impersonal verbs are far more used in Portuguese than in English.

LESSON XCIII.

VERBS IN AR (IDIOMATIC FORMS).

Estáva a chamár.	I *was* calling.
Acábo de tomár.	I have *just* taken.
Estándo escrevêndo ísto.	*While* writing this.
Tênho que estudár.	I *have to* study.
É de desejár.	It is *to be* wished.
Acabáda a cêa.	Supper *being* ended.

Esquecídos de tôdos os ríscos, *ião navegândo*. O têmpo vái aclarândo. É precíso *separár-nos*. O pêixe acába de chegár. Estôu a estudár. Náda tem que receiár dísso. Acába-se-me a paciência. Não présta pára náda. Acábo de chégar de Lisbôa. Tiráda a cáusa, céssa o effêito. Estândo disputândo sôbre a mórte. Eu o vêjo dançár. Acábo de jantár. Estôu a trabalhár. Êlle váe procurár a V. S. Tênho de me embarcár. Tênho múito que esperár. Véjo um hómem cortândo pânno. Acabádo de publicár-se. Acabádas as disposições necessárias, etc.

We *have just taken* tea. Forgetful of his friends, he *went travelling*. I *have to* finish my letter. *It is to be* hoped that the wound will be nothing. I *saw* him *leaping*. The mail *has just* arrived. This fish is *good for* nothing. The duke *has just* dined. The colonel *is at* dinner. The man *is joking*. He *is going* to call on you to-morrow. I *see* a boy *studying* his lesson. We *have to* go on board. *Just published.* The work *being* finished. *Dinner done.* I *must rest*. The time *having* arrived. Forgetting every danger, she *went* through the battle-field.

LESSON XCIV.
II. CONJUGATION.—VERBS IN *ER*.
TEMÊR—TO FEAR.

Tèmo, témes, téme; temêmos, teméis, témem.	Fear, fearest, fears; fear.
Temía, temías, temía; temíamos, temíeis, temíão.	Feared, or was fearing.
Temí, temêste, temêu; temêmos, temêstes, temêrão.	Feared, or did fear.
Temêra, temêras, temêra, temêramos, temêreis, temêrão.	Had feared.
Temerêi, temerás, temerá, temerêmos, temerêis, temerão.	Shall fear.

Aprêndo. Bebes. Corrômpe. Devêmos. Estendéis. Fázem. Descrevía. Padecíamos. Escondí. Aborrecêu. Procedêrão. Vencêra. Removerêi. Prometterá. Receberíamos. Comerião. Vendí. Élla vendêu. Êlle *regerá. Prendí.* Éllas *conhécem.* Mêu irmão *morrêu. Bebêmos* á súa saúde. Éllas *comêrão* múito pão. Êlle *combatêu* péla liberdáde. Tênho *lído* múitos lívros. Ísto *násce* da súa negligência. Êlle *romperá* a negociação. Êlle *interrompêu* nóssa conversação. Êlle *enchêu* o espáço. O jardinêiro *escólhe* os melhóres. Ísso não *depénde* de mim.

I *shall eat* nothing. I *was fearing*. They *were drinking*. Thou *hadst feared*. I *shall learn*. I *might extend*. We *might receive*. He *eats* and *drinks*. They *drank* much old wine. He will *interrupt* our conversation. The king *will conquer*. He *suffers*. The boy *hides* the money. I *shall* not *describe* the town. The house *fills* the space. He *will die* of hunger. The gardener's daughter *will cull* the flowers. The general *has conquered* the difficulties. The peasants *fought* for the cause of freedom. My sister *died* yesterday. They *interrupted* us.

LESSON XCV.

VERBS IN ER (SUBJUNCTIVE, INFINITIVE, AND IMPERATIVE).

Que têma, têmas, têma; temâmos, têmáis, têmão.	That I may fear, etc.
Que temêsse, temêsses, temêsse; temêssemos, temêsseis, temêssem.	That I might, could, would, should, fear.
Se (quândo) eu temêr, temêres, temêr; temêrmos, temêrdes, temêrem.	If (when) I fear, etc.
Eu temêr, tu temêres.	My fearing, thy fearing, etc.
Téme, temêi.	Fear, fear ye.
Temêndo, temído.	Fearing, feared.
Têndo temído.	Having feared.
Temêr, têr temído.	To fear, to have feared.

Que eu *béba*. Que êlle *déva*. Que nós *escrevéssemos*. Se eu *esquécêr*. Se nós *temêrmos*. Pâra *sabêr*. *Treméndo*. *Comído*. Hêi de *vendêr*. Se *quizér* chegár. *Vêndo* as lágrimas. O mônge começôu a *descêr* a escáda. Não ha têmpo a *perdêr*. *Prohíbem*-lhe o bebêr vínho. Ia a *condescendêr* com o sêu rôgo. Um hómem *tremêr!* Chegôu ântes d'*anoitecêr*. *Fendêndo* as ôndas. Vái-se *fazêndo* tárde. Ouço *batér*. Se não *adormecêr* lógo, lerêi. A água está fervêndo. Tóme o cópo, e dê-me de *bebêr*. Permitta-me que lhe *offerêça* úma chávana de chá.

I must *read*. He must *drink*. She must *eat*. After my death. That I may *drink*. If you wish to *eat*. He began to *drink* wine. I must *comply* with his request. When you *know* our way. *Fearing* the consequences. He will not *light* the candles. I hear a *knock*. Allow me to *offer* you a glass of wine. If he wishes to *sell* the horse. It is *growing* late, and I have three letters to *write*. Is not the water *boiling?* That I *might* not *lose* time. If he *fears*. If they *fear*. If I *should forget*. I *must* sell that horse. A soldier to *tremble!*

LESSON XCVI.

VERBS IN ER (COMPOUND ACTIVE TENSES).

Hei *or* tênho temído.	I have feared.
Havía *or* tinha temído.	I had feared.
Hóuve* *or* tíve* temído.	I had feared.
Haverêi *or* terêi temído.	I shall have feared.
Havería *or* tería temído.	I should have feared.
Hája *or* tênha temído.	That I have feared.
Houvésse *or* tivésse temído.	That, or if, I had feared.

Tênho recebído múitas cártas. O commércio *tem soffrído*. *Témos lído*. A língua Francêza *tem obtído* úma cérta universalidáde, que a vái convertêndo, por assím dizêr, em língua gerál. *Terêi comído*. Terás *bebído*. Sem dúvida *terão comído* bastânte. Se *tivésse escondído*. *Tínha anoitecído*. Dísse *têr respondído*. *Têndo morrído* sêu páe na guérra. *Tênho comído* múito, máis do que devía. Decláro *havêr recebído*. Lógo que V. S. o *tivér lído*. Mêu irmão tem recebído múitas cártas. Êlle decléra *havêr recibído* dez milréis réis.

I *have eaten* enough. I may *have appeared* careless. The incidents which *had occurred*. If they *had learned* to calculate the consequences. My brother *had received* two letters. The health of the soldiers *has suffered*. They *have read* my papers. The English language *has obtained* a certain universality in America. The man *has eaten* more than he ought. I declare I *have received it*. If I *had feared*. If he *had prohibited*. I should *have forgotten*. He has *offered*. That orator *has obtained* a certain popularity. His brother *having died* in battle.

* Seldom used.

LESSON XCVII.

VERBS IN ER (PROGRESSIVE, PASSIVE, AND FUTURE FORMS).

Estôu temêndo, estôu a temêr.	I am fearing.
Estáva temêndo, estáva a temêr.	I was fearing.
Estôu vencído.	I am conquered.
Aínda que eu fôsse vencído.	Though I were conquered.
Havêmos de nos divertír.	We shall enjoy ourselves.
Escrevêr-lhe-hêi, *hia*.	I shall write to him, *should*.

Êlle *foi absolvído* da accusação. *Devêr-se-ha* abrír as janéllas. *Procedêr-se-ha* assím. *Tínhamos sído* mal recebídos por sêu páe. *Tê-lo-ha* V. S. apprendído. *Estáva* êlle *convencído* dísso? Em fim anoitecêra. *Vâmos a* descêr. Sem dizêr palávra, descêu. V. S. me fez *descêr*. Depôis de fallecêr o rêi. O émirádo de Badajóz *havía sído submettído*. Não *seríamos vencídos* em generosidáde. *Escrevêr-lhe-hêi* quárta-fêira, se não podér ir vê-lo na segúnda. Não *héi de soffrêr* tal. Que quér *comêr?* Êlle *estáva bebêndo*. Depôis *de eu morrêr*.

I shall *write* to them. I am *writing*. He is *drinking*. They are *learning*. He is *conquered*. Without *fearing* the consequences. After *having written* the letter. What do you wish to *drink?* After his *death*. I was *convinced* of the truth. The enemy was *conquered*. I shall not *suffer* this. After the *death* of the emperor. I was badly *received*. After her *death*. I *shall write* to his brother. He *will write* to you on Wednesday, if he *cannot call* on Tuesday. The Queen of Spain was badly *received* at the theatre. The Emperor of Russia *was* not *convinced* of this.

LESSON XCVIII.

VERBS IN ER (REFLECTIVES* AND RECIPROCALS).

Êlle *esquéce-se* de súas proméssas.	He *forgets* his promises.
O hómem prudênte *corríge-se* a si mêsmo.	The prudent man *corrects himself*.
Atrévo-me a pedír.	I *venture* to ask.
Lógo élla se *arrependéu*.	She *repented* instantly.
Êlles *esquécêrão-se* de Ulýsses.	They *have forgotten* Ulysses.

Êlle *escónde-se* á justiça. *Absténho-me* de bebêr vínho. Êlle *se intrométte* nos mêus negócios. Mêu tío *métte-se* a fallár em política. *Véndo-se* perseguído de pérto, cessou de *defendêr-se*. Vôu-*me mettêr* na câma. Não *me esquécerêi*. *Aborréce-me* ísso. Êste hómem *esquécêu-se* de cantár. Não se *esquéça* de vir lógo que tivér jantádo. É necessário *arrependér-se* dos peccádos. Aínda *te atréves* a replicár-me? O historiadôr *ré-se* múitas vêzes perpléxo. Pâra *se valêr* do frío. Os Samoiédas *esténdem-se* pêla Sibéria. *Atreví-me* na súa bondáde.

The king never *ventured* to open the door. *Seeing himself* obliged to keep a flock. I *have forgotten* your name. *Have you forgotten* me? He has *forgotten* me. In order to *obtain* rewards, they *have recourse to* (valêr-se) flattery and fraud. They were obliged to *surrender*. Law *is* not *required* to repress luxury. Its defenders had to *retire* to the castle. Not being able to *maintain* himself. In February, the city *had surrendered*. Do *not forget* to pay the money, as soon as you have dined. The boy *hid himself* in the stable. I *venture* to ask a favour. I *repent* of my sin.

* A *reflective* in Portuguese is often *simple* in English.

LESSON XCIX.

VERBS IN ER (ACTIVE AND REFLECTIVE IN PORTUGUESE; = PASSIVES IN ENGLISH).

O trígo *vénde-se* a—	Wheat *is sold* at—
Esténde-se ésta significação—	This meaning *is extended* to—
Não se *vião* senão pôucos mástros.	A few masts only *were seen*.
Vêr *fazêr* justíça.	To see justice *done*.
A lênha *se redúz* a cínzas.	The wood is *burnt* to ashes.
Tremêndo-*lhe* a vóz.	*Her* voice trembling.

A melhór bebída que *se póde fornecêr* a um doênte é água púra. O musêu se *ha de estendêr*. *Vião-se* as ílhas levantár sêus cúmes. Onde *se vé o* túmulo. Desêjo vêr *fazêr* justíça nêste negócio. Pâra se *conhecêr* a cáusa provável. Os vapôres *se estendião*. A cidáde é célebre por súas fêiras, que *se fázem* sôbre a nóve. *Véndem-se* em Moscôu cásas de madêira, que se ármão e desármão segúndo *se quér*. Aquí *se cólhe* excellênte víuho. Alí *se faz* um grânde commércio de cóbre. O amôr só é máis pâra *se temêr* do...

Sugar *is sold* at sixpence a pound. *Is* wine *sold* here? Russia *extends* to Germany. A few men only *are seen*. The house *is seen* amongst the woods. He wishes to see justice *done* to these poor sailors. Very good books *are sold* here. The house *was reduced* to ashes in less than three hours. The fair *is held* in the forest. A great trade in iron *was carried on* in this district. The best wine that *can be furnished* is Buál. The mountains *were seen* afar off. I must see justice *done* to that poor negro. *His* hand trembling.

LESSON C.
VERBS IN ER (IMPERSONALS).

Convém, succéde.	It suits, it happens.
Chóve, paréce.	It rains, it seems.
Sábe-se.	It is known.
Vále.	Is worth.
Faz vênto; dão relâmpagos.	It is windy; it lightens.
Escurecèr-se.	To grow dark.

Ensinândo, *se aprênde*. Quem não apparéce esquéce. Ao *amanhecêr*. *Faz-se* tárde. Hôje *choverá*. *Chóve*. *Diz-se*. *Está*-me bem. *Paréce* ser verdáde o que êlle diz. Que lhe *paréce?* Não *vále* a pêna. Não *se sábe* quândo jantará. Chóve múito. *Dão* trovões. *Faz* um calôr terrível. Quândo *se faz* de véla? Ântes d'*amanhecêr*. Não *convém* que nêste momênto vêjas Beatríz. O que máis *convém* a um rêi é sêr jústo. *Convém* despertár a attenção pública. Tênho côusa que *convém*. Nem sêmpre *succéde* segúndo os nóssos desêjos.

At *day-break* the Russian troops appeared near the church. I must go home, for *it is late*. *It is said* that Admiral Napier has attacked Cronstadt. *It is not known* when the French frigate will arrive. I cannot leave the house: the *heat is* so terrible. What is most *becoming* in a parent, is to be just and kind. *It is proper* to rouse the attention of these men. What *do* you *think?* If *it is windy*, shall I go? It *seems* to be true what she says. In teaching, *one learns*. It *is* not *worth* while to go, for it *will rain*. It *is* well *known* that the man will not pay the money.

LESSON CI.

VERBS IN ER (IDIOMATIC FORMS).

Tíve que *escrevêr*.	I *had to write*.
Tornou *a lêr* a cárta.	He *read* the letter again.
Sem que eu o *percebêsse*.	Without my *perceiving* it.
Será mistér que me *fáça*, etc.	You must *make* me, etc.
Elle *está pâra* morrêr.	He *is about* to die.

Tórne a *escrevêr* a cárta. Estôu *morrêndo* de sêde. Dê-me de *bebêr*. A senhôra tornôu a *dizér*-lhe. Sentíu múita alegría ao *vê-*lo entrár na sála. O barúlho que dá a *conhecêr*. Sem que nós o *percebêssemos*. Em *chovêndo*.* É possível que tórne a *vér-te*? Assím *tornásse* eu a *rêr* Ulýsses! Viérão *lambér-*lhe os pés. Não podêndo *soffrêr* em silêncio. Dízem que o Senhôr N. *déve fazêr*† o primêiro *papél*. Ántes de *morrêr*, Affônso declarôu, etc. *Fallecido* o cônde. Em nósso *entendér*. Mêu *parecêr* é que— Sem que o cavalhêiro o tivésse *percebído*.

He *has to write* to England by the Brazil steamer of the 8th inst. He *read* the book *again*, but he is not yet convinced of the truth. She left the room without *my perceiving* it. The old general *is about* to die. *As soon as* the king *was* dead, the duke left Lisbon. The poor traveller was *dying of* thirst. *My opinion is*, that we ought to go home by the first steamer. They say that Mário *is to perform* the principal part. *Before dying*, the prisoner declared his innocence. *If it rains*. You must *write* that letter *again*. I rejoiced *to see* her enter the house. The thief came in, *without your seeing* him.

---

* Translate, "if it rains." See p. 132.
† *Fazér papél*, play a part.

LESSON CII.

III. CONJUGATION VERBS IN IR.

PUNIR, TO PUNISH.

Púno, púnes, púne; punímos, punís, púnem.	Punish, punishest, punishes.
Punía, punías, punía; puníamos, puníeis, puníão.	Punished, or was punishing.
Puní, puníste, puníu; punímos, punístes, punírão.	Punished, or did punish.
Puníra, puníras, -a; -ămos, -eis, -ão.	Had punished.
Punirêi, -ás, -á; -êmos, -eis, -ão.	Shall punish.

Tradúzo. Applaudímos. Abriría. Abría. Admittíão. Admittírão. Applaudíramos. Applaudirêmos. Admítto isso. Eu o *introduzí*. Êlle *péde* vínho. O Cônde *residíu* sêmpre em Portugál. A enfermidáde que *conduzíu* Affônso á sepultúra. *Pedí*-lhe a súa protecção. *Abríu* pásso pêlo múro. Raimúndo decabíu da gráça do rêi. A mórte *destruíu* as esperânças que Henríque concebéra de obtêr o domínio de Tolêdo. O officiál *seguíu* o sêu conductôr. Cômo já *advertímos*. *Frigíu* élla o pêixe? *Cumprirêi* com o promettído.

He *repeated* some words in a low voice. He *called* for beer. The king *resided* for some time in Windsor. He *destroyed* all the fortifications. The child *followed* the guide. She has not *fried* the fish. The impartial public *applauded*. I *prefer* coffee. I *have lost** my book. The Turkish government *asks for* the evacuation of the provinces. An earthquake has *destroyed* the town. He *translated* Herculano's History of Portugal into English. He will not *fulfil* his promise, I am sure. He *fell* into disgrace. He *fell* from the Queen's favour. I do not *admit* that.

* As if "I *lost.*"

LESSON CIII.

VERBS IN IR (SUBJUNCTIVE, IMPERATIVE, AND INFINITIVE).

Púna, púnas, púna; punâmos, punáis, punão.	That... may punish.
Purísse, puniósses, punísse; puníssemos, punísseis, puníssem.	That... might punish.
Se puní́r, puníres, puní́r; puní́rmos, punírdes, puní́rem.	If... punish..
Puniría, -ías, -ía, -íamus, -íeis, íão.	Should punish.
Púne, puní.	Punish (thou), punish (ye).
Puníndo, puní́do.	Punishing, punished.
Puní́r, têr puní́do.	To punish, to have punished.

V. Ex.ª me diz que *súba*. *Advírta** dísso sêu irmão. *Tradúza** ísto em inglêz. Que *destruâmos* a óbra. Que *traduzíssemos*. *Súba* V. M. *Permítta*-me que me *retíre*. Vâmos *dormír* a Santarém. *Condúza* êstes senhôres pâra a sála grânde. *Ao ouvír* um tal discúrso. Pâra me *conduzír* á cidáde. Fazêndo promêssas que depêndem do têmpo pâra se *cumprírem*. Os soldádos châmão o póbre pátéta *pâra se divertírem* com a súa tolíce. Não pôde *competír* com êlle. Henríque fôi *persegui-lo* no sêu lêito de mórte. Se *puní́rmos* êstes ladrões.

Translate that letter into French. *Allow* me to finish the book. *On hearing* these words, he *fell* to the ground. I cannot *compete* with him. The monk went to *warn* him. In order to *conduct* him to the palace. I shall go and *fulfil* my duty. *Reduce* everything to figures. *Allow* me to go home now. He called the boy to him, to *amuse himself* with his folly. *On hearing* the voice of my father, I left the room. *Fulfil* your duty. *Show* the count into the drawing-room. That I may *translate* the king's letter into German. *Punish* the boy.

* The subjunctive is (*politely*) used for the imperative..

LESSON CIV.

VERBS IN IR (COMPOUND TENSES ACTIVE).

Hêi ou tênho punído.	I have punished.
Havía, hôuve; tínha, tíve punído.	I had punished.
Haveréi, or ía; teréi, or ía punído.	I shall or should have punished.
Hája, tênha punído.	That I have punished.
Houvésse, tivésse punído.	That I had punished.
Quândo houvér, tivér punído.	When I have punished.

Tênho *dormído*. Êlle tínha *apparecído*. Êlle tínha *imprimído* a súa óbra. Não tínhão êlles *comído* a frúta? Não ha *traduzído* a fábula? Eu tênho *ouvído* dizêr. Em brêve terêmos *concluído* a jornáda. *Tênho ouvído* túdo. O criádo que se havía *decidido* a seguír sêu âmo, etc. Havêndo até ahí *seguído*. Assím tem *resolvído* o consêlho. *Convertída* a guérra civíl em guérra estrangêira. Que êlles tivéssem *sacudído* o pó. Vôu perdêr quânto tínha *adquirído*. Tal prégadôr núnca eu o *tínha ouvído*. Êlle tem *servído* múito a mêu contênto.

He had *slept*. They had *slept* in an humble inn. The man had suddenly *appeared*. The sovereigns being *converted* into silver. Has he *eaten* all the strawberries? Had your friend *printed* his book before, etc. When I have *translated* that speech into Portuguese, etc. France has not *competed* with England. They have not *persecuted* the men. When the soldiers *destroy* the bridge. They had *opened* the windows. He had not *fulfilled* his promise. Did you *hear* that the French *had taken* the Malakoff?

LESSON CV.

VERBS IN IR (PROGRESSIVE, PASSIVE, AND FUTURE).

Estôu *punindo,* — *a punír,*	I am punishing.
Estáva *punindo,* — *a punír.*	I was punishing.
Estôu *caído.*	I have fallen.
Estôu *resolvído.*	I am resolved.
Sêr eu *punído.*	My *being* punished.
Ao *abrír* da pórta.	At the *opening* of the door.

Por súas cúlpas não sêrem *punídas.* Êlle tínha sído *despedído.* Tu terás sído *vestído.* A emprêza tería sído *differída.* Êlle é *applaudído* de tôda a gênte. Não sêndo *interrompído* o som. Estáva *vestído* de púrpura. Êlle vái *sahíndo* bem do negócio. Sêndo múito *instruído.* Se éstas côusas não fôrem *reprimídas.* A cása é bem *conhecída* de tôdos. Não os condêmnem, sem sêrem *ouvídos.* Não quéro que sêja *perseguído.* A cása tería sído *demolída.* A lêi está *abolída.* Não o ha de *punír?* Êlle os ha de *reduzír. Estôu resolvído a fallár.*

He has *fallen* into my net. Their not being *punished* for their faults was owing to their being powerful. The king was *clothed* in purple. The lad, being well *instructed,* has translated the book accurately. Has the law been *abolished?* This castle was *built* in the reign of George III. I shall not have to *punish* him. The old castle has been *demolished.* The rebellion was *suppressed.* He was *punishing* the boy. Our being *persecuted* was the result of the king's command. He was punished without being *heard. Repeated* times. We wish to *start.*

LESSON CVI.

VERBS IN IR (REFLECTIVES AND RECIPROCALS).

Vôu *despedír-me* de V. S.	I must take my leave of you.
Únem-se os lábios da ferída.	The lips of the wound unite.
Rindo-se, sorríndo-se.	Laughing; smiling.
Outras térras *se sumírão.*	Other lands disappeared.
*Sínto-*me indispôsto.	I feel unwell.
Fingír-se cégo.	To feign himself blind.

O cavalhêiro *dirigíu-se* pâra o logár. Não se *ferírão* êlles? O musêu *se ha de abrír* a quínze de márço. Lhe respondêu o soldádo *rindo-se.* O azòugue *úne-se* com o ôuro. *Sorría-se* na térra a Primavéra. Quêira *servír-se* dísto. *Vái-se* pôndo o sól. *Fôi-se* côrno um passarínho. *Fugíu-me* da vísta. Os Lapões *se sérvem* da rênna nas súas viágens, e *se cóbrem* com súa pélle. Còmo *se distinguírão* os Pérsas? Dêixa-*me* ao mênos *despedír* de Euchária. *Vái divertír-se.* Eu me *incúmbo* dêsse negócio. Êlle *escapou-se* da vísta de sêu páe.

He went out *smiling.* The soul is about to *say farewell.* Six pieces of artillery *followed.* I must *take* my *leave* of you. The lady *feels* herself unwell. The soldier *feigned* himself deaf. The child, *laughing,* went out. The moon is *setting.* The man *fled* from my sight. The Indians *use* rice. The Caffres *cover themselves* with the skins of lions. He will *take charge* of these affairs. He *amuses** himself in deceiving me. I *take* my leave. My brother *feels* unwell. He *feigns* himself lame. I am going to *take leave of* my friends. The boy *feigned* himself *blind.*

* Divertír.

LESSON CVII.

VERBS IN IR (ACTIVE AND REFLECTIVE; PASSIVES AND NEUTERS IN ENGLISH).

A Irlânda *divíde-se* em—	Ireland *is divided* into—
Nútre-se a álma.	The soul *is nourished*.
Rindo-se; de se *abrír*.	Laughing; of being opened.
A que hóras *párte* o vapôr?	When does the steamer *start*?
Ségue-se que—	It *follows* that—
Sentíu-se um grânde ruído.	A great noise *was heard*.

"*Calmar*," ônde *se concluíu* o célebre tratádo. *Divídem-se* as opiniões. *Ouvião-se* os passarínhos chilrândo. Porque *se prefére* ésta estráda á ôutra? *Párte-se* o coração. *Váe*-se *concluíndo*. *Zúnem*-lhe os ouvídos. Em apparecêndo o sól, as estrêllas *sómem*-se. *Sentíu-se* um grânde tremôr. *Partião-se* em várias opiniões. Êstes navíos *se pártem* tão arrebatádamênte. *Sentíu-se* grânde abálo no navío. Não *me sínto* com fôrças pâra ísso. Quêira *servír-se* dísto. *Divíde-se* a cása em quártos. O méstre *despedíu-se*. A *que hóras párte* o dúque?

England *is divided* into forty counties. At what o'clock does the steamer *leave* the port? It *follows* that you must go immediately. The poor child is *drawing near its end*. Why *is* this house *preferred* to the other? Opinions *were divided*. A great motion *was felt*. Pray, *help yourself*. The work *is divided*. The necessity of roads *being opened*. The city *is* divided into seven quarters, or districts. The King of Portugal *took his leave* at 4 o'clock. She *is not strong* enough for this. The patient *is dying*. I *do not feel* equal to this. The garden *is divided* into three parts.

LESSON CVIII.

VERBS IN IR (IMPERSONAL).

Cáe néve; *chóve* pédra.	It snows; it hails.
Cáe-lhe a espáda da mão.	His sword fell from his hand.
Dóe-me a pérna.	My leg pains me.
Cúmpre-nos narrár.	It is our duty to narrate.
Chóvem-me lágrimas dos ólhos.	Tears flowed copiously.
Cumprindo-se com os precèitos da lêi.	Fulfilling the requirements of the law.

Cúmpre tomár úma resolução. *Cáe* múita pédra. Está *caíndo* néve? *Cáem* grândes flócos. Hôje *cúmpre* ostentármos-o. *Cáe-me* a pênna da mão. O céu géa, néva, abráza, e *chóve*. *Chovêu* enxôfre do céu. *Chóve* a cântaros. *Caíu* úma grânde pancáda d'água. Está *caíndo* pédra. Está *chorêndo* néve. *Caíu* bastânte néve. *Caíu* geáda. *Cáem* algúmas gôtas d'água. *Cúmpre* escrevêr aquélla cárta ântes de saír o vapôr. *Dóe*-me o hômbro múito. Está *caíndo* múita néve. *Caíu* hôntem múita pédra. *Cúmpre*-me dizêr-lhe com franquêza.

It *was snowing* all night. I cannot go, as it *rains* and hails. It *is* my *duty* to tell you. My left hand *pains* me. It *will snow* to-morrow. It *was raining* all night. It *is pouring*. It is our *duty* to go, if it *does* not *rain*. It is *hailing*. It *will snow* to-morrow on the hills, but we shall have fine weather in town. *Fulfilling* the commandments of my superior officer, it *is my duty* to inform you. Tears *fell* from her eyes in showers. I am *bound* to write that letter. I *have* a sore throat. You *must* take a resolution. Much snow *is falling*.

LESSON CIX.

VERBS IN IR (IDIOMATIC FORMS).

Ténho de partír.	I *have to go*.
Acábo de ouvír.	I *have just* heard.
Se *estáva prómpto* pâra partír.	If he *was ready* to start.
Ouvíu úma vóz *pedír*.	He heard a voice *call*.
Não pódem *deixár de sentír*.	They cannot *help feeling*.
Estáva pâra pedír.	He *was about* to ask.

Se bem tênho entendído o que *acábo de* ouvír. Êis-nos *partídos*. Váe-se *partír*. V. S. não está em estádo de *repetír* a súa lição. *Pedír*-lhe-hêi úma fatía, se me faz favôr. Santarém não tardôu a *caír*-lhe nas mãos. Pósso *servír*-te com algúma hortalíça? De que quér que o *sírva*? Ir *diminuíndo*. O póbre hómem está *a concluír*. A primavéra *está ríndo* nos jardíns. *Dividír* dôze por três. *Estâmos pâra partír*. *Acábo de partír*. Faz máu têmpo pâra se *saír*. O *caír** da fôlha. Não pósso *deixar de fallár* nêste assúmpto. O rapáz não *está prómpto* para partír.

I am *ready* to start. I *have to go* to England by the steamer. The boy *has just heard* that his father is dead. I cannot help *asking* you. *We are off*. We *have to go* to Lisbon by the Galgo. They *had to repeat* all the lesson. The town was not long in *falling* into the hands of the French. May I *offer* you some beef? The poor invalid *is dying*. I *have just heard* that the steamer *goes* about four o'clock. I cannot *help falling*. What shall I *offer* them? He was *about to ask* for water. We have *just heard* of the victory. He cannot *help* speaking.

* The Portuguese often use the infinitive instead of a noun.

LESSON CX.

PÔR—TO PUT (AND ITS COMPOUNDS).

Pônho, pões, põe; pômos, pôndes, pōem.	I put, thou puttest, he puts, etc.
Púnha, as, a; ămos, ĕis, āo.	I put, or was putting, etc.
Púz, éste, ôz; émos, éstes, érāo.	I put, or did put, etc.
Puzéra, éras, éra; éramos, éreis, érāo.	I had put, etc.
Porêi, ás, á; êmos, éis, āo.	I shall put, etc.

Púnhămos. Puzéramos. Porêi. Pômos. O hómem *põe*, e Dêus *dispõe*. A gallínha *põe* óvos. Eu *púnha* o pé no estríbo. Êlle *póz* a māo na tésta. Eu *púz* a espáda á cínta. Êlles *puzérāo* os vestídos. Eu *puzéra* tôda a diligência. *Porêi* fim á óbra. *Porá* o hómem na rúa. *Compômos* lívros. Ella *compõe* a cása. O pádre *comporá* as dissensões. *Compôz*-se com a súa sórte. Êste lívro *compõe*-se de três pártes. O generál *dispõe* as péças em batería. *Suppônho* que nāo. Eu o *suppônho*. Êlle *pózse* em pé. Êlle *impóz* úma condição.

He *put* his hands on the boy's head. They *imposed* severe terms. She *put* a sealed letter into my hand. Where have you *put* my hat? I *shall put* the books on the table. The year *is composed* of days. In you he *places* all his confidence. She will *put* some coal on the fire. He has not *put* the bridle on the mare. I shall *dispose* of my house. We *suppose* not. They *will put* the papers into my hands. He *disposed* of his goods. He *put* it here. They *laid down* their arms. The rebels *deposed* the king. The gardener *transplanted* the trees. He *will suppose*. I *composed* a book.

LESSON CXI.

PÔR—TO PUT (SUBJUNCTIVE).

Que eu pônha, as, a ; âmos, áis, ão.	That I may put, etc.
Que eu puzésse, es, e ; éssĕmos, ĕis, em.	That I might put, etc.
Se eu puzér, es, ér ; mos, des, em.	If I put, etc.
Se eu puzéra, as, a ; ŭmos, ĕis, ão.	If I had put, etc.
Poría, ías, ía ; íamos, íeis, íão.	I should put, etc.

Se *puzér* múito carvão, háde apagár o fôgo. Díga-lhe que *pónha* o lívro na mêsa. Se *puzérmos* o navío em perígo. Se o generál *puzésse* os soldádos a férro. Mandôu aos afficiáes que *repozéssem* o dinhéiro de câda úm nos sêus sáccos. *Pónha* a rôupa a enxugár. *Ponhâmos* a panélla ao lúme. Se *expozérmos* éstas dúvidas. Se eu *pozésse* o hómem na rúa. Se êlle se *pozér* a cavállo. Se as menínas se *pozérem* a chorár. Se os ástros se *pozéssem*. Se em dúas hóras me *pozésse* em Lisbôa. Se V. M. *pozér* tânto têmpo em fazêr ísto. Êlle não o *comporía*.

If the boy *puts* too much water. Tell him to *put* the wine on the table. I told him to *put out* the dog. Let us *suppose* it so. If the sun *sets* at seven o'clock. Tell him to *mount* his horse. I know not to what to *attribute* it. If the captain *puts* the ship in danger. If he *can be* in Funchal in three hours. Tell the maid to *lay* the cloth. Tell him to *put* the hammock on the ground. Let us *put* the pan on the fire. *Put* the shirts to dry. If she should *put on* mourning. *Lay* the cloth at six o'clock. The hen *would lay* eggs. He *would impose* terms.

LESSON CXII.

PÔR—TO PUT (IMPERATIVE, INFINITIVE, AND PARTICIPLES).

Pôr, têr pôsto.	To put, to have put.
Pôr eu, pôres tu, pòr êlle.	My putting, thy putting, his putting.
Pòrmos nós, pôrdes vós, pôrem êlles.	Our putting, your putting, their putting.
Põe, pônde.	Put (thou), put (ye).
Pòndo, pôsto.	Putting, put.
Pòr, têr, pôsto.	

Pôr o hómem por governadôr. *Têr pôsto* o navío em perígo. *Põe* de párte a vaidáde. Sem eu *pôr* o vestído. *Pôrem*-se os ástros. O *pôrmos* tôda a diligência nem sêmpre dá bôns successos. Depôis de *êlle têr pôsto* a mêsa. *Pôsto* o mêdo. Uma côusa *suppósta*. Pâra o Bíspo *impôr* as mãos. *Impôndo* tribúto. Sem éllas têrem *dispôsto* da súa fazênda. *Dispôndo* os painéis na sála. Sem eu *dispôr* éstas árvores. Depôis de o capitão têr túdo *dispôsto* pâra a emprêza. Sem *compôrmos* as dispútas. O Marquêz éra tôdo *compôsto* de bondáde.

Having placed the lad as inspector. *Lay aside* the book. Without *his putting off* his coat. *Our composing* books will not pay the labour. After the king's *imposing* tribute. Without *my disposing* of my house. After *your settling* your disputes. Your father *was made* of honour. He *is reconciled with* the doctor. After *his having placed* the pictures in the gallery. Without *her having* composed a poem. My *having laid* the cloth gave him pleasure. After *our having transplanted* these bushes. Without *putting* his life in peril.

LESSON CXIII.
PÔR—COMPOUND TENSES.

Hêi ou tênho pôsto.	I have put, etc.
Havía, tínha pôsto.	I had put, etc.
Haverêi, havería, terêi, tería, pôsto.	I shall, or should, have put.
Hája, tênha pôsto.	That I may have put.
Houvésse, tivésse pôsto.	That I might have put.
Quando houvér, tivér pôsto.	When I have put.
Têr pôsto, havêr de pôr.	To have put; to have to put.

Eu *tênho pôsto* o chapéu na cabêça. *Héide pôr* o homem fóra. *Têmos pôsto* a cása em perígo. Éllas *hãode pôr*-se a cavállo. Que eu *ténha pósto* o plâno em execução. Se êlle *tivésse pôsto* o criádo na rúa. Se êlles *tivéssem pósto* os pés ao camínho. Se as áves *tivéssem pôsto* os óvos no nínho. Quándo eu *tivér pôsto* a mêsa. *Têr pôsto* tôdo a cuidádo. *Está pôsto* a trabalhár. *Téndo compôsto* um lívro. *Estár compôsto* com êlle. *Tínha compôsto* o semblánte. Eu *tería dispôsto* as estátuas na galeria. Se êlle *tivésse dispôsto* do dinhêiro.

He *has put* the hat on his head. I *shall put* the boy out of the house. They *have placed* the kingdom in danger. I *have arranged* the pictures in the hall. When the birds *have laid* their eggs. The servant *had laid* the cloth. I *shall have composed* some verses. These young ladies *have mounted* their horses. When he *has put* the plan in execution. *Having composed* a good book. If I *had put* my hat on the table. I *shall have to compose* verses. I *should have prepared* all for the enterprise. He *had put* every confidence in his friend. If he *had put* on the boots.

LESSON CXIV.
IRREGULAR VERBS IN AR.

Buscár, búsque; tocár, toquêi.
Folgár, fólgue; entregár, entrégue.
Arrancár, buscár, atacár, edificár, embarcár, ficár, peccár, replicár, suffocár, tocár.
Alugár, carregár, cegár, castigár, chegár, empregár, etc.

Car changes c into qu before e.
Gar takes u after g before e.
Pull up, fetch, attack, build, embark, stay, sin, reply, suffocate, touch.
Hire, charge, blind, chastise, reach, employ, etc.

Ataquêi o inimígo de flânco. *Búsque* o chapéu. Díga-lhe que *arrânque* as árvores. *Edifiquêmos* úma pônte aquí. *Embarquêi*-me no negócio sem reflectír. *Pequêi* múitas vêzes. Não *replíque!* *Suffoquêi*-o nos mêus bráços. *Tóque* a campaínha. Não *alugêi* a cása. *Carreguêi* os batalhões inimígos. Que êlles *céguem** a artilhería. *Castiguêmos* êsses rapázes. *Chêgue*-se ao pé do lúme. *Empreguêi* tódo o têmpo no estúdo. *Estraguêmos* tôdas éstas más hérvas. Múito *folguêi* de a vêr. *Lárgue* isso. *Págue* o dinhêiro. Já *paguêi*. *Pégue* na pá. *Pégue* n'isso.

Ring the bell. Don't *stay* in the house. *Let go* the bridle. I *rang* the bell three times. Do not *touch* me. *Fetch* the hammock-men. Tell him to *stay* in the garden. Don't *reply*. *Spike* the guns. Let us *load* the car. Let the man *build* the bridge. Do not *tear* your new dress. I *spoiled* that boy. My duty requires me to *confiscate* the lace. I *approached* the fire. I *suffocated* the lion in my arms. *Take* the reins, and *stay* here. I *embarked* in a ship of war. I did not *load* the gun. Let us *pay* the money. I *reached* the chamber, *attacked* the thief, and *chastised* him *severely*. *Tear* the paper, and *put out* the light.

* Blind, *i.e.*, spike the guns.

LESSON CXV.
DÁR*—TO GIVE.

Dóu, -ás, -á, -âmos, -áis, -ão.	I give, thou givest, he gives.
Dáva, -as, -a, -ǎmos, -eis, -ão.	I was giving, etc.
Déi, -éste, -êo, -émos, -éstes, -érão.	I gave, or did give.
Déra, -as, -a, -ǎmos, -eis, -ão.	I had given, etc.
Darêi, etc. Daría, etc.	I shall give. Should give.
Dé, -ês, -ê, -êmos, eis, êm.	I may give.
Désse, désses, etc.	I might give.
Se dér, etc.	If I give.
Dá, dái.	Give (thou), give (ye).
Dár, têr dádo, dândo, dádo.	To give, to have given, giving, given.

Dâmos. Déste. Dêu. Démos. Dáva. Darêi. Daría. Tínha *dádo.* Se eu *dér.* Se eu *désse. Déra.* Têr *dádo.* Se tivésse *dádo. Dóu*-lhe os parabéns. Eu não *dóu* tânto. *Dou*-lhe a mínha palávra. Élla me *dáva* pequêna soldáda. Aínda não *dêu* úma hóra. As vínhas não *dérão* êste ânno. Élle não me *dêu* notícias. Já *dérão* ôito hóras. *Dá* licênça que— *Dé*-me êsse chapéu. *Dái* pão ao senhôr. Precíso que me *dê* as súas cháves. *Dár*-me-hía múito prazêr o conversármos. *Dár*-lhe-hêi em tróca êste relógio. Quânto me *dá* pêlo mêu?

He *gives.* We *give.* Thou *givest.* I *gave.* We were *giving.* I had *given.* I shall *give.* He might *give.* I shall not *give* a dollar. The man *gave* good wages. It has not yet *struck* two. Pears have not *yielded* well this year. *Give* me leave to— *Give* wine to the men. I shall *give* you a book in exchange. It has already *struck.* I can *give* it you for two dollars. You must *give* them to be mended. You must *give* him your papers. They *gave* me good news. It would *give* me much pleasure to meet. If I *give.* I *shall* not *give* so much. *Give* it me.

---

* Only the most important parts of the irregular verbs are given. They should be carefully committed to memory.

LESSON CXVI.

DÁR—TO GIVE (IDIOMATIC FORMS).*

Dár día e hóra.	To appoint a meeting.
Dár lição; dár cóstas.	To say a lesson; to turn the back.
Déu-me que entendèr.	He gave me to understand.
Dár comsígo no chão.	To fall to the ground.
No qual me *dá* cônta de.	In which you *give* me an account of.
Dár-se por culpádo.	To admit his guilt.

Dár o sim. *Déu* fôgo. Êlle *déu* a vída por sêu amígo. *Dá* licênça. *Dándo* ouvídos. Não *dérão* quartel. Êlla *dá* úma olháda. Não podêr *dár* um pásso. Máis vále um "tóma lá" que dôis "te daréi." *Dê* aônde dér. A rúa vái *dár* á práça. *Dádas* as mãos. O relógio *dá* hóras. Ouve-o *dár* hóras? Não aínda: *dé*-lhe córda. Quândo *dá* á véla? *Dár* de espóras. *Dár* em bêbado. O navio *dá* n'um bânco. O bárco não *dá* pêlo léme. *Dóu* por concluído êste negócio. *Dár* as mãos. Não se me *dá* náda. *Dár*-se-há cáso? *Dá*-se cômo cérto. *Dóu-me* bem néste clíma. *Démos* que assim sêja.

To *shake* hands. I *gave* him credit. The king *gives* audience. He *gave* me his hand. They *gave* him something to drink. I *put* an end to the affair. They *gave* thanks. The soldiers turned their backs. Minos *gave* laws. Shall I *say* my lesson? They *gave* no quarter. He *bore* witness. He *gave* a glance. He could not *walk* a step. He *gave* me to understand that. They *gave* proofs of— To *give* and take. Whatever may *happen*. To *knock* the head against the wall. *Give* him my regards. He could not *advance* a step. Having *shaken* hands.

* These are but a few specimens. Consult Constancio's Dictionary, "*Dar.*"

LESSON CXVII.

IRREGULAR VERBS IN ER.

Ger changes *y* into *j* in the first pers. sing. pres. ind. and subj.
Cer changes *c* into *ç*.
Oer changes *o* into *ó*, when followed by *o* or *a*.
Perdér, changes *d* into *c*, in first pers. sing. pres. ind. and subj.
Jazér, makes jázo.

Abrânjo tôdo o género humáno. *Dóo*-me de um pé. Pancádas que *dóão*. Um eleitôr póde dizêr "eu *eléjo.*" Núnca *jázo* na câma depôis das 6 hóras. *Móo* o mílho tôdos os días. *Móão* a cânna de assucár lá em címa. Certifíco-lhe que *pérco* n'ísso. Não *pérca* têmpo. Não *percâmos* núnca de vísta ésta lêi. Que eu não *pérca* ésta occasião. *Rânjo* os dêntes com frío. *Rânja* o cão, não me impórta. *Tânjo* a trombêta. *Tanjâmos* os instrumêntos. Núnca *tôrço* o rôsto ao inimígo. *Torçâmos* as rédeas aos cavállos. *Pérca* os sêus béns.

I *elect* my governors. I *lie* in bed eight hours every night. I *lose* time in hearing this story. That the boy may not *lose* this opportunity. I *play* the usual instruments. Let him not *twist* my meaning. Tell him not to *lose* time. My hand *pains* me. Let him *grind* the wheat every morning. Let us not *lose* the advantage. I *gnash* my teeth with fever. Let the door *creak* on its hinges. As soon as the church bell rings I shall go home. The Queen may say "I *reign.*" Tell the girl not to *twist* the strings of the harp. Tell him to *elect* the most faithful deputy. Let us *lie* in peace till the enemy disappears. Let him not *lose* the dollar.

LESSON CXVIII.

CABÊR—TO BE CONTAINED, FIT, SUIT, BE EQUAL TO, BE THE DUTY OF, HAPPEN.

Cáibo, cábes, cábe; cabêmos, cabêis, cabem.	I fit, suit, etc.
Cabía, -ías, -ía; -íamos, -íeis, -íão	I fitted, was fitting.
Côube, -éste, -be; -émos, -éstes, -érão.	I fitted, did fit.
Coubéra, -as, -a, etc. Caberêi, -ás, -á.	Had fitted, will fit.
Cáiba, etc. Cabería, etc. Coubésse.	May, should, might suit.

O vínho não *cábe* na garráfa. A gênte *cábe* na cása. Não *cábe* n'um hómem de bem o mentír. Éste officio não me *cábe*. Não me *cábe* aconselhár os máis vélhos. Ísto me *côube* por sórte. Isso só *cábe* ao sábio. Não *cábe* na mínha pênna escrevêr o que vos *coubér* na bôca. Crêio que nem no múndo tôdo poderíão *cabér* os lívros. Devêmos obstár quánto em nós *coubér*. *Coubérão* as auctoridádes na cása da câmara. *Coubéra* trígo nos sáccos. *Caberíão* âmbos os batalhões no mêsmo quartél? *Côube* me atalhár o mál. Sería bôm, se *coubésse*.

The wine was not *contained* in the bottle. Many persons *met* in the college. It *fell* to my lot to be first. It does not *become* a man of honour. So many people cannot be *contained* in this room. This office does not *suit* him. The pupils *assembled* in the school. The sacks *contained* barley. If the people cannot be *contained* in the cathedral, they must stay outside. I inherited a house (*lit.* a house *fell* to me in heirship). The greater part *fell* to me. He *stands* well with the minister. If it *suits*. The theatre will not *hold* the people. It *does* not *become* me. The house will not *accommodate* the family.

LESSON CXIX.
CRÊR—TO BELIEVE.

Crêio, crês, crê; -êmos, -êis, -êm.	Believe, believest, believes.
Cría, -ías, -ía; -íamos, -íeis, -íão.	Believed, was believing.
Crí, crêste, crêu; crêmos, crêstes, crêrão.	Believed, did believe.
Crêra, -as, -a, etc. Crerêi, -ás, -á.	Had believed, shall believe.
Crêia, -as, -a, etc. Crería, -as, etc.	May, should, might believe.
Crêsse, etc.	

Crêio que sím. *Crêio* que não. Êu o *crêio*. Êu sê que *crês*. *Crêio* bêm. Não o *crêio*. Cústa-me a *crê*-lo. Quem o *crería?* *Crêio* que nos podêmos levantár. Os Judêus nem *crião* em Christo nem a Christo. *Crêio* que é ésta a cáusa. *Crêr* em sônhos. Ninguêm lh'o *cría*. Êu lh'o *crêio*. Pâra que *crêião*. *Créde* no Evangélho. Cômo me *crerêis*. Se tu *crêres*, verás a glória. Não o *crêstes*. Pódem *cré*-lo a V.S. *Crêr* em Christo é *crêr* nêlle; *crêr* a Christo é *cré*-lo a êlle. Crêu Abrahão a Dêus. Êu *cri*, por ísso fallêi. Êlles *crêrão* na Escriptúra.

I *believe*. He *believes*. I *believe* so. I don't *believe* it. I can't *believe* it. Who would *believe* that man? I *believe* in the Supreme. In order that you may *believe*. He had not *believed*. He *believed* and spoke. To make themselves *believed*. He does not *believe* me. I do not *believe* him. *Believing* him. Having *believed*. If I should *believe*. That ye may *believe*. Many *believed* in his name. That many may *believe*. If thou *believest*, thou shalt *see* heaven. If he *believes*. I cannot *believe* what he says. Some *believe* too much, others too little. *Believe* me, it is not so.

LESSON CXX.

DIZÊR—TO SAY, TELL, AND COMPOUNDS.

Dígo, -dízes, -díz; -êmos, -eis, -em.	I say, sayest, says.
Dizía, -ias, -ia; íamos, -íeis, -íão.	Said, was saying.
Dísse, disséste, dísse; -émos, -éstes, -érão.	Said, did say.
Disséra, -as, -a. Diréi, -ás, -á, etc.	Had said. Shall say.
Díga, etc. Diría, etc. Dissésse.	May, should, might say.
Díze, êi; se dissér; dizêndo, díto.	Say; if I say; saying, said.

Dígo que sim. *Dígo* que não. A lêi *diz*. Não *dígo* mênos d'ísso. *Díz*-se. Não sêi o que *dízes*. *Dizião* ísto os Judêus. Os hómens lhe *dissérão*. *Dísse* lhe Mártha. *Dissémos*. Êlle *diría*. Póde crêr o que lhe eu *dígo*. *Dissérão*-m'o. Tôdos o *dízem*. Quêm lh'o *dísse*. Ôs géstos *condizíam* com a pessôa. Não é necessário *dizê*-lo agóra. Ninguêm *díga*. Tornôu pôis êlle a *dizêr*-lhes. Não lhe *díga* ísso. Êu lhe *diréi*. *Díga*-lhe que êntre. *Dír*-lhe-hêi. Quér *dizêr*. Que quérem *dizêr* éstas palávras? Múito há que *dizêr*. Pâra melhór *dizêr*.

I *say* so. I don't *say* so. It is *said*. Everybody *says* so. What do you *say*? Did he *tell* it you? I heard *say*. Who *told* you? What did he *say* to you? I don't know what he *says*. The women *told* him. Let no one *say*. Did you *say* that? No, I did not *say* it. To *tell* you the truth. *Tell* me frankly. I have just *told* you. This *said*, he went out. If he *says*. Let no one *say*. If they *say*. *Tell* them to come in. I must *tell* you a story. If I might *tell* the truth. That is to *say*. I don't understand what you *say*. I shall *say*. If I should *say*. He began *saying*.

LESSON CXXI.
FAZÊR—DO, MAKE.

Fáço, fázes, faz; fazêmos, -êis, -em.	I make; makest, make.
Fazía, -ías, -ía; fazíamos, -eis, -ão.	Made, was making.
Fíz, fizéste, fêz; fizêmos, -éstes, -érão.	Made, did make.
Fizéra, -as, -a. Farêi, -ás, -á, etc.	Had made, shall make.
Fáça, -as, -a. Faría. Fizésse, etc.	May, should, might, make.
Se fizér, fazêndo, fêito.	If I make, making, made.

Não *fáço* náda. *Fáço* esmólas. Não *fáço* cáso dísso. Êlle *fáz* guérra. Isso não me *fáz* náda. Êlle *fazía* a bárba. Êlle *fêz* a câma. *Fizéra* um lívro. Se êlle *fizér* dúvidas. João *fáz*-se vélho. *Fáz* lúa, vênto, calôr, frío. O mendígo se *fáz* súrdo. Eu *fazía*-o por brincadêira. O que está *fêito* está *fêito*. *Fáça*-me êste favôr. O prêço *fáz*-me mêdo. *Fár*-me-hía o favôr. Que *farêmos?* *Faría* melhór se... Não *fáça* tál. Tórna a *fazêr* sól. *Fáz* poêira. Desêjo que *fáça* a súa fortúna. *Fáça*-lhe os mêus comprimêntos. *Fá*-lo-hêi côm prazêr. Não pósso *fazêr* ísto. *Tería fêito* ísto.

He *gives* alms. We *think* nothing of that. They *make* war. He *shaves*. She will *make* the bed. Louisa *grows* old. John *grows* proud. Do me the favour to *give* me. Who *plays* the part of Cato? The moon *shines*. I *did* it for fun. They *would do* better, if— He *will do* it with pleasure. The horse *frightens* me. *Do* nothing of the kind. They *had* a good voyage. Your friend *wrote* a book. It *is* cold here. He *does* nothing. This story *does* not concern me. Let him *do* so. The beggar *feigns* himself blind. *Doing, done.*

LESSON CXXII.
LÊR—TO READ.

Lêio, -lês, -lê; lêmos, lêdes, lêem.	Read, readest, reads.
Lía, -ías, -ía; íamos, -íeis, -íão.	Read, *or* was reading.
Lí, lêste, lêu; lêmos, lêstes, lêrão.	Read, *or* did read.
Lêra, -as, -a. Lerêi, -ás, -á, etc.	Had —. Shall —.
Lêia, etc. Lería, etc. Lêsse.	May, should, might.
Lê, lêde. Se eu lêr. Se êlles lêssem.	May; if I read; if they should read.
Lêndo, lído.	Reading, read.

Léio philosophía. *Leríamos.* Se êu *lêr.* Se êlles *lêssem.* Cômo *lês* tu? *Lêmos. Lêu* o cartél? V. S. não *lê* bem. A passágem que *lía* éra ésta. *Lê* êsse lívro. Não sêi *lêr.* Tomândo o lívro, *lêu.* Êlle tomôu as cártas, e *lêu*-as. Os prophétas que câda sábbado se *léem. Lerás* as palávras désta lêi. *Lêr* com séria attenção. Entêndes o que estás *lêndo?* Entênda o que *lê.* Êlles *lêrão* no lívro da lêi, e o pôvo entendía quândo se estáva *lêndo. Lêia* devagár. Sêi *lêr,* escrevêr e contár. Depôis de a *lêr.* Êu vos conjúro que *leáis* ésta cárta.

I *read* the classics. He *reads* philosophy. They are *reading* Byron. I was listening, when he was *reading.* I *read* the book yesterday. He has *read* it frequently. The papers are *read* every day. When you have done *reading.* Having *read* the letter. He received the letters and *read* them. What is he *reading?* I advise you to *read.* The king ordered him to *read* the proclamation. *Read* this beautiful letter. He must *read* slowly. If he *reads* well. *Reading* the letter. After *reading* it. These memoirs will be *read* and appreciated.

LESSON CXXIII.
PODÊR—TO BE ABLE.

Pósso, pódes, póde; podêmos, podêis, pódem.	Can, canst, can.
Podía, -ías, -ía; íamos, -íeis, -íão.	Could, couldst, could.
Púde, déste, pôde; êmos, éstes, érão.	Could, couldst, could.
Podéra, -éras, -éra, etc. Poderêi, -erás, -erá, etc.	Had been able, shall be able.
Póssa. Podería. Podésse.	May, could, might be able.
Se podér.	If I can.
Podêndo, podído.	Being able, been able.

Não *pósso* soffrêr ísto. Não *pósso* crêr. Não *pósso* máis. O pôuco que *pósso*. Não lhe *pósso* dizêr. Agóra não *pósso*. *Póde* sêr. Não *póde* sêr. Êlle não *póde* saír do quárto. Se tu quéres, bêm me *pódes* alimpár. *Podêis* vós bebêr o cálix? Cômo se *póde* ísto fazêr? Já não *podía* vêr. Não se *póde*. *Póde* sêr que párta ámanhã. Não *podería* negá-lo, aínda quándo quizésse. Aínda que tenhâmos *podído* vê-los. Êu não lhe *púde* chamár. Não *poderás* vêr. Quéro pânno que se *póssa* lavár. O máis depréssa que *podér*. Sínto múito não *podér*. *Podéra*!

He *cannot* believe. We *cannot* suffer this noise. All I *can*. I *can't* at present. It *can't* be. *Can* you eat fish? The thief *could* not deny it. The old man *could* not see. He will not be *able* to write. I am sorry I *can't*. It *can't* be done. *Can* you let me see those letters? *Can* you give us supper here? *May* I ask you if— My brother *cannot* leave his room. The lady *could* not hear. I shall be *able* to take it. If I *could* not. If I were able. Being *able*. *Can* one pass this way? That *cannot* be the case. The thief *could* not deny the accusation.

LESSON CXXIV.
QUERÊR*—TO WANT, WISH.

Quéro, quéres, quér ; querêmos, querêis, quérem.	Want, wantest, wants.
Quería, -ías, -ia ; íamos, -íes, -íão.	Was wanting.
Quiz, éstes, -ís ; émos, éstes, érão.	Wanted, did want.
Quizéra, -as, -a. Quererêi, -ás, -á.	Had wanted, shall want.
Quêira, querería, quizésse.	May want, should want, might want.
Se quizér, querêndo, querído.*	If I want, wanting, wanted.

Quéro um cavállo. *Quéro*-me ír deitár. Êlle *quér* fallár a V. S. *Qué*-l'as jústas ? *Quéro*-as bêm jústas. *Quér* fazêr-me um favôr ? Não *quér* sentár-se ? *Quér*-me escovár a casáca ? Que papél *quér* V. S.? *Quizéra* uns sapátos. Murmúrem quânto *quizérem*. *Quizéra* têr um exemplár de Cámões. Sêja como *quizér*. *Quizéra* que V.M. me trocásse os óculos. Quânto *quér* por êlle ? *Quería* comprár pânno. *Querería* ântes que fôsse vêrde. Dár-lhe-hêi ôutro, se *quizér*. Póde vír quândo *quizér*. Se éllas *quizérem* vír com-nósco. Cômo *quizér*.

I *want* a glass. He *wants* to go to bed. The boy at the door *wishes* to speak to you. *Will* you do me a service ? Do you *wish* me to bring the horse ? What book do you *want* ? I *should like* to have a cup of tea. How much do you *want* for the book ? As you *please*. I *will* give you this, if you *like*. I *should prefer* it green. If the boys *wish* to go to Lisbon. He *will* not stay. Do you *want* beer ? I should *like* to go, if you would take me. I should *like* you to bring my books. He *prefers* the blue cloth. They may come, when they *like*.

* " Querêr" sometimes means " to love," and so " querído" signifies " dear," or " beloved."

LESSON CXXV.
REQUERÊR—to require, demand.

Requêiro, requéres, requér; êmos, -êis, -em.	Require, requirest, requires.
Requería, -ías, -ía; íamos, -íeis, -íao.	Required, was requiring.
Requerí, -êste, -êu; êmos, êstes, êrão.	Required, did require.
Requerêra, -as, -a. Requererêi,	Had required, shall require.
Requêira, -as, -a. Requerería, etc.	May, should, might require.

Requêiro o mêu dirêito. Não *requêiro* o pagamênto. O hómem *requér* de séu amígo úm favôr. Ésta doênça *requér* grânde cuidádo. Ésta emprêsa *requér* múita prudência. Êu *requererêi* a vída do hómem da mão do hómem. Túdo o que se furtásse, de mim o *requererías*. *Requererêi* as vóssas primícias. Éis-ahi se *requér* de nós o sêu sángue. Quêm *requerêu* estãs côusas de vóssas mãos? Não *requér* a lêi pâra méstres de escóla hómens de engénho superiôr. Segúndo *requérem* as circunstâncias. Os advogádôs *requérem* em favôr dos cliêntes.

I *demand* justice. He does not *require* payment to-day. The boy *accuses* the men of theft. These diseases *require* great care and attention. Who has *required* this money? To *demand* tribute. *Looking* for materials. Such an undertaking *would require* the greatest skill. As the necessity of the case *may require*. If I *demand* the money. *Exacted* by superior authority. *Demanding* from the magistrate what is due to him. She *demanded* from the king what was due to her. This undertaking *demands* great perseverance. I *demand* payment immediately.

LESSON CXXVI.

SABÊR—TO KNOW.

Séi, sábes, sábe; -êmos, -êis, -em.	Know, knowest, knows.
Sabía, -ías, -ía; -íamos, -íeis, -ião.	Knew, knewest.
Sôube, -éste, -e; émos, éstes, érão.	Knew, did know.
Soubéra, -as, -a. Sabêrei, -ás, -á.	Had known, shall know.
Sáiba, etc. Sabería, etc. Soubésse, etc.	May, should, might know.
Se soubér. Sabêndo. Sabído.	If I know; knowing, known.

Não *séi* quási náda. *Séi* lêr. *Séi* fazêr vestídos. Já se *sábe*. Côm o têmpo túdo se *sábe*. *Sábe* montár a cavállo? Não *séi*. *Sábe* que hóras são? *Sábe* Deus. Êlle *sóube-o*. Póde-se *sabér?* Êlle bem *sábe* o que fáz. Não *sábe* o sêu papél. Não que eu *sáiba*. Êlle não *sabía* d'ônde lhe viéra. Dizêmos o que *sabémas*. Não há ninguêm que o não *sáiba*. Pâra *sabérmos* o têmpo. Vôu tocár pâra *sabér*. Pâra que *sáiba*. Pâra que *soubésses* que— Sêm eu o *sabér*. Sêm êlles o *sabérem*. Se eu *soubér* de cérto. Se o pái de família *soubésse*.

I *know* it. I don't *know*. I *know* nothing new. I *knew* nothing of this. Not that I *know* of. I don't *know* the truth. He *can* swim. *Can* he ride? *Can* you speak English? I did not *know* that she was ill. It is not *known*. Do you *know* were Mr. S. lives? Do you *know* what o'clock it is? We *knew*. I shall ring to *know* if breakfast is ready. Without his *knowing* it. He says what he *knows*. If he *knew* it exactly. He does not *know* what you mean. Without our *knowing* it. If Henry had *known*. Every one *knows*. Not *knowing* the law. Let it be *known*. I should have told you, if I had *known*.

LESSON CXXVII.

TRAZÊR—TO BRING, BEAR, FETCH.

Trágo, trázes, tráz; trazêmos, trazêis, trázem.	Bring, bringest, brings.
Trazía, -ías, -ía; -íamos, -íeis, -ião.	Was bringing.
Tróuxe, -éste, -e; -émos, -éstes, -érão.	Brought, did bring.
Trouxéra, -as, -a. Trarêi, -ás, -á, etc.	Had brought, shall bring.
Trága, -as, -a. Traría, -as, -a, -etc.	May bring, should bring, might bring.
Se trouxér, trazêndo, trazído.	If I bring; bringing; brought.

Trágo isto na memória. Fáça-a côrno agóra se *trázem*. Que accusação *trazêis?* *Tráz* fazêndas prohibídas? *Trága*-me. Este vênto *tráz* chúva. *Trouxérão* os râmos. *Trazéi* úma pôuca d'água. O auctôr *tróuxe* múitos exêmplos. Henríque *trazía* súa descendência dos Gódos. Impórta que êu as *trága*. Fôi êlle e *tróuxe*-o. Vêndo o cestínho, mandôu úma das criádas *trazêr*-lh'o. *Tragámos* a Árca. Quândo os tivér *trazído* dôis días. *Trága*-no-lo. *Tróuxe* túdo? *Trazêndo* no bíco um râmo. *Tráze*-m'o pâra comêr. *Trazéi*-me cá vósso irmão.

He *bears* that in mind. Make my trousers as they *are* now *worn*. The man *was carrying* contraband goods. That wind will *bring* rain. The orator *brought* forward examples. He *brought* them to Adam. *Bring* me hot water. *Bring* us some wine. He went and *brought* them. If I do not *bring* him, I will pay you 50 dollars. He will not *bring* an accusation. Has he *brought* the wine? I ordered him to *bring* the basket. He must *bring* the books. Let us *fetch* the water. *Bring* it to me to drink. *Bearing* laurel. Tell him to *bring* the horse.

LESSON CXXVIII.

VALÊR—to be worth, avail.

Válho, váles, vále ou vál; valêmos, -êis, -em.	Am worth, art —, is —, are —, etc.
Valía, -ías, -ía; -íamos, -íeis, -íão.	Was —, wast —, was —.
Valí, -êste, -êu; -êmos, -êstes, -êrão.	Was —, wast —, was —.
Valêra, -as, -a. Valerêi, -ás, -á, etc.	Had been —. Shall be —.
Válha, -as. Valería. Valêsse, etc.	May be —. Should be —. Might be —.
Se valêr, valêndo, valído.	If I be —. Being —. Been —.

O sabêr não *vále* na práça. *Vále* máis. *Valía* o vínho múito. Não *válem* cêm prazêres um dos sêus desgôstos. A térra *vále* 400 síclos de práta. Pêlo prêço que élla *vále*. *Válha*-me Dêus! Não *vále* a pêna. Êlles se *valíão* dos mêios. Tânto *váles* quânto hás. *Valêr*-se do frío. Devêmos *valêr* aos desgraçádos. *Valéu*-me nêste apêrto. Se o negócio *valía* a pêna. *Valêi*-me aos desmáios. Máis *valêis* vós que múitos pássaros. A mínha pênna não *vále* náda. *Valêr*-se de tôdos os mêios. *Vále* máis um pássaro na mão do que dôis voândo.

Wit won't *sell* in the streets. Wine *is valuable* now. What *is* that bit of land *worth?* Better late than never. Wine *is worth* a great deal now. It *is not worth while* to go to bed. These excuses *are worth* nothing. It *is* really *good* for nothing. I *avail* myself of my friend. It *would be worth* a large sum of money. The house *was worth* more than the garden. Blankets to *protect* us from cold. These peaches are *valueless*. It *will be valuable*. I *avail* myself of all the means. It *is better*. If the profit *is worth* the labour. That old house *is* not *worth* a sovereign.

LESSON CXXIX.
VÊR—TO SEE.

Vêjo, vês, vê; vêmos, vêdes, vêem.	See, seest, sees.
Vía, vías, vía; víamos, víeis, vião.	Was seeing.
Ví, viste, víu; vímos, vístes, virão.	Saw, etc.
Víra, as, a, etc. Verêi, ás, á, etc.	Had seen. Shall see.
Vêja, as, a, etc. Vería, as, a, etc. Vísse, etc.	May see. Should see. Might see.
Se vir; vêndo, vísto. Vê, vêde.	If I see; seeing, seen. See.

Vêjo hómens. Tu o *viste*. Êu o *vi*. Êlles *virão* as óbras. Núnca *vi*. Pêlo que *vêjo*. Cômo *vê* agóra? Não ha quêm o *vêja*. Sem *vêr* ninguêm. *Vi* úma luz. Já se *vê*. Tu crêste porque me *viste*. Lógo que êu tivér *vísto*. Vâmos *vêndo*. *Víu*-se núnca côusa similhânte? *Vejâmos*. Crêio que fôi *vêr* a irmã. *Vísto** a escassêz de cereáes. Élla ha de estimár múito *vé*-lo. A meu *vêr*. Póde *vêr*-se hôje o musêu? Desêjo *vé*-los ântes de partír. *Vêja* se está em cása. Se êu o tivésse *vísto*. Tenho o *vísto* passeiár. Têr o gôsto de *vêr*. Vái *vêr* múndo.

I *see* the houses. He *sees* me. In order to *see* the city. I have not *seen* the city. So far as I *see*, he is honest. How did you *see?* Without my *seeing* it. Without their *seeing* me. As soon as I have *seen* him, I shall go home. They *saw* him writing. They went to *see* the world. I shall *see* him. We must *see* them, before we leave. *Look* at my hand. If I *see* him not, I shall not go. I *saw* the queen. Can the church be *seen* to-day? Go and *see*. I believe the countess has gone to *see* her son. I shall *see* them to-morrow. To have *seen*. *Seeing*.

* "*Vísto*," in the sense of "*seeing*," or "*in consequence of*."

K

LESSON CXXX.

IRREGULAR VERBS IN IR.

1. *Gir* changes *g* into *j* in first pers. sing. pres. ind.; fugír, fújo.
2. *Guir* drops the *u*, as distinguír, distíngo.
3. *E* in the penultimate often becomes *i*; sentír, sínto.
4. Dormír makes *dúrmo;* pedir, *péço;* ouvír, *óuço;* medír, *méço.*

Distíngo facilmênte a differênça. *Consígo* o mêu intênto. *Persígo* o inimígo. Não *prosígo* o argumênto. Eu o *sígo*. *Síga*-me. *Diríjo* a educação d'êste meníno. *Exíjo* pagamênto tôdas as semânas. *Fújo* da tentação. *Sínto* múito. *Assínto* ás condições. *Consínto* em fazêr o que me propõe. *Dissínto* da opinião da maioría. *Presínto* os perígos. Não *confíro* o título. *Desfíro* a espáda. Não *fíro* ninguêm. Sêmpre *prefíro* o café. *Refíro* êste phenómeno á mêsma cáusa. *Transfíro* a leitúra pâra ámanhã. O rêi que eu *sírvo.*

I do not *distinguish* colours. *Dress* me, if you please. I *follow* them easily. I *attain* (conseguír) the same result. I *follow* (perseguír) the chase. I *prosecute* the enterprise. I do not *assent* to the terms. I *consent* with reluctance. I *dissent* from the opinions of the chamber. I *foresee* violent revolutions. I *confer* the bishopric on his son. I *unfurl* the sails. I *strike* him on the head. I *prefer* tea to coffee. I *refer* this effect to its true cause. I *postpone* (transferír) the meeting till Monday. The Queen whom I *serve* is Victoria. I *warn* the boys of the danger. I *turn* this water into steam. I *divert* the youth from his studies. He says that I *pervert* the sense. I do not *subvert* anything.

LESSON CXXXI.

IRREGULAR VERBS IN IR.

Those having *u* before b, d, g, l, m, p, s, in the infinitive, change *u* into *o* in the second and third. pers. sing. and in the third plur. pres. ind.; also in the second pers. sing. of imper.: as acudír, *answer, help*; bulír, *move*; cuspír, *spit*; consumír, *consume*; construír, *build*; destruír, *destroy*; engulír, *swallow*; fugír, *flee*; sacudír *shake*; sumír, *lose*; tossír, *cough*; subír, *mount, rise*.

O navío *acóde* ao léme. *Acódes* a João. Os cavállos *acódem* á espóra. *Acóde* tu com a respósta. O vênto *bóle* nos arvorêdos. Não *bulámos* n'ísso. As fôlhas *bólem* com vênto. A cápa *cóspe* a chúva. O hómem *cóspe* múito. As núvens *cóspem* raios. Uns *consómem* as nóites em estúdos. O fôgo *consóme* a lênha. O imperadôr *construe* palácios e têmplos. Úma ônda *engóle* a náu. Éstes póbres *engólem* tôdas as affrôntas. ₁*Fóge* o têmpo. Tu *fóges* á lúz. O pé me *fóge*. Élla *fóge* de mim. Os cavállos *fógem*. As tempestádes *sacódem* as grândes árvores.

The horse *answers* the spur. Thou *helpest* Antonio. *Answer* the bell quickly. The breeze *shakes* the leaves. Tell him not to *move* in that affair. The cloud *gives forth* rain. He *spits* all day, and *coughs* all night. The philosopher *consumes* his nights in labour. The fire *consumes* all things. The engineer *constructs* new fortresses. The spendthrift *consumes* (engulír) all his capital. He *flees* from the field of battle. They *flee* from dangers. Time flies rapidly. He *shakes* the branches of the tree. The horses *shake off* the riders. The moon *sets*. The soldier *mounts* the ladder. The sailors *mount* the mast. An idea *comes* into (subír) my mind.

LESSON CXXXII.
CONDUZÍR—conduct, conduce—INDUZÍR, etc.

Condúzo, condúzes, condúz; conduzímos, conduzís, condúzem.	Conduce, conducest, conduces.
Conduzía, -ías, -ía; -íamos, -íeis, -íão.	Conduced, was conducing.
Conduzí, -íste, -íu; -ímos, -ístes, -írão.	Conduced, did conduce.
Conduzíra, -íras, -íra, etc. Conduzirêi -ás, -á, etc.	Had conduced, shall conduce.

O pilôto *condúz* o navío ao pôrto. A diéta *condúz* múito pâra a bôa saúde. Êlle me *induzíu* a deixár a cása. A África *prodúz* elephântes. A fôme *reduzíu* os cercádos a se dárem ao inimígo. Êlle *induzíra* o rapáz em êrro. Segrêdos perpétuos *indúzem* suspêita. Se êlle *introduzír* éstа móda. A velhíce nos *redúz* a meninos. *Traduzído.* Um traidôr guía *póz*-nos um atálho pâra *conduzír*-nos a sítio ônde estáva o inimígo emboscádo. Está *reduzído* á mendicidáde. A moléstia ameáça *reduzír*-vos á miséria.

I shall *lead* the ship into port. Repose *conduces* to recovery. The boy *induced* his friend to steal. The island *produces* rich fruits. I shall *translate* this work into Portuguese. His singular *conduct* excited the suspicion of his friends. The man will be *reduced* to misery in his old age. A terrible earthquake had *reduced* the castle to ruins. The volume is *translated.* The guide *led* the soldiers into an ambuscade. Hunger will *make* the enemy surrender. The countess should *introduce* the fashion. Old age *reduced* him to childhood. *Reduced* to obedience.

LESSON CXXXIII.

IR—TO GO.

Vôu, váis, vái; vâmos, ídes, vão.	Go, goest, goes.
Ia, ías, ía ; iámos, íeis, íão.	Was going.
Fúi, fôste, fôi ; fômos, fôstes, -ram.	Went, did go.
Fôra, as, a. Irêi, irás, irá, etc.	Had gone. Shall go.
Vá, ás, á. Iría, as, a. Fôsse.	May go, should go, might go.
Se fôr, índo, ído.	If I go, going ; gone.

Êu *vôu*, senhôr. Pâra ônde *vás?* *Vôu* pesá-la. *Vôu* mostrár-lhe. Êlle *vái* ao câmpo. Élla *vái* pâra cása. *Vâmos* pâra nóssa cása. *Vâmos* á cása de Dêus. *Vá* vêr quêm é. Já se *fôi* êlle? *Vâmos*. Êlle *ía* adiânte dêlles. Não *irêmos* pêlos câmpos. *Vái* com êlles. *Vá*-se. Ao têmpo que éllas *ião*. *Vái-te*. *Vá*-se embóra. *Vá*. Quéres *ir* côm êste hómem? *Irêi*. O réi vos não há de deixár *ir*. Nós havêmos de *ir*. Se viéres comígo, *irêi*. *Ide*, dái as nóvas a mêus irmâos pâra que *vão* a Galiléa. E *fôi* com êlle Simeão. Aônde *fôstes?* Não *vás* lá.

I am *going*. *Go* and see who it is. *Go* and open the door. When are you *going?* I have to *go*. They will not *go*. The fire does not *burn* well. They *went* home. *Go* away. I shall *go* to-morrow. They are *going* to build a bridge. Will you *go?* I will *go*. He is *going* to the theatre. He must *go*. Where does the steamer *go?* Do not *go* so fast. We *went* immediately. Let us *go down* directly. Shall we *go* before dinner? They *would go*, if they could. They have *gone*. It is time to *go* to bed. I am *going* to show you my watch. He ordered him to *go*. The governor will let you *go*. Let us *go* and bathe in the sea.

LESSON CXXXIV.
PEDÍR—TO ASK.

Péço, pédes, péde; pedimos, pedís, pédem.	Ask, askest, asks.
Pedía, -ias, -ia; -iămos, -ieis, -iăo.	Asked, was asking.
Pedí, -íste, -íu; -imos, -istes, -irão.	Asked, did ask.
Pedíra, -as, -a. Pedirêi, -ás, -á, etc.	Had asked; shall ask.
Péça. Pediría. Pedísse.	May, should, might ask.
Se pedír, pedíndo, pedído.	If I ask; asking; asked.

Péço-lhe que se assênte. *Péço* perdão. *Péço*-lhe por favôr. *Péço*-lhe que demóre algúns días. *Péço*-lhe mil perdões. Êste negócio *péde* prudência. *Pedímos* o que se nos déve. *Pedí*, e dár-sé-há. Tôdo o que *péde*, recébe. Se sêu filho lhe *pedír* pão. Élle lhe promettéu que lhe daría túdo o que lhe *pedísse*. Não sabêis o que *pedís*. *Péça*-a com fé. Até agóra não *pedístes* náda. *Pedíu*-me o desculpásse pêla súa condúcta. Não há máis que *pedír*. O pái dará bêns aos que lh'os *pedírem*. *Pedíndo-lhe* algúma côusa.

I *beg* you will not stay. He *begs* pardon. He *asks* him for what is due. This business *demands* caution. If the girl *asks* him for a book, he will give it her. He promises that he will give all she *asks*. Peter will *ask* them for it. He does not know what he *asks*. There is nothing more to be *desired*. *Ask* it of the king, and he will give it to you. He *asks* a favour of us now. He said, I *beg* pardon. Will you *ask* him for it? He gives to those that will *ask*. *Asking*. Having *asked*. If I should *ask*. They may *beg* pardon. He will not *ask*.

LESSON CXXXV.
RIR—TO LAUGH.

Río, ris, ri ; rímos, rídes, ríem.	Laugh, laughest, laughs.
Ría, as, a ; íamos, íeis, íão.	Laughed, was laughing.
Ri, ríste, ríu ; ímos, ístes, írão.	Laughed, did laugh.
Ríra, as, a. Rirêi, ás, á.	Had laughed. Shall laugh.
Ría. Riría. Rísse.	May laugh; should ; might.
Se rir, ríndo, rído.	If I laugh ; laughing ; laughed.

Êlle se póde *rir* da vingânça. João afogôu-se de *rir*. *Rímos* até álta nôite. Cômo os pádres de S. Róque hão de *rir*-se! A clára nôite se lhe *ri*. Demócrito de tudo *ria*. Se êlle *rir*. Êlles *rírão*. Por que se *ríu* êlle? O que têndo ouvído Sára, se pôz a *rir*. Eu não me *ri*. Porque, tu *ríste*-te? Abrahão *ríu*-se. Vós vos *riréis*. A primavéra está *ríndo* nos jardíns. As rósas se vêm *ríndo* deliciósas. Ha têmpo de chorár e têmpo de *rir*. Ou se agáste, ou se *ría*, não achará descânço. Uma vóz que bradáva e *ría*.

He *laughs* continually. *Laughing* and talking. How he will *laugh* at the story! If he *laughs* to-day, he will cry to-morrow. The flowers *were smiling* in the gardens. Two years ago, I should have *laughed* with the rest. Why do you *laugh* so immoderately? The little boy, smiling, said to his mother, "I cannot help *laughing*." When I heard that, I began to *laugh*. Your old friend *laughs* at everything. If I had seen him, I should not have *laughed*. We were *laughing*, when he came in. I shall *laugh* at you. I do not *laugh*. They were *smiling*.

LESSON CXXXVI.
SAHÍR, or SAÍR—TO GO OUT, BE LIKE.

Sáio, súis or súes, súi or sáe; saúnos, saís, sáem.	Go out, goest out, goes out.
Saía, -ías, -ía; -íamos, -íeis, -íão.	Was going out.
Saí, -íste, -íu; -ímos, -ístes, -írão.	Went out, did go out.
Saíra. Sairêi.	Had gone out. Shall go out.
Sáia. Sairía. Saísse.	May —. Should —. Might—
Se saír. Saíndo. Saído.	If I —. Going —. Gone.

Sáio da escóla. Múitas vêzes o ví *saír*. *Sáe* a sêu pái. Os signáes que no céo *sáem*. *Saía* o sól sôbre a térra. Não *sairéis* das pórtas. Ao *saír* do sól. Lázaro *sáe* pâra fóra. Acába de *saír*. *Sáe* da árca. *Saíu* pois Noé. *Sairão* tôdos os animáes. Êu *sairêi* com mêu pái. *Saiâmos* fóra ao câmpo. Lógo que o rapáz se fôi, *saíu* Davíd do logár ônde estáva. *Sairão* da bárca. Êlle ordenôu que tôdos *saíssem*. Dize-lhe que dêixe *saír* os filhos. Depôis dísto *sairémos*. Ao *saír*. Êlle *saíu*, e fôi a um logár desérto.

He *comes out* of school at 4. They *go out* every day. At the *rising* of the moon. *Come forth*. Mr. S. has just *gone out*. Then John *went out*. He will *go out* with his father. The queen ordered all *to go out*. We shall not *go out*. Both having *gone out*. He is *like* his mother. As soon as he had *gone out* from the presence of the king. Without their *leaving* the house. As soon as the young man had *left* the presence of the emperor. My friend having *gone out*, I must stay in the house. As soon as the boy *had gone*, I *went out* of the room.

LESSON CXXXVII.
SERVÍR—TO SERVE.

Sírvo, sérves, sérve; servímos, servís, sérvem.	Serve, servest, serves.
Servía, -ías, -ia; -iămos, -íeis, -ião.	Was serving.
Serví, -íste, -iu; -imos, -ístes, -irão.	Served, did serve.
Servíra, -as, -a. Servirêi, -ás, -á.	Had served. Shall serve. [serve.
Sírva. Serviría. Servísse,	May serve. Should serve. Might
Se servír, servíndo, servído.	If I serve; serving, served.

Dêus de quêm sôu, e a quêm *sírvo*. Dêus a quêm tu *sérves*. Jacób *servíu* séte ânnos. Êu *sírvo* a lêi. Se alguém me *sérve*, síga-me. O máis vélho *servirá* ao máis môço. Os sérvos o *servirão*. *Sírva-se* de mim sém ceremónia. Quér que lhe *sírva* um pôuco? De que *sérve* ísso? Desêjo *servír* os mêus amígos. Êlle *servíu* na guérra. Sêi *servír* á mêsa. Atrêvo-me a pedír a V. S. que se *sírva* concedêr-me um momênto. Poderêi *servír* de secretário. Úma mésa bêm *servída*. Espéra que o Sr. R. se *servirá* perdoár-lhe ésta importunidáde.

The king whom I *serve*. Henry *served* four years in the army. If any one will *serve* me, let him follow me. Thou knowest how I *served* thee. I am very glad to have an opportunity of *serving* you. I hope that you may *serve* me well. The lad can *wait* at table. I shall *serve* as guide. I hope you will *deign* to grant me five minutes' audience. I have *served* him four years. The table of your friend is well *served*. Make use of me, when you please. If he *serves*. Your brother *is serving* in the Crimea. I am always happy to *serve* my friends.

LESSON CXXXVIII.

SUBÍR—TO GO UP, RAISE.

Súbo, sóbes, sóbe; subímos, subís, sóbem.	Go up; goest up, goes up.
Subía, ías, ia; íamos, íeis, íão.	Was going up.
Subí, íste, íu; ímos, ístes, írão.	Went up, did go up.
Subíra, as, a. Subirêi, ás, á, etc.	Had gone up. Shall go up.
Súba, as, a, etc. Subiría, etc.	May —. Should —. Might.
Subísse, etc.	
Se subír, subíndo, subído.	If I —. Going —. Gone —.

Subía-lhe a côr á fáce. A lúa *sóbe*, e o sól désce. O vínho *sóbe* á cabeça. *Subía* o fúmo. *Subíndo* pêlo Téjo acíma. Não *subíu* ao púlpito. Jórge Quárto *subíu* ao thrôno em 1820. *Subíu* a um mônte. O marínhêiro *subíu* ao tôpo do mástro. Quér *subíra* ésta árvore? O glôbo *subíu* no ár. *Subíu*-lhe ao coração o desêjo de reinár. *Subirêi*, ao céo. *Subíste* ao álto. Úma féra que *sóbe* do abysmo. Os ânjos *subíndo* e descêndo. Guardáevos de *subír* ao mônte. *Subirêi*. Não *súba* tôdo o pôvo. Se dissérem: "*Subí* pâra cá," *subámos*.

I *go up* the ladder. They *go up* the steps. He *was mounting* the hill. The colour *mounts* into my face. The sun was *rising*. That brandy *gets into* my head. The smoke will *ascend*. *Going up* the river. The preacher had not *mounted* the pulpit. The Emperor Alexander II. *came* to the throne this year. I shall *climb* the tree. Corn *rises* in price every day. The wine does not *amount* to more than a dollar a bottle. The king *raised* the general to the highest dignities. The soldier will *mount* the wall. Fortune *raises* some, and lowers others. An idea *arose* in my mind. He *rises* daily in public esteem.

LESSON CXXXIX.

VIR—TO COME.

Vênho, vêns, vêm; vímos, víndes, vêm.	Come, comest, comes.
Vínha, -as, -a; -ămos, -eis, -ão.	Was coming.
Vim, viéste, vêio; viêmos, viéstes, viérão.	Came, did come.
Viéra, -as, -a. Virêi, -ás, -á, etc.	Had come. Shall come.
Vênha, -as, -a. Viría. Viésse, ect.	May come. Should come. Might come.
Se viér, víndo, vído.	If I come; coming; come.

Vênho da igrêja. É cérto que *vém*. *Vém* bém a têmpo. D'ônde *vém* V. S.? O vênto *vém* dêste ládo. Nós *vímos* cançádos. Vós *víndes*. Júlgo que *virá*. Dízem que *vêio*. Êlle dísse que *viría*. Na semâna *que vém*. *Vênha* cá. Não duvída que *vênha*. Têmo que não *vênha*. Gósto que *viésse*. Em *víndo* a primavéra. Têmo que não *viésse*. *Vém* a sabêr-se. Êu sôube que êlle *viéra*. Duvidêi se êlle *viría*. Quândo *viér* o invérno. *Víndo* a nôite. Duvído se terá *víndo*. Lógo que *viér*. Se alguem *viér*, diga-lhe. Nós a verêmos, se êlle *viér*. *Viérão* tôdos.

He *comes* from town. It is not certain that he *comes*. The man *came* in time. The rain *comes* from the south. I think she *will come*. They *came* to words. They say the Duke *came* yesterday. They said that they *would come*. I don't doubt his *coming*. I fear the post *will* not *come* in time. Tell him to *come*. They would like him to *come*. He *will come* to-morrow. *Next* month. They *came* yesterday. Will you *come* with me? I *came* by the steamer. When they *come*, I will pay them. Letters *came* by the steamer. I shall see them, if they *come* in time.

LESSON CXL.

PRESENT PARTICIPLES.*

Não *podêndo* vivêr.	Not *being* able to live.
Evitándo expressões báixas.	*Avoiding* low expressions.
A sua cabéça *nadándo* em sângue.	His head *swimming* in blood.
As ovêlhas ândão *saltándo*.	The sheep went *leaping*.
Tratándo-me pêlo mêu nôme.	*Addressing* me by name.
Promettêndo-lhes rícas offértas.	*Promising* them rich gifts.

Escrevêndo a algúm amígo. *Communicándo*-lh'os. Os zéphiros *respirándo* brandamênte. As mulhéres estão sêmpre ou *fiándo*, ou *fazêndo* debúxos pâra as bordadúras, ou *dobrándo* rícas sêdas. Cupído, *batêndo* as ázas, andáva *voándo* á róda da mãi. *Encontrándo*-os nas márgens do Dôuro. Affônso, *sabêndo* da vínda de Iúsuf marchôu a encontrá-lo. As vantágens que obtería *invadíndo* aquélla província. *Pedíndo* perdão ao céo. *Tomándo* a mão. Ficôu immóvel *olhándo* pâra o ancião. *Levándo* a táça.

Regulating the administration, and *distributing* justice. *Carrying* the terror of its arms. *Leaving* this province subdued. *Saying* these words. *Doing* this. *Following* the windings of the stream. *Making* due allowance for, etc. *Raising* the glass to the lips. The porter went *running* to the cell. *Finding* him assassinated. He passed hours and hours *praying*. In *writing* this book. *Gaining* time. *Hindering* him from returning (subj.). *Hearing* this name. *Entering* the house. *Opening* the door. The man, *knowing* the arrival of the steamer.

* Undergo no inflection.

LESSON CXLI.

PAST PARTICIPLES.*

Mêu *amádo* Telémaco.	My *beloved* Telemacus.
A embarcação já *concluída.*	The vessel already *finished.*
Antes de *subjugádos.*	Before being *subdued.*
Depôis de *submettída* a cidáde.	After the city's *submission.*
A victória *obtída* pelo rêi.	The victory *obtained* by the king.
Vencído, pedíu e obtêve a paz.	Conquered, he asked and obtained peace.

A bôca mêio *abérta* cômo que quería acabár a palávra *começáda.* Uma ílha *cercáda* de már. Têndo êlle assím *falládo.* Uma guêrra felizmênte *termináda.* Lópes se víu *constrangído* a ír buscár um asýlo. Cártas *assignádas* pêlo imperadôr. O exército *capitaneádo* por Pellissier. O môço Scipião, *chamádo* depôis o Africâno. Os Béberes, ântes de *subjugádos* pêlos Árabes, seguião divérsas religiões. Ordônho, *carregádo* de despójos, voltôu a Leão. Os fílhos do rêi *fallecído.* Um acontecimênto *inesperádo.* Tóchas *accésas.*

Sebastopol *surrounded* by the sea. My *dear* friends. In spite of being well *garrisoned.* The hill *known* by the name of "Mamelon Vert." The fleets *laden* with the spoils of the world. *Awake*, with my eyes open, I saw Lopes *blood-stained. Actuated* by opposite feelings. Before the *suppression* of the monastery. With his mouth half *opened*, he stood before the king. The conqueror, *laden* with spoils, returned to Lisbon. *Conquered*, he evacuated the town. The oration being *concluded.* He read the proclamation *signed* by the emperor.

---

* When used actively as part of a compound tense, they undergo no inflection. (See p. 143.) Used passively, or after the verb " to be," or as adjectives, they *agree* in gender and number with the noun to which they refer.

† Observe this singular idiom.

LESSON CXLII.

FORM LIKE ABLATIVE ABSOLUTE.

Chegádo o têmpo.	The time *being come.*
Consultádos os capitães.	The captains *being asked.*
Tomádas as rédeas.	The reins *being taken.*
Passádos três ânnos.	Three years *afterwards.*
Faltándo-lhe as fôrças.	His strength *failing.*
Dítas éstas côusas.	These things *being said.*

Concluída ésta expedição. *Sabída* ésta respósta. *Mórta* úma párte da guarnição, e *captíva* ôutra, a fortalêza fôi reduzída a um montão de ruínas. *Obtídas* nóvas vantágens, voltôu a Córdova. *Acabádas* as próvas públicas, etc. *Acabáda* a caçáda, voltárão âmbos. *Pacificádo* e *ordenádo* túdo, preparôu-se pâra a guérra. *Passádos* quátro *ânnos*, élle voltôu á Hispânha. *Féita* ésta oração *mentál*, o bôm do chancellér apagôu as dúas tóchas. *Tomáda* a resolução de que fallêi. *Passádos* alguns días. *Rasgádos* os vestídos. *Tomáda* a fortalêza.

Toledo *being taken,* all the chief towns fell into the hands of the Saracens. *Having taken* the reins of government. This *answer being known,* the town surrendered. Some months *having passed.* The revolution *ended,* society breathes again. *That* done, I shall return. *Which being heard,* Joseph wept. Dinner *ordered* one day. At last, *after* four days, we left Semis. His *clothes being torn* in the battle, he fled naked from the field. New *victories being gained,* he mounted the throne. The war *being finished,* the army came home.

LESSON CXLIII.

PARTICIPLES USED ACTIVELY.

Acreditádo,* agradecído.	Having believed, thanked.
Cançádo, confiádo.	Having tired, trusted.
Hómem cançádo.	A man who tires others.
Esquecído, experimentádo.	Forgetful, experienced.
Divertído, suffocádo.	Amusing, suffocating.
Fêito ísto, acabáda a cêia.	Having done this, supper ended.

Ânimo *agradecído*. Palávras *agradecídas*. Hómem *atrevído* no már. O soldádo *arriscádo*. Um hómem *caládo*. As *cançádas* escádas. Êlle, *conhecído* da sua cúlpa. Hómem *considerádo* no que fáz. Múito fórte e *determinádo* a soffrêr. Um génio *dissimuládo*. O sêu amígo é hómem bem *entendído*. As *fingídas* gêntes. Êlles erão *lídos* e versádos nas Escritúras. Um ânimo *ousádo*. É tôdo *parecído* com sêu páe. É *presumído* da súa sciência. A idáde vái-me fazêndo *esquécido*. Durânte hóras *esquécidas*.

A *grateful* soul. A soldier *daring* in battle. The man that *tires*. The sailor *rushing* into danger. The *fatiguing* march. They, *aware* of their faults. This is a man *who considers things*. *Determined* to die, he left the house. A spirit *prone* to deceive. He has a *daring* mind. She is *like* her mother. An *amusing* piece. These *suffocating* nights of summer. The word of an *experienced* man. A *well-read* man. The new comedy is very *amusing*. *Tried* fidelity. Words *thanking*. He was a *silent* man, but a *daring* soldier. She is very *like* her father.

* Many of these adjectives are used both actively and passively, e. g., " Homem *cançádo*" might mean a *tired* man, or a *tiresome* man.
† " *Having done* this," is often rendered *passively*, as if " This *being* done."

LESSON CXLIV.

PARTICIPLES USED PASSIVELY.

Um hómem *ferído*.	A *wounded* man.
Úma mulhér *ferída*.	A *wounded* woman.
Hómens *feridos*, mulhéres *feridas*.	*Wounded* men, *wounded* women.
Os soldádos que tênho aquí *feridos*.*	The *wounded* soldiers I have here.
Os soldádos que tênho *ferído*.*	The soldiers I have wounded.
Acreditádo, agradecído.	Being believed, thanked.
Cançádo, confiádo.	Being tired, bold.

Logár *povoádo*. Câmpos *semeádos*. O benefício *agradecído*. Úma emprêsa *arriscáda*. Úma nôite *caláda*. Recebí úma respósta *determináda*. Úma mórte *dissimuláda*. Úma óbra bem *entendída*. Lágrimas *fingídas*. Úma espôsa ríca e bem *parecída*. O território *cercádo* pêlo oceâno. A porção *habitáda* pêlos Célticos. As fôrças *capitaneádas* por Scipião, *chamádo* depôis o Africâno. Deixândo *subjugáda* ésta província. A *adiantáda* conquísta. Um *illimitádo* podêr. O *resultádo* d'ísto. Os *proscríptos*. Só os *erudítos* sabíão.

Populous places. Kindnesses *appreciated*. A *bold* undertaking. A *silent* wood. He sent me a *decisive* reply. A *feigned* illness. A building well *planned*. *Situated* on the verge of Europe and *defended* by the Pyrenees. Beasts *accustomed* to carnage. The facts *contained* in this letter. He returned, *accompanied* by a friend, a person already *known* to the reader. The rector half *asleep*. The inhabitants *tired* of suffering. A battle *gained*. Persons *reputed* happy. The emperor has unlimited power. Be kind enough to send a *definite* answer.

* The great difference is produced by ferido*s* agreeing with soldado*s*. The Portuguese does *not* follow the French syntax in such forms as "La lettre que j'ai écrite."

LESSON CXLV.

PARTICIPLES WITH TÊR E HAVÊR.

Tênho *ouvído* fallár de—	I have *heard* speak of—
Depôis de o têrmos *comprádo*.	After our having *bought* it.
Tênho *escrípto* úma cárta.	I have *written* a letter.
Os soldádos que tênho *ferído*.*	The soldiers I have *wounded*.
Tem *cahído* múita chùva.	Much rain has *fallen*.
Tem *havído* múitos naufrágios.	There have *been* many wrecks.

Tênho *acabádo* a lição. Élla havía *acabádo* a taréfa. Depôis de havêr *dádo* várias instrucções. Êlle tínha estudádo na súa infância. Têndo *complétos* cêm ânnos. Os Românos tínhão *sujeitádo* túdo. Scipião se gabáva de não têr *deixádo* um só Carthaginêz na Hispânha. Êlle tém-se *envolvído* naquêlle negócio. Os dôis tínhão. *obedecído*. Êlle havía-se *assentádo* n'uma grânde pédra. Êlle tínha *adquirído* a experiência. O que tínha *vísto* e *ouvído* tinha-lhe *ensinádo* a moderár os sêus desêjos. Tênho-lhe *escrípto* múitas cártas.

He has *finished* the lesson. The boy has *completed* his task. After having *studied* the Latin language. I had *written* four letters. What they had *seen* and heard had *taught* them to moderate their desires. They have not *acquired* fame. The youth had *subdued* his will to reason. He had *involved* himself in difficulties. To have *given* many years to business. He has not *left* a single enemy. The general had not *acquired* experience. The troops had not *obeyed*. The boy had *studied* geography four years. I have *written* three letters in Portuguese.

* The participle in a relative clause does *not* agree with the noun to which it relates, unless it actually *qualifies* that noun. The Portuguese differs from the French rule as to the past participle. (See p. 147).

L

LESSON CXLVI.

PARTICIPLES WITH SÊR, ESTÁR, E FICÁR.*

Sôu amádo, *amáda.*	I am *loved.*
Sômos amúdos, *amádas.*	We are *loved.*
Estôu ferído, *ferída.*	I am *wounded.*
Estâmos feridos, *feridas.*	We are *wounded.*
Fíco-lhe múito *obrigádo,* — a.	I am much *obliged.*
Ficâmos-lhe *agradecídos,* — as.	We are much *obliged.*

Sôu *avisádo.* Sôu *avisáda.* Estôu *convencída.* Serás *chamádo.* Seríão *chamádos.* Êlle tería sído *chamádo.* Éra, emfim, *chegádo* o têmpo. As accusações são *exagerádas.* A língua Latína éra *ensináda* por bôns méstres. A Península estivéra *dividída* em dúas grândes províncias. Êlles érão *considerádos* côma auxiliáres. Está *indignáda.* Estôu *convidádo.* Estôu *constipádos.* Ficôu múito *sentído* côm as nóvas. Os montanhêzes resistírão, mâs o resultádo fôi o sêrem *exterminádos.* Élla ficáva *convencída.* u estáva *júnto* com élle. A língua Portugueza é *deriváda* da Latína.

They are *informed.* The soldier is *wounded.* I was *called.* The men were *called.* The women were *called.* She had been *called.* The time was *come.* The Portuguese language was *taught* in England. England had been *divided.* Occupations in which I am *involved.* The business is *concluded.* Hugo was *killed* in battle. His scruples had been completely *removed.* His last words were *uttered* in a firm tone. The sad distinction of being *feared* and *hated.* Being *asked* by the king. I was *convinced.* He was *considered* as a friend. I was *invited.*

---

* After these verbs, and all *passive* forms, the participle agrees as an adjective with the subject of the verb. But the participle, when *auxiliary*, is *not* inflected, e.g., "Élla tem *sído amáda.*"

LESSON CXLVII.

IRREGULAR PARTICIPLES USED ACTIVELY.

Tênho *escrípto* úma cárta.	I have *written* a letter.
(Tênho úma cárta *escrípta*.)	(I have a *letter written*.)
Êlles têem *gásto* dinhêiro.	They have *spent* money.
Tênho *págo* o trabálho.	I have *paid* the work.
Havía *ganhádo* * experiência.	He had *gained* experience.
Tênho *abérto* as cártas.	I have *opened* the letters.
Tênho as *cártas abértas*.	I have the letters *open*.

Depôis de têr *entrégue* a fortalêza. Os deputádos que tínhão *eléito*. Têndo *escrípto* múitos lívros. Têndo-se *entrégue* côm fervôr ao estúdo. Simão não tínha *ganhádo* * múito no commércio que fazía. *Entrégue* á severidáde da súa justiça. A péste têm *môrto* múita gênte. Élla tínha *cobérto* a mêsa com pânno. O mêu amígo tínha *descrípto* a viágem. Êlle têm *desféito* as pázes. O portadôr tínha *entrégue* a cárta. Êlles tínhão *envôlto* as mãos no pânno. Tênho *gásto* múito cabedál. Têndo *acéito* éste officio.

He *has written* two letters. I *have paid* the shoemaker. After having *given up* the fortress, he was put to death. The yellow fever has *destroyed* many people at Rio. The governor had *expended* the capital and interest. The poor old man had not *gained* much in the trade to India. The taking of Sebastopol has *opened* the eyes of the emperor. I have a letter *written*, but not *sealed*. Your friend has *described* the voyage. After having *gained* a large fortune in India, he returned to England. He had *spent* immense sums. The cholera **destroyed** many thousands in Madeira in 1856.

* Also "*ganho*."

LESSON CXLVIII.

IRREGULARS IN AR.

Quândo a cárta foi *entrégue.*	When the letter was delivered.
Ânimo, coração, púlso *quiéto.*	Quiet mind, heart, pulse.
O doênte está *sálvo.*	The patient is safe (saved).
Um río *sécco.* Úma pessôa *segúra.*	A dry river. A safe person.
Sólto de língua. *Sujéito* á léi.	Loose-tongued. Subject to law.

Oração, óbra de Dêus múi *acéita.* Corações bem *afféctos.* Úma dignidáde *annéxa* á súa família. Úma álma *captíva.* Luz *dispérsa.* Estôu *entrégue* da cárta. Ólhos *enxútos.* Saíu por úma pórta *escúsa.* Um mandádo *exprésso.* *Fárto* de comêr. Um hómem *fárto* de hônras. Térras *ignótas.* Hypocrisía sêmpre *infésta* á virtúde. O már *inquiéto.* Êlle é *isênto* de ír á guérra. Pástos *júntos* dêste rio. Um espírito *inquiéto.* Água *límpa.* Verdádes *maniféstas.* *Môrto* de mêdo. Úma côr *míxta.** Úma plânta *múrcha.* Desígnios *occúltos.* As dívidas *págas.*

An *accepted* gift. A bishop *expelled* from his see. That land is *exempt.* A *dry* purse is empty. In an *unused* room. An *unknown* person. A climate *hurtful* to the health. By *express* words. *Exempt* from his jurisdiction. The garden *joined* to our house. *Pure* wheat. *Dead* with fatigue. *Mixed* colours. These *faded* flowers. *Hidden* thoughts. Troops *paid.* A *loose* life. *Suspected* of murder. The *wandering* pilgrim. The poor man *safe*, I went out by a *forgotten* door. An *unquiet* mind. Alms-giving is a work *acceptable* to God. A few pages *annexed* to the book.

* Meesta.

LESSON CXLIX.

IRREGULARS IN ER.

Absolvído de crímes.	*Absolved* of crimes.
Domínio *absolúto*.	*Absolute* dominion.
Corrompído, corrúpto.	Corrupted, corrupt.
Envolvído, envólto.	Involved; involved, mixed.
Incorrído, incúrso.	Incurred; subject to.
Bem ou mál *quísto*.	Well or ill thought of.

Évora fôi *féita* capitál da Lusitânia. Êlle devía sêr *absolvído*. Em *absolúta* desórdem. Múi *attênto* criádo. Hómem *convícto* de calúmnia. O múndo está *corrúpto*. Árvore *defendída*. Ármas *defêzas*. Êlle têm *escolhído* um logár. *Envolvído* naquélla accusação. Histórias *envóltas* em fábulas. *Envólto* em trévas. Os artígos *contídos* nas fôlhas. Um sermão *extênso*. Tênho *incorrído* em cúlpa. *Incúrso* na pêna. Tem *morrído* múita gênte de fóme. Úma plânta *mórta*. Um hómem *pervérso*. Úma gênte *pervertída*. Estôu *prêso* nésta câma. Hómens *resolútos*.

Absolved of sin. *Absolute* lord. Very *obedient* servant. He was *convicted* of theft. The minister is *corrupt*. The *forbidden* garden. They have *chosen* a house. A serpent *involved* in nets. He has *incurred* punishment. Many people have *died* of fever. *Dead* water. He has *killed* the enemy. A *depraved* man. An *abandoned* population. A sheep *caught* by the wolf. A man *resolute* in business. *Suspended* in the air. Her *loose* hair. A soul *absorbed* in sorrow. They had *defensive* arms. He was *made* chief of the robbers. A pool of *stagnant* water.

LESSON CL.

IRREGULARS IN IR.

Abrído, abérto.	Open.
Extinguído, extíncto.	Extinguished, extinct.
Incluído, inclúso.	Included, inclosed.
Dirigído, dirécto.	Directed, direct.
Resolvído, resolúto.	Resolved, resolute.

O ar *abérto*. Guérra *abérta*. Verídas *abértas*. Estóu *abstrácto*. Idéas *abstráctas*. Estôu *afflícto*. O côrpo *cobérto* de pênnas. Noções *confúsas*. Um estýlo *diffúso*. Um exército *diffúso*. Uma contradicção *dirécta*. Em cásas *distínctas*. Uma vóz *distíncta*. Diz César que a Gállia é *dividída* em três pártes. Uma igrêja *erécta* aquí. Uma fônte *exháusta* de água. Núnca *extíncto* será sêu nôme. Châmma *extinguida*. *Incluído* no número. Uma cárta *inclúsa* em ôutra. Êlle tínha *abérto* a pórta. Ésta vái *inclúsa* na súa.

The *open* sea. *Open* ears. He is *absent* in mind. They are *afflicted*. The sky *covered* with clouds. A *diffuse* discourse. Ideas *distinct*. A body *exhausted* of blood. I have *interrupted* the relations. Our relations are *interrupted*. He has *oppressed* me with calumnies. He was *oppressed* with grief. He is much *afflicted*. They have *confused* notions of the subject. That orator has a very *distinct* voice. He was *included* in the number of the victims. Several churches were *erected* here last year. Ireland is *divided* into four provinces.

LESSON CLI.

PERSONAL INFINITIVE.

Dêixe-os *divertír*.	Let them *amuse* themselves.
Pâra se *preservárem*.	In order to *preserve* themselves.
Êlles, depôis de *térem* assoládo.	They, after *having* destroyed.
No cáso de *voltármos*.	In case of *our returning*.
Antes de *êu saír* da prisão.	Before *my going* out of.
Pâra *sabérmos* quêm éra.	In order that we *may know* who.

Nós só o conhecêmos pâra *chorármos* a súa fálta, e múitos desejávão *sérem* sepultádos juntamênte com êlle. Sêm *írmos* buscár ôutra côusa. Tôdas as nýmphas em silêncio se inclinávão a prestár ouvídos a Telémaco, e fazião úma espécie de mêio círculo pâra melhór o *escutárem*, e pâra melhór o *vérem*. Depôis de *térmos* admirádo êste espectáculo. A vingânça levôu-os a *buscárem* a alliânça dos Christãos. Os Mosárabes esquecião a súa língua pâra só *fallárem* o árabe. Pâra os alúmnos *adquirírem* um conhecimênto.

Vanities which are *far from having* the value which *is attributed* to them. Hence arises the necessity of *our describing*. Toledo *on the* approach *of the enemy*, opened its gates. The inhabitants lost all hope of *their being able* to resist. *On the approach of the Saracens.* It was the residence of the sultans, before *their taking* Constantinople. The Saxons forced the Britons *to retire*. A few hours before *my going out* of prison. He obliged them *to work* gratuitously. After *paying* the bill, we set out. In case of her *returning*.

LESSON CLII.

PECULIARITIES OF INFINITIVE.

Múito valorôso *pára* temêr a mórte.	Too brave to fear death.
Básta um sô vicio *pára*—	One vice is *enough to*—
Não tânto *pára* temêr.	Not so much *to be* feared.
A pônto de passár por.	So much so as to be taken for.
O *sérdes* invejádos.	Your being envied.
O mêsmo *que dizér* que.	The same as to say that.

Múito pío pára encontrár a mórte com horrôr. *Básta* um só vício *pára fazér* inúteis múitas virtúdes. A mórte não é tânto *pára temér* cômo os prazêres. Depênde unicamênte da vóssa vontáde o *sérdes* invejádos em vêz de invejósos. *Assáz* poderôso *pára* produzir. O Creadôr, *ao formá-lo*— Qualquer não precísa senão de se recolhêr em si mêsmo *pára* se convencêr de, etc. Um méro *ouvir-dizér*. A verdáde é *perigósa de dizér-se* e *desagradável de ouvír-se*. O pensamênto é *mui* limitádo *pára* os comprehendêr.

Words are *too* weak to *tell* my woe. It is *too* deep *for* you to find. This expedient is powerful enough *to produce* the best results. *To* conquer such an enemy the militia is sufficient. He was on the *point of losing* his sight. It is *enough to* enable us to make. Death is not so much *to be* feared as dishonour. His *being envied* was the cause of his death. The old general was *too* brave *to fear* death. The steam was not sufficient *to work* the ship. One leak is *enough to* sink the steamer. The language is *easy enough to be* learned by the studious.

LESSON CLIII.

PECULIARITIES OF INFINITIVE.

Passêi hóras *a chamár*.	I passed hours *in calling*.
Um fallár de ventríloquo.	*A speech* of the ventriloquist.
Êlle ría *a bom rír*.	He laughed *with all his might*.
Dar *de comêr*.	To give *something to eat*.
Ácho *que* censurár.	I find *something to blame*.
Bastânte *pára* sabêr que, etc.	Enough *to know* that, etc.

Dúas d'éssas hóras passêi-as a *chamár** ao Senhôr que— Estáva alí um rapáz *a chorár*. É *pára louvár* a Dêus! Estáva *a chovêr*. Está um calôr *de matár*. Os bânhos são mui pequênos *pára se podér* nadâr. Não é sêu fílho que vêjo além *a jogár?* Coméça *por* perdêr o sêu dinhêiro. Lá está a súa fílha *a ouvír* um aventurêiro. Ouço *batêr*. Pâra *vivér socegádo*. No mêu entendêr. Éra *pâra vêr* êste ajuntamênto de rapázes! A água está *a fervêr?* A *sabér* ísso. A *sér* assím. Anda *a máis andár*. Ao mêu *vér*. Até não *podér* máis.

It is a heat *enough to kill you*. He began *by* eating oranges. *In order* to live quietly, we must go to the country. *In my opinion*, the weather is too hot *for walking*. It was *a sight to see* such a gathering of troops. The poor girl stood *weeping* in the street. The old soldier laughed with *all his might*. I see a boy *playing* in the garden. It is not in my *power*. Is the water *boiling?* He spent four hours *calling* on God. I hear some one *knocking* at the window. He rode *at full speed*. There is an old sailor *begging* in the lane. The room is *too small for dancing* in.

* Or " clamar."

LESSON CLIV.

PÁRA WITH INFINITIVE.

Pára vivêr socegádo.	In order to live retired.
Quártos pára alugár.	Rooms to let.
Juízo bastânte pára sabêr.	Sense enough to know.
Pára lhe dizêr a verdáde.	To tell you the truth.
Cavállos pára vendêr.	Horses to sell.
Éra pára ver!	It was a sight to see!

Estâmos nós aquí *pára bebêr* ou *pára* comêr? *Pára* lá *irmos* éra mistér passármos por Dijon. *Pára prevenír* a indigestão. Êlle ácha dinhêiro *pára jogár*. Básta um só vício *pára fazêr* inúteis múitas virtúdes. Ficarêmos *pára vêr* a dânça? Quér ficár *pára jantár* comígo? Vou contár *pára vêr* se está tôdo. V... alúga livros *pára lêr*? Vou tocár *pára sabêr*. Os abýsmos abrião-se *pára* as *recebêrem*. Êlle nos dá ázas *pára voármos*. Os auxílios necessários *pára* um Inglêz *podêr* escrevêr em Francêz. Êlle gríta *pára* eu *parár*. *Pára* eu *ír*.

In order to be seen. He has less reason *to murmur*. *To offend* no one. Is it not *astonishing?* That *we may go* safely, it is necessary to start soon. It were much *to be desired* that— How much will it cost me *to go* by the steamer? A single instance will serve *to show*. I shall stay *to see* the siege. The boat was ready *to receive* them. The articles needed *for* a Dutchman *to write* Greek. Will you remain *to dinner* with us? He gave us legs *to walk*. We were *about to sail*. I have horses *to sell*. She has rooms *to let*.

LESSON CLV.

POR WITH INFINITIVE.

Por sêr bom.	*On account* of its *being* good.
Por lhe não *têr* sído possível.	As it was out of his power.
Está *por pagár*.	It remains *to be paid*.
Quártos *por* mobilár.	Unfurnished rooms.
Quânto se pága *por* franqueár?	How much is paid *for*, etc.
Sentenciádo á mórte *por havêr*—	Sentenced to death *for having*—

Vímos um rapáz com a razão totalmênte perturbáda *por havêr* bebído em demasía. Não tardóu múito em sêr castigádo *por* se *havêr* esquécido tânto do que devía a sêus páis. Está *por* escrevêr. Túdo ísto *por* não *têr* reflectído nas consequências. Dôu gráças aos dêuses *por* m'o *havêrem* dádo. Êlles saião gozósos *por têrem* sído* achádos dígnos de soffrêr. *Por sêr* Francêz. Êlle gásta o têmpo *por* não *sabêr* cômo o occupár melhór. *Por* lhe não *sêr* tão fácil. *Por* assím *dizêr*. A gênte ficôu encantáda *por* êlle *havêr* chegádo.

On account of its being old. Punished *for having* deserted the army. He was blamed *for having* forgotten the letter. *From its being* more difficult for me. So *to say*. The work remained *unfinished*. *In consequence of having* left the army without leave. Because of *his being* bad. This little account *is unpaid*. How much must I pay *for sending* a letter to Setúbal? He has *unfurnished* rooms in his house. *On account* of being a Spaniard. He wastes his money *from* not knowing how to spend it. It remains *to be* written. From *his having* been much occupied.

* See note, p. 146.

LESSON CLVI.

VERBS IN THE NEGATIVE FORM.*

Não faltarêi.	I will *not* fail.
Não ha dúvida.	There is *no* doubt.
Não me tóque.	Do *not* touch me.
Núnca ouví dizêr.	I *never* heard it.
Eu não dísse *náda*.	I said *nothing*.
Não díga *nem* palávra.	Say *not* a word.

Não quéro. Não é verdáde. *Não pósso* bebêr máis. *Não se móva* d'ahi. A Senhôra *não* m'o *dísse. Não* o *crêio.* Êlle *não* me *dísse* náda. *Não* lhes *diréi. Não fáça* búlha. *Não* o *enténdo. Não séi* náda d'isso. *Não* que eu *sáiba. Não os conhéço.* V. *não* aprênde *náda.* Êlle *não pronuncía* bem. Se V. tem tenção de me dar algúmas cártas, ténha a bondáde *de* as *não fechár. Não impórta. Não gósto* d'ísto. *Não fálle* n'ísso. *Não ha* pão. *Não cóme* náda. *Não* me *lêmbro* bem d'ísso. *Não se esquéça.* Eu *não* o *pénso.* Paréce-me que *não.*

This knife does *not* cut well. This dollar is *not* good. I have *no* change. *Don't* lose time. I can*not* stay. There is *no* water. I do *not* know them. He does *not* know me. I suppose *not*. I think *not*. I do *not* believe it. It can*not* be true. That can*not* be. There is *nothing* more probable. I can*not* write more. I am *not* surprised. There is *no* news. I can*not* stay. I do *not* complain. Do you want *nothing* more? I *never* let the rooms for less than two guineas a-week. The monk said *nothing*. The man said *nothing*. Have the kindness *not* to give it to him.

* *Observe :*—1. That the *negative* almost always begins the sentence. 2. That in compound negatives (não-náda) "não" *precedes* and "náda" *follows* the verb. 3. That a negative makes the pronoun (in the accusative) *precede* the verb.

LESSON CLVII.

VERBS IN THE INTERROGATIVE.*

Que *deséja* V. S. ?	What do you *wish* for ?
Já *acabóu* ?	*Have* you *done* ?
V. S. *entendêu*-o.	*Did* you *understand* him ?
Que lhe *paréce* ?	What *do* you *think* ?
Já se *foi* o sêu méstre ?	*Is* your master *gone* ?
Élle *dísse*-lh'o ?	*Did* he *tell* it you ?

Quem *é* que duvída ? O que se *ha de fazér* ? Com quem *fálla* V. S. ? *Sábe* fallár Francêz ? Que lhe *fálta* ? Que búlha se *faz* alí ? *Póde*-se-lhe perguntár ? Já almoçóu ? *Gósta* do môlho ? *Quér* um ôsso ? *Jantóu* bem ? Qual *é* a súa lição ? *Quér* vir comígo ? *Está* cançádo ? *Faz* calôr ? *Óuve*-o dar hóras ? *Jánta*-se a bórdo do paquête ? Em que rúa *é* ? Quánto *dévo* pagár por ísto ? *Enténde*-me bem ? *Quér* têr a bondáde de lhe fallár ? Quánto *témos* andádo ? *Estão* fêitas as câmas ? Quánto se *déve* ? *Tóma* chá, ou café ?

Is it cold ? What o'clock is it ? How much do you *ask* a-week ? Where *does* Mr. Jones *live* ? Who *knocks* at the door ? Will you *speak* with me ? *Are* the boys *gone* ? *Have* you *dined* ? *Do* you *take* beer or wine ? What time *do* we *dine* to-day ? *Have* you ham ? Shall we *have* fish ? *Will* you *have* soup ? *Do* you *drink* wine ? Can I *offer* you some chicken ? *Have* you *dined* well ? *Do* you *like* beef ? *Can* you *speak* Portuguese ? *Do* you *understand* her ? *Have* you beer ? Are the beds *made* ? Which is my book ? *Will* you have cheese ?

---

* There is no peculiar form in Portuguese as in English. "Já acabôu" means "Have you done ?" or "You have done," according to the tone and manner of the speaker.

LESSON CLVIII.

VERBS IN THE NEGATIVE INTERROGATIVE.

V. S. *não* o dísse?	Did you *not* say it?
Por que *não* respônde?	Why do you *not* reply?
V. S. *não* me entênde?	Do you *not* understand me?
Não fálla Francêz?	*Don't* you speak French?
Não *chamaréi* eu?	*Shall* I not *call*?
Escréve-lhe V. S. *não é assim*?*	You write to him, *don't you*?

Não ha ninguém que pênse em dar úma nóva edição? *Não* recéias que Mentôr pelêje por têres víndo á cáça? Os sêus amígos *não* o têem *abandonádo*? *Não quér* assentár-se? *Não teríão sido* bons soldádos? V... *não* o entênde? Aínda não acabóu? V. M. *não* o entênde? *Não* o conhéce? Os Senhôres *não quérem* ceár? Por que *não fôi* V. M.? Por que *não esperôu* pêla respósta? Por que me *não trôuxe* o cavállo? *Não sería* melhôr que... *Não ôuve* o que estôu dizêndo? *Não* lhe *héi* de dar o dinhêiro? *Não víu* o rêi?

Why *do* you *not go*? *Will* you *not dine* with me? Do you *not speak* Spanish? *Does* he *not understand* Portuguese? *Do* you *not wish* to have breakfast? *Did not* the soldiers *abandon* him? *Has* the pupil *not* yet *finished* the lesson? *Is no* one at home to-day? *Will not* the gentlemen *sup* here to-night? *Do* you *not fear*? Why *do* you *not speak* English with these gentlemen? *Have* you *not breakfasted* yet? *Do* you *not understand* me? *Shall* I *not call* the boy? *Have not* his friends *understood* him? *Won't* you *sit* down? *Shall* I *not pay* the money? *Shall* I *not go* to Paris?

* Used like the French, "*n'est-ce pas?*" or the German, "*nicht wahr?*"

LESSON CLIX.

VERBS IN THE AFFIRMATIVE AND NEGATIVE IMPERATIVE.

Abra a pórta.	*Open* the door.
Fálle sêmpre Portuguêz.	*Always* speak Portuguese.
Véja quántas hóras são.	*See* what o'clock it is.
Não vá tão depréssa.	*Don't go* so fast.
Não díga nem palávra.	*Say not* a word.
Não me *fálte*.	*Do not* disappoint me.

Não me *tóque*. *Léia* de vagár. *Vénha* d'aquí a pôuco. *Vá* tocár guitárra. Não *ténha* recêio. *Respônda*-me. Não *fáça* búlha. Não se *aquéça*. *Díga*-me de que gósta. Não me *dé* máis do que metáde d'ísso. *Trága* òutra colhér. Não o pôupe. *Vá*-me buscár um. *Léve* ésta cárta ao corrêio. Não *pérca* têmpo. *Fáça* favôr de me mostrár. Não *fálte* á súa palávra. Não *apágue* a luz. *Sópre* o lúme. *Espére* um *pôuco*. Não *ténha* sústo. Não *digáis* a pessôa algúma o que vístes. Não *séjas* ligêiro. Não te *associes* com quem não conhéces.

Be kind enough to tell me. Ask if Mr. J. is better. Don't go so slowly. *Bring* hot plates. *Go and get* me some fresh pears. *Don't* make so much noise in the kitchen. *Deliver* this letter as soon as possible. *Do not lose* time. *Do* me the favour to lend me a penknife. *See* what o'clock it is, if you please. *Go* and *fetch* my gloves. *Bring* lights and more wood. *Let* me know to-morrow. *Put* the saddle further back. *Tell* him that I am ill. *Tell* the servant not to come. *Take* the horse to the stable. *Don't* let him drink. *Don't* lose a moment. *Don't* speak to him. *Do not* stay.

LESSON CLX.

SUBORDINATION OF TENSES—PRESENT INDICATIVE.

Crêio que ha um só Dêus.	I *believe* there is one God.
Conhêço quânto dêvo.	I *know* how much I owe.
Crêio que a chamôu Dêus.	I *believe* that God called her.
Crêio que ficarêi com êste.	I *think* I shall take this.
Estôu cérto que não tardará.	I *am certain* he will not stay.
Que *quér* que lhe offerêça?	What *shall* I *offer* you?

São jógos que pédem um exercício contínuo. *Paréce*-me que éstas condições são moderádas. *Crêio* que a câma é bôa. *Faz* ámanhã um ânno que não te vi, que não ouví a túa voz. *Espéro* que ouvirá. *Rógo* a V. S. que me fáça sabêr. Não *séi* que díga. *Óuves* o que te digo? Bem *vê* que não fálta náda. Não *se sábe* quándo airá. V. S. *sábe* que o môço está em cása. *Rógo*-lhe quêira dár-me. *Crê* que vê túdo, e náda conhéce. Êlle *sábe* que sôu úma bôa frégueza. *Digo* que êlle faz bem. *Digo* que êlle tem fêito bem. *Ténho* dito que Dêus é jústo.

The general opinion *is*, that they were Italians. You *know* where I live. I *think* we shall have rain. I *say* that he was doing well. I *say* that he will do well. I *say* that he would have done well. He *says* I play. I *hope* there will be much fruit. I *know* well how much I owe you. I said that God is just. I shall say that he *is* innocent. I was saying that my son *is* unwell. They *say* that John has arrived. I *know* that he *is* coming. *Dost* thou believe Divine justice *sleeps?* The wicked man *lies* when he *says* that he *hopes*.

LESSON CLXI.

IMPERFECT* AND ITS SUBORDINATES.

Dizía eu que êlle é bom.	I *was saying* he is good.
Estimáva que viésses.	I *was* glad you came.
Não *sabía* que hóras érão.	I *did* not *know* what o'clock it was.
Estimáva que V. S. tivésse víndo.	I *was* glad you had come.
Élla *julgáva* que êlle tínha partído.	She thought he had gone.

Tocáva admiravelmênte quândo tínha dôze ânnos. Em quânto Mentôr *fazía* êste discúrso, tomámos nós a ílha. *Dormía* eu tão bem quândo V. M. me accordôu. Eu não me *persuadía* que as côusas saíssem tão mal. *Éra* necessário que eu pagásse. *Sabía* Narbál que Baleázar não morrêra afogádo. Túdo *dizía* que ahí *havía* o espírito de um gôdo. Júlia *cuidáva* que eu não quería voltár. Melhór lhe *estáva** se se calásse. Se o negócio *valía* a pêna. N'uma regáta de vapôres o nósso bárco não *ganháva** de cérto o prémio.

I *was saying* that your brother is lazy. I *was* sorry *you* came. He *did* not *know* that I *was sleeping*. I *was aware* that he had gone. The figure *was* more slight than powerful. His fine mouth *gave* him great animation: his delicate hands *had* an air of distinction. The gestures of the priest *had* a theatrical exaggeration. Expecting a bow, but if he *expected*, he deceived himself. I *did* not *know* that your brother had been ill. While I *was speaking*, the machine exploded. It *was* necessary that he should speak.

* Is often used for future *conditional*.

M

LESSON CLXII.

PRETERITE AND SUBORDINATES.

Dísse eu que o mêu amígo está aquí.	I *said* my friend is here.
Estiméi que viésses.	I *was* glad you came.
Eu escrevía quândo êlle *partíu*.	I was writing, when he *went*.
Eu *dísse*-lhe que fôsse.	I *told* him to go.
O monárcha *acordóu*.	The king *awoke*.
Pedí que me pagásse.	I *asked* him to pay me.

Dissérão-me que havía dôis camínhos. Bem *conhecéu* a Dêusa que êste éra Telémaco. *Fingirão* os poétas que os gigântes tínhão fêito guérra, etc. *Perguntéi*-lhe em que consistía a auctoridáde de rêi. *Dísse*-me que êlle viésse. *Pedí* que me deixássem estár só. Os pastôres *quizérão* que me cobrísse com a pélle. *Perguntárão* quál é máis gloriôso? *Aconselhóu*-lhe que fôsse por térra. *Provóu*-se que élla fôra quem envenenára e affogára o rêi. *Percebérão* os guárdas que élla soffría. Ia chamár soccôrro, quando me *detéve* úma reflexão.

I *told* him not to go. I *asked* him *to come*. The peasant *said* there were two roads. The soldier *knew* perfectly well that it was his superior officer. The pilgrims *have feigned* that the east is full of riches. I *advised* him to go to Lisbon by the Galgo. They *asked* which was the best road to Batalha. The shepherds *wished* me to remain in the country. I *told* them to go to their own houses. I *begged* the soldiers to let me go. I *was* glad when my brother *came*. I *said* that my friend would go by the steamer.

LESSON CLXIII.

PLUPERFECT* AND SUBORDINATES.

O governadôr *formára* o desígnio.	The governor *had formed* the plan.
Praticôu quânto *disséra*.	He practised what he *had said*.
Quizéra que fizésse êste favôr.	I *could wish you* to do me—
Estimára múito de sabêr.	I *should be* glad to know.
Eu o *amára*, se êlle fôsse dígno.	I *had loved*, had he been worthy.
Se o camínho *fôra* bom.	*Had* the road *been* good.

Eu te *amára*, se tu me *correspondéras*. Queixândo-se que a raínha *tomára* tal auctoridáde. Êlle víu um fidálgo que não *apparecéra* durânte a acção, e perguntôu-lhe ônde *estivéra* em quânto se *combatéra*. *Estimára* que estivésses com saúde. Eu *quizéra* ir, se tivésse logár. *Prouvéra* a Dêus que me visse lívre d'élla. Eu o *premiára*, se êlle o merecêsse. O rêi *desejára* ir á cáça, se não fôra a chúva. O rapáz quizéra pagár, se tivésse dinhêiro.

I *should be* glad to know that it is so. I *could wish* that you would do me this favour. I *should feel* much pleasure if you were well. I *had loved* him, *had* he *been* worthy of love. This *would be* good, could it be realized. If he *had been* good, he would not have done evil. If the road *were* good, I *should take* a walk. If he *had* known it, he would have done nothing. He said to one who *had offended* him. He said that he *had completed* his 20 years. As soon as he *had finished* the work.

---

* Also used as a form of *conditional*, as is sometimes the case in English: "*Had* I known" for "If I had known;" "*Had* the doctor *come* sooner, my brother *had* not *died*," for "If the doctor *had come* sooner, my brother *would not have died*."

LESSON CLXIV.

FUTURE INDICATIVE.

Faréi o que V. S. desêja.	I *will do* what you ask.
Que *será* de mim, se êlle partír?	What *will become* of me, if he goes.
Estimaréi que vênhas.	I *shall be* glad if you come.
Estimaréi se tivéres víndo.	I *shall be* glad when you have come.
No fim se *verá* quem pérde.	In the end, it will be seen who loses.

Iréi pâra ônde me mandárem. Ámanhã *iréi* a cása de V. S., se fizér bom têmpo. Se tu obráres bem, *serás* premiádo. Se o fizérem, *provarão* o mêu resentimênto. *Perderéi* o frúcto da mínha viágem, se não chegár a têmpo. Tôdo o favôr que lhe fizér o *receberéi* cômo fêito a mim mêsmo. V. S. *perdoará*. Crêio que *será* o desêjo de V.S. *Estimará* múito que sêu tío vênha pêlo vapôr. Não *iréi* ámanhã. *Pagaréi* o dinhêiro ésta tárde. *Perderéi* o jôgo. *Perderá* o cão na rúa. Não *iréi* a cása de V. E. ésta tárde.

He *will do* what they ask. What *will become* of the poor boy, if his father goes to the Crimea? I *shall go* wherever my general orders me. You *will see* to-morrow who is right. If you study well, you *will gain* the prize. I *shall lose* the steamer, if I do not reach Lisbon in time. I *shall start* for London when you like. I *shall be* glad if you go with me to my quinta. He *will go* to Camacha, if it *does* not *rain*. I *shall pay* the men to-morrow. I *shall* not *go* to Batálha till next month. They *will go*. If it is a fine day, I *shall visit* the gardens. You *will see* the museum next week.

LESSON CLXV.

FUTURE.

Héi de sér.	I *have to be*, or shall be.
Êlle *há de têr.*	He *must have*, or shall have.
Nós *havémos de amár.*	We *have to love*, or must love.
Pagár-lhe-*héi.*	I *shall pay* him.
Achár-me-*ha* em cása.	You *will find* me at home.
Dír-lhe-*héi.**	I *shall tell* him.

Demorár-me-héi aquí algúns mêzes. *Héi de têr* fóme. Aônde *havémos de parár? Di-lo-hêmos** ámanhã cêdo. *Fa*-lo-hêi.† *Far*-me-hêi.† Côrno os pádres *hãode rir-se* a ésta hóra! *Dar-lh'o-hêmos,* se o pagár. *Héide ficár* com o pânno. Côrno *héide provár* no mêu lívro. Verêmos aônde túdo ísto *háde ir parár.* " O que *héide fazêr?"* exclamôu o mônge. *Há de se dar* úma grânde batálha. Élla *háde estár* anciósa de o vêr. Pâra que *héide mentír ?* É excellênte mãi: Dêus *há de lh'o pagár.* Engâna-se; *háde vêl-o. Héide dar-lhe* úma notícia pâra a consolár.

I *will follow* thee everywhere. I *must taste* this new dish. I *shall tell* him, when he comes. If you call at my quinta (villa) at 4 o'clock, you *will find* me at home. I *shall stay* at this village for some weeks. I *shall pay* him the money, when he has finished the work. Where *have* we *to pass* the night? We *shall see* where all this is to end? I *must buy* this cloth. There *will be* a great battle. We *shall stay* there a few weeks. She *must be* hungry. I *shall do* it with much pleasure.

* Contracted for *dizér.* † For *fazér.*

LESSON CLXVI.

COMPOUND OF THE PRESENT.*

Tênho amúdo.	I *have* loved.
Tênho tído.	I *have* had.
Êlle *tem* estádo.	He *has* been.
Témos comído.	We *have* eaten.
Êlles *têem* cumprído.	They *have* finished.
Éllas *têem* ído.	They *have* gone.

A rápida narração que *témos féito*, básta pâra se conhecêr que, etc. *Tem-*se *féito* múita búlha. Gráças a Dêus, *tênho tído* amígos. Nas visítas que *tênho féito* a divérsas escólas, *tênho tído* occasião de appreciár o merecimênto dos professôres, etc. *Tênho vísto* com verdadêira satisfação que, etc. Pêlos serviços que *tem prestádo* a Portugál. *Tênho díto* que Dêus é jústo. Dígo que êlle *tem féito* bem. Tu *tens tído*. *Está havído* por hómem de probidáde. O hómem *tem comído*. *Témos cumprido* com a nóssa palávra.

I *have been*. He *has had*. They *have loved*. We *have seen*. Tell him he *has done* well. I *have seen* with great pleasure. The rapid voyage we *have made*, etc. He *has had* many very good friends. He *is considered* a man of great talent. He *has* not *kept* his word. They *have said* that God is just. That poor boy *has been* the sport of bad fortune. There *has been* much noise. I *have been* loved. We *have been* loved. I *have seen* the Queen several times. *Have* you *been* often in France? I *have had* occasion. *Have* you *dined*?

* In most cases the Portuguese use the *preterite* instead of the compound of the present: "Eu *vi*," not "*tênho vísto*."

LESSON CLXVII.

COMPOUND OF THE IMPERFECT AND PRETERITE.

Êlles *havião acceitádo* o júgo.	They *had accepted* the yoke.
Eu não *tínha amádo*.	I *had* not *loved*.
Êlles *havião confessádo*.	They *had confessed*.
Não *tínha sído* possível.	It *had* not *been* possible.
Apênas *tínha saído*.	Hardly *had* he *gone* out.
O hómem que se *tínha rído* de.	The man who *had laughed* at.

Raymond *tínha víndo* a Hespânha têmpos ântes. O Cid que os Árabes *tínhão tomádo* por capitão. Êlles *tínhão-*me *ensinádo* a escrevêr. *Tínha deixádo* o mêu cavállo ao págem. Julguêi que o *tínha perdído*. *Tínhão-*me *díto* que é. Havía múita gênte que *tínha chegádo* primêiro do que nós. Êlle não *tínha ganhádo** múito no commércio que fazía, mas *tínha adquirído* a experiência. O que *tínha vísto* e *ouvído tínha-*lhe *ensinádo* a moderár os sêus desêjos. Machádo *tínha* tencionádo escrevêr em latím. Êllas *havião sído* olvidádas.

Centuries before, the greatest philosophers *had confessed* their ignorance. Hardly *had* she *gone* out, when the house fell. The man who had *laughed* at the justice of the king. The man whom he had taken for his friend. What I *had seen* and *heard* was enough. They *had been* severely *punished*. That old man *had taught* the boy to write. He *had confessed* the crime. Hardly *had* the steamer *left* the port, when the man of war entered. The merchant had accepted the offer. If our friend *had left* his horse.

* "Simão de Nântua," Part II., page 3.

LESSON CLXVIII.

SUBJUNCTIVE PRESENT.

Díz-lhe que *éntre*.	Tell him *to come in*.
Péço-lhe que se *assénte*.	Pray *be seated*.
É precíso que me *vá*.	I must *go*.
Recêio que *tenhámos*.	I fear *we shall have*.
Díga-me o que lhe dêvo.	*Tell* me what I owe you.
Estímo que *ténha víndo*.	I am glad you *have come*.

Dê licênça que *véja*. Péço-lhe que *demóre* algúns días. Lógo que *recêba* avíso, pagár-lh'a-hêi de contádo, se o senhôr quizér. Quêira Dêus que *séja* restituído a sêus páis. *Permítta*-me que lhe *móstre* ésta caixínha. Gósto que não *séja* cozída demáis. Que quér V. S. que lhe *sírva?* Recêio que a côr não *séja* fíxa. Póde sêr que *hája* algúma pancáda d'água. Tênho mêdo que *hája* grânde poêira. *Fáça* cômo eu. O fôgo não tárda que se *accénda*. Duvído que eu *póssa* fazêr. Duvído que *vénha*. Têmo que não *vénha*. Aínda que *vénha* não nos verá.

I am glad that you *enjoy* good health. I wish he *may come*. I am very glad you *are* well. There is no man so perfect, that *has* not his failings. I do not doubt but he *will do* it. I doubt *his doing* it. I will not go thither before he *comes*. Pray be seated. In case they *should not be* up so early. *Tell* him to *bring* me the shoes. Whatever *may be* their traditions. Who am I, *to go* to Pharaoh? Tell him to *pay* the money. Perhaps he *may go*. Go home. *Do* as I do. I fear we *shall have* war in 1860. Allow me *to show* you that picture.

LESSON CLXIX.

SUBJUNCTIVE IMPERFECT.

Pedíu-me o *desculpásse*.	He *apologized* to me.
Còmo se *dependêsse* de, etc.	As if *depended* on.
Procurêi que *fôsse* recebído.	I aimed at his being received.
Ninguém, que eu *soubésse*, tínha.	No one I *knew* had.
Sem que êlle me *sentísse*.	Without his *knowing* me.
Oxalá que eu *houvésse sído!*	O that I *had been!*

Mandôu que se *começásse* o atáque. Não púde alcançar quem *fôsse* aquêlle. Receiôso de que a súa vínda *aumentásse* as perturbações, êlle tentôu de impedí-la. Nomeândo um cabêça* a que tôdos *obedecéssem,* e que *tivésse* bastânte energía pâra lhes dar a páz. Oxalá que eu *houvésse sído* estudiôso. Receiândo que *tornásse* a si, e a *obrigásse* a matár-se com êlle. Havía-lhe Baleazar recommendádo que se êlle *vísse* occasião opportúna pâra que *tornásse*, lhe *mandásse* um annél de ôuro que lhe serviría de avíso, do qual *entendésse* que éra têmpo de voltár.

He waited till the priest ordered him to *speak*. Hindering him *from killing* her. As if the notion of a supreme being *depended* on a sound. If it *were* essential to our nature. Without a roof *to shelter* them. Even if it *were* so. If we *were* perfect, we should be saints. If he *heard* you! Did he ask you not to *say*? It was not necessary for you to *tell*. If for a moment I *could* suppose him capable of meanness. The general ordered the troops *to begin* the battle. He was afraid his speaking might *hinder* the negociations.

* Cabêça is masculine, when it means chief, as "*O cabêça da família.*"

LESSON CLXX.

FUTURE CONDITIONAL.

Diría, se podéra.	I *would* say, if I could.
Sentiría, se fôssem.	I *should be* sorry, if they were.
Sería, se fôsse.	It *would be*, if it were.
Era melhór, se—	It *would be* better, if—
Trínta ânnos *serião* a idáde.	Thirty *might be* the age.
Se *fôsse* mênos devóto, *diría*.	If he *were* less devout, I *should* say.

A cárta de V. S. me *consolaría*, se eu estivéra em estádo de recebêr consolação. Temião que as pórtas *estivéssem* fechádas. Não *podería* élla negá-lo, ainda quândo quizésse. Promettêra-lhes élla que só *esposaría* ôutro quândo posésse têrmo a um véu que estáva tecêndo. Eu me *contaría* por mui felíz se podésse acompanhár-te. Falsário *sería* eu, se negásse a verdáde. Eu a *amaría*, se élla me amásse. *Sentiría* se fôssem recusádos. Se êlles viéssem implorár piedáde, negár-lh'a-*hías* tu? Éra melhór se êlle *pagásse*.

I knew they *would employ* force, if I resisted. I *should* be inconsolable, if any thing happened to him. It *would be* less severe, if I *were* supported with greater fortitude. If he were less obstinate, I *should say*— I *should be* sorry, if you were to leave the house. He *would be* very happy, if he could go to India. Your kindness *would comfort* me, if I could receive comfort. I *should be* glad, if you could call to-morrow. They *would* not *refuse*, if you would ask immediately. I *should consider* myself very happy, if I had health and a moderate income.

* The imperfect indicative is often used for the future conditional, see page 161.

LESSON CLXXI.

SUBJUNCTIVE FUTURE.

Se o *fizér*, pagár-lhe-hêi.	If he *does* it, I shall pay him.
Se não *adormecér*, lerêi.	If I *don't sleep*, I shall read.
Se não *podér* ir só, ajudáe-o.	If he *can't* go alone, help him.
Perderêi, se não *chegár* a têmpo.	I shall lose, if I *don't* arrive in time.
Eu farêi quânto *podér*.	I'll do what I *can*.
Pâra quândo *voltármos*.	By the time we *return*.

Se V. S. *saír*, díga ao rapáz. Se o *tomár* ao mêz, dar-lh'o-hêi por mênos. Quândo *tivér* sêde o que hêide bebêr? Se *examinármos* um máppa do nórte da Itália, acharêmos úma ramificação dos Álpes, etc. Se me *constipár*. Se alí lhe *podér* prestár algúm servíço, falo-hêi com prazêr. Farêmos côrno *podérmos*. Se ésta lhe não *bastár*, tênho aínda máis ao sêu dispôr. Se o têmpo *corrér* bem, havê-mos de têr bastânte frúcta. Farêi o que me pédes, se *podér*. O que V. *quizér*. Em quânto o múndo *durár*. Se o *fizér*, agradecêr-lhe-hêi.

I shall do all I *can* to help you. He will sail at noon, if the wind *is* favourable. *If* we always *go* at this rate, we shall soon arrive. Certainly, *if* I *return* by Calais. *If* you *wish* it, I will accompany you thither. *If* you *take* it by the month, I will give it you for less. You may come, when you *please*. If we *give* credit to what he says. When you least *think* so, you will find, etc. While I *breathe*, I exist only for thee. If I do not *see* you *again*. If we *limit* ourselves to the state. If the lady *catches* cold.

LESSON CLXXII.

SUBJUNCTIVE COMPOUND TENSES.

Êlle se *tería* casádo.	He *would have* married.
Êlle lh'a *houvéra* dádo.	He *would have* given her to him.
Se *estivésse* dádo.	If it *had been* given.
Élla *tería* morrído, se—.	She *would have* died, if—.
Se eu *tivésse* tído.	If I *had* had.
Se eu *tivér* tído.	If I *shall have* had.

Eu te *tería obsequiádo*, se tu me *tivésses obsequiádo* primêiro. Eu o *teria avisádo*, se êlle m'o *tivésse pedído*. Êlle *teria praticádo* algúm ácto de extrêma violência, se Mogueís não *houvéra tomádo* a defênsa do accusádo. *Teria tído* múito gôsto em fazê-lo. Se a mínha palávra *estivésse dáda*, não a quebrára eu. A estatúra sería desempenáda, se o trabálho a não *tivésse curvádo* um pôuco. Eu *teria almoçádo* na súa quínta, porém o têmpo não me permittíu. Se êlle *tivér tído*. Oxalá que *tivésse tído* têmpo.

He *would have* married her, if she had been younger. If I *had eaten* the fruit, I should have been ill. I should have advised him, if he *had asked* me. If it *had* not *rained*, I should have gone to the country. If they *had paid* the money, the slave would have been set at liberty. He would have had a fine figure, if work *had* not *bent his* back. I wish I *had had* more time. She *would have gone* to France, if she *had had* money. If his word *had been* given, he *would* not *have* broken it. I *should have* had much pleasure in dining with you.

LESSON CLXXIII.

SUBJUNCTIVE AFTER CERTAIN WORDS.*

Trêmo que o amôr se *apágue*.	I *tremble* lest love should *cease*.
Não *quéro* que élla *córe*.	I *won't* have her *blush*.
Tênho mêdo que êlle *conhêça*.	I fear his *knowing*.
Qualquér que *séja*.	*Whatever may be*.
Não sôffro que *indáguem*.	I do not allow them to *inquire*.
Talvêz que *séja* assím.	Perhaps this *may be* so.

Não *quéro* que *séjas* victíma da túa delicadêza. Não *quéro* que o pádre *espére* por mínha cúlpa. Qualquér que *séja* o sentido em que se *escréva*. É naturál que *chégue*. Recêio que do coração *vénha* a súa mórte. Sínto que *talvéz* éstas *séjão* as últimas hóras de felicidáde. Roguêmos a Dêus que *auxilíe* o póbre hómem. Se V. S. sábe a quem fálla, aconsêlho-o a que não *continúe*. *Póde sêr* que êlle *vénha*. *Póde acontecêr* que nos *alcánce*. *Prohíbo*-lhe que se *fáça* vermêlha. Não *téme* que se *ábra* o chão e o *sepúlte?*

I *fear* that your sword *is* shorter than your tongue. I dread her *knowing* that I love her so much. I do not wish you *to be* the victim of your devotion. I do not want you *to wait* on my account. Let us entreat the king *to pardon* the poor soldier. It is natural that he *should weep*. I advise you not *to go* on. Do you not fear that the ground *may open?* He *may* come. Perhaps these *are the* last. Do you not fear that the earth *will open?* I feel that these *are*, perhaps, the last days of joy.

* Chiefly verbs of *emotion*, sentiment, hope, fear, asking, forbidding, doubt; contingent words, as *possível*, *qualquér*, *naturál*, *talvéz*, *póde sêr*, *básta*.

LESSON CLXXIV.

SUBJUNCTIVE AFTER CONJUNCTION, OR RELATIVE.

Quéro que V. M. *fáça* ísto.	I want you *to do* it.
Quem quizér, *diríja*-se.	Whoever wishes, *may apply*.
Só conhêço um que *póssa*.	I only know one who *can*.
Não ha quem *fáça* bem.	There is none *that doeth* good.
Não são côusas que se *digão*.	These are not things *to be said*.
Díga-lhe que me *trága*.	Tell him *to bring* me.

Só conhêço um camínho que nos *póssa* conduzír a glória. Quer que eu o *sírva* de legúmes? Fázem mal á si os que *abúsão* da saúde. Não tênho náda que não *estêja* ás órdens de V. S. Não é um diccionário óbra que do primêiro jácto *póssa* saîr perfêita. Não ha quem *enténda*, não ha quem *búsque* a Dêus. Não ha ninguêm que não o *sáiba*. Não conhêço ninguêm que me *protêja* e *ajúde* a estabelecêr-me. Eis-aquí o que me *convínha* bem! Não devêmos excluír idéa algúma que *ténda* a elucidár a questão.

He only knows one road that *can* lead him to Paris. I know no one who *can* protect me. There is no one that does not know the poet. He who *abuses* his health injures himself. A picture is not a work which *can be* perfect all at once. They want him *to do* it. Whoever wishes to take this house, may apply to J. C., No. 2, King Street. There is no one that *seeks* after God. There is nothing done, *that is* not *discovered*. God grant *that* you *do* not *repent* of it. These are not things *to be said* before everybody.

LESSON CLXXV.

IMPERATIVE, AND SUBJUNCTIVE FOR IMPERATIVE.

Mánda que êlle vá.	*Order* him to go.
Ólha cômo é formôso!	*See* how beautiful it is.
Socégue! Retíre-se!	*Be easy! Retire!*
Não se *esquêça.*	Do not *forget.*
Não *acredíte.*	Don't *believe* it.
Tóme sentído.	*Take* care.

Sábe que só serás grânde em quânto soubéres sêr reportádo. *Díga*-lhe que me trága os mêus sapátos. Não se *assúste. Séja* fórte, *aníme*-se! Não se *fálle* máis n'ísso. *Tórne* a reflectír: *vá* de vagár. *Vêja* se me ajúda. *Pônha*-me o que quizér. *Retíre*-se, quândo não será prêso. *Lémbre*-se de sêu pái: *véja* o desgôsto de súa mãi. *Ólhe* pâra a súa consciência, e *lúcte* em quânto tivér fórças. *Ouça* a vóz do céu. *Séja* superiôr á desgráça. Não *espére* náda d'êlles. *Éncha* o cópo e *déite* vínho a João. *Péça* licênça a súa mãi.

Go immediately from my presence. *Take* care, the river is very deep. *Be* my friend, and I shall always protect you. *Do* not *disturb* the few days I have left. *Fill* the glass, and *pour* water into the basin. *Do* not *speak* any more on that point. *See* how absent he is! *Do* not *make* me weep. *Tell* me your name. Tell the boy *to clean* the stable. *Be* superior to despair. *Fill* that bottle with old wine. *Don't forget* to pay the bill. *See* how handsome she is.

LESSON CLXXVI.

ENGLISH *INDICATIVE* = **PORTUGUESE** *SUBJUNCTIVE.*

Alégro-me que V. S. *estêja* bom.	I am glad you *are* well.
Espére que êlle *vénha*.	Stay till he *comes*.
Espéro quo não *séja* náda.	I hope it *will be* nothing.
Têmo que não *estêja* assás cozída.	I fear it *is* not done enough.
No cáso que *séja* enganádo.	In case you *are* deceived.
Até que lhe *páguem*.	Till they *pay* him.

Precíso d'úma cása que *séja* grânde e bélla. Procúre-me um criádo que *séja* diligênte. Êlle se alégra de que élla não se *ténha* perdído. Acabêmos ántes que *vénha* alguém. Péço-lhe que *vênha* máis cêdo. Não quér saír até que lhe *páguem*. Têmo que não *estejámos* de vólta ésta nôite. *Por* mais que *fáça* não póde destruír túdo. É possível que o jústo *págue* pêlo peccadór? Têmo que os óvos não *estêjão* assás cozídos. Espéro que êlle me *págue*. Precíso d'um cavállo que *sêja* mânso.

I am sorry you are not well. Stay till your brother *comes*. The doctor hopes it *will be* nothing. He is afraid the beef *is* not done enough. In case he *is* deceived. Get me a pupil that *is* attentive to his studies. Let us finish before the teacher *comes*. He begs me *to come* sooner. He fears he *will* not *return* to town to-night. It is possible the innocent *may pay* for the guilty. The Count wants a palace that *is* large and well situated. I will not leave the house till I *am* paid. I am waiting till the people *come*. I am glad you *are* well.

LESSON CLXXVII.

ENGLISH *INFINITIVE* = PORTUGUESE *SUBJUNCTIVE*.*

Díga-lhe que *súba*.	Tell him *to come* up.
Não lhe díga que *vênha*.	Don't tell him *to come*.
Desêjo que êlle *vénha*.	I wish you *to come*.
Péço-lhe que me *dispênse*.	I beg you *to excuse* me.
Rógo a V. S. que o não *fáça*.	I beg you not *to do* it.
Não sôu tão tôlo que o *acredite*.	I am not so foolish as *to believe* it.

Péço a V... que o *fáça*. Díga-lhe que não *tárde*. Diz-lhe que *vénha* ámanhã. Permítta-me V. S. que cá lhe *díga*. Está cérto de que os lençóes *estêjão* bem sêccos. Estímo que *estéja* a sêu gôsto. Péço-lhe que não nos *fáça* esperár. Tóme sentído não se *quêime*. Tóme cuidádo não me *córte*. Eu desafío a alguém que me *tíre* o meu. Dá licênça que os *próve*. Permítta-me que lhe *móstre* êste lívro. Que querêis que el-rêi *fáça?* Permítta-me que eu *ábra* a janélla. Péço-lhe me *fáça* a bárba. Não tênho expressões com que *descrêva*.

I beg you not to *make* me wait. Do you wish me *to do* it? Tell him *to come* to-morrow. He begs me not *to do* it. I beg you *will* come. Allow me *to show* you this watch. I beg you *not to keep* us waiting. Pray, *try* them. If he does not understand what I am, it is not worth while *to tell him*. I have not words *to tell* the force, etc. I beg you *to tell* him. I am sorry it *is* not to your taste. I wish you to *shave* me now. Give me leave *to try* these cherries. Take care not *to cut* my face.

* To one familiar with classical or foreign languages, this principle presents no difficulties; but the merely English scholar must carefully study examples of the rule, that in the subordinate clause of a sentence the *infinitive* in English is *generally* represented by the *subjunctive* in Portuguese.

N

LESSON CLXXVIII.

ENGLISH *INFINITIVE* = **PORTUGUESE** *SUBJUNCTIVE*.*

Êu dísse-lhe que *fôsse*.†	I told him *to go*.
Pedí-lhe que não *fôsse* lá.	I begged him not *to go* there.
Pedíu-lhe que lhe *désse*.	He asked him *to give*.
Quizéra que me *trocásse*.	I should like to change.
Élla lhe obtestou *quizésse* têr d'élla compaixão.	She implored him to have pity.
Pedíndo a Dêus *salvásse* a álma.	Praying God *to save* the soul.

Dáva motívo a que tôdos *fallássem* mal d'êlle. Dissérão-lhe que não *tivésse* recêio. Recommendêi-lhe que não *tardásse*. Impedí-lhe que *fôssem*. Mandêi-lhe que *fôsse* pâra cása. Pedíu a súa mulhér que lhe *désse* um cópo d'água. Rogárão-lhe que o não *fizésse*. Recommendôu ao criádo que o *acordásse* ás sêis hóras. Ordenôu-lhe que *saísse*. Dísse ao compradôr que *viésse* vêr a quínta. Ordenôu que *pedíssem* o que *quizéssem*. Pedíndo-lhe que *procurásse* o lívro. Quizéra que os dedáes *tivéssem* um estôjo.

He requested them *to bring* him two new books. He made every one *speak* ill of him. He told me not *to be* afraid. I exhorted him *to behave* well. The boy prevented me *from going*. She ordered him *to bring* the wine. The king ordered him *to make* restitution. I begged them not *to go* there. The general had prohibited the soldiers *from playing*. I recommended him *to hide* himself. Minos wished his sons *to succeed* him in the kingdom. Tell him *to bring* my hat.

* Many words take the infinitive, as impedír, prohibír.

† When the *whole* transaction is past; but when he has *not gone*, vá, instead.

LESSON CLXXIX.
ENGLISH *PARTICIPLE* = PORTUGUESE *INFINITIVE*, OR *SUBJUNCTIVE*.

Êu o vi *passeár*.	I saw him *walking*.
Vêjo um hómem *a cortár* lênha.	I see a man *cutting* wood.
Em logár de* *dizêr*.	In place of *saying*.
Em *comêr** e *bebêr*.	In *eating* and *drinking*.
Útil pâra* *escrevêr*.	Useful for *writing*.
Sem que ninguém lhe *fallásse*.	Without any one *speaking*.

Pérdem-se múitas côusas por fálta de *perguntár*. Estôu cançádo de *lêr*. Não pósso fallár sem *rír*. Sem que ninguêm o *suspeitásse*. Sem que êlles o *percebéssem*. Depôis de *tomár* Sevílha. Não contênte com se *fazêr* temído. Depôis de *fazêr* ísto. Ántes de *expirár*. Terêi o gôsto de o *tornár a vêr*. Depôis de *tér* estádo tão alégre. Não os condêmnem sem *sérem* ouvídos. Em vêz de se *instruír*, está jogândo. Abstênho-me de *bebêr* vinho. Calais, notável por *sêr* a passágem máis cúrta. Lônge de *sêr*.

Happiness consists in never *being* ill. I saw a man *writing* a letter. In place of *speaking*, he writes. He spent the night in *playing* and *singing*. He went away, without any one's *telling* him. After *taking* Toledo, he marched against Madrid. Instead of *studying* his lesson, went to the ball. After *having been* remarkable for *being* the most splendid theatre in Europe. Without *losing* time. She accused Marbal of *having been* an accomplice. *Having* money is a crime in Tyre, and *having* virtue is a greater.

* Notice that prepositions govern the *infinitive*, not the *present participle*.

LESSON CLXXX.

ENGLISH *PAST AND COMPOUND PERFECT* = PORTUGUESE *SIMPLE PERFECT*.

Cortóu-me.	You *have cut* me.
Já *almoçóu*?	*Have* you *breakfasted*?
A senhóra *chamóu*-me?	*Did* you *call* me, ma'am?
Quándo *chegóu* V...	When *did* you *come*?
Sêu irmão *morrêu*.	His brother *is dead*.
Já *véio* o sapatêiro?	*Has* the shoemaker *come*?

Já *véio* por ésta estráda? O sêu amígo aínda não *entróu*. *Almocêi* mui bem. Já *chegóu* o corrêio? A senhôra *mandóu*-me dizêr que viésse. O têmpo que *fugíu* não vólta. O môrto, cújo púlso *cessóu* de batêr. Dêus *mostróu* a Faraó o que háde fazêr. Já *acabóu*? Aônde *ficóu* hôntem? Já *bébes* vínho? *Mudóu* o têmpo. Já se *fôi*. Crêio que *fôi* vêr a irmã. Cômo *passóu* V. S. a nôite? Élla aínda não *dançóu*. A nação *desappareceu* da fáce da térra. O sêu amígo aínda não *entróu*. *Nascêu* em Munich no día 2 de Outúbro.

He *has fulfilled* all his duties. The boy *has cut* me. *Have* you *dined*? When *did* your brother *return* from Lisbon? Has my father *returned*? The poor wounded soldier, whose pulse *has ceased* to beat. Time *past*, never returns. The boy *has drunk* wine. Your nephew *has sworn* my death. The steamer *has arrived*. They *are* out. *Has* your master *arrived*? What *has passed* does not return. His friend *has* not *returned*. *Have* you *taken* tea? I believe my uncle *has gone* to Campanario. The king *has sent* me a beautiful ring. The allies *have taken* the south of Sebastopol.

LESSON CLXXXI.

ENGLISH *PRESENT* = PORTUGUESE *FUTURE*, AND VICE-VERSA.

Lá o *espéro*.	I *shall wait* for you there.
Saíu, mas lógo *vólta*.	He's out, but *will return* soon.
Se eu *fôr* algúm día a Rôma.	If I *go* some day to Rome.
Quándo *viér*, díga-lhe.	When he *comes*, tell him.
Se me não *dér* máis, etc.	If you *do* not give me more.
Não *ácho*.*	I *cannot* find.

Havêmos de cá tornár quândo êlle *representár*. Eu lh'o trarêi a primêira vêz que cá *viér*. Se *podérmos* sêr úteis, ficâmos ás órdens de V. M. Tíra a vída a dôis fílhos mêus, se eu o não *trouxér* ôutra vez. Lévem-me de ólhos tapádos aônde *quizérem*. Não *ácho* * as toálhas. Vim pâra vêr se *ácho* a cháve. Filippe está vívo e são, e *volta* qualquér día. Ésta gênte não *descânça* em quânto não subvertêr túdo. Lúcte em quânto *tivér* fôrças. Em quânto *respirár* não exísto senão pâra ti. Se não *tornár* a vêr-te, êste annél é pâra te lembráres de mim.

He *will be back* immediately. The messenger *will* soon *return*. I *shall wait* for the boy there. My master *will* soon *return*. Know that they *will* not rest till they humble us all. If I *return* some day to Paris, I shall see the Emperor. If the man *does* not give me more, I will not sell him the horse. When Mario *sings*, I shall go again. The first time I *come*, I shall bring my guitar. I *cannot find* * the plate. He has come to see if he *can find* the keys. That boy *will* never *rest* till he has ruined his health. While I *breathe*, I *shall* never love another.

* The Portuguese present *indicative* is often equal to a present *potential:* "não ácho," I *cannot* find.

LESSON CLXXXII.

ENGLISH *PRESENT PARTICIPLE* = PORTUGUESE *RELATIVE* AND *INDICATIVE*.

A vóz de *quem cláma*.	The voice of one *crying*.
Vêndo um meníno *chorándo*.	Seeing a child *crying*.*
Acudír *a quem cháma*.	To answer one *calling*.
No ânno *que vem*.	In the *coming* year.
Cómo o púlso de um *que tréme*.	Like the pulse of *one trembling*.
Tânta gênte *que ahí vem!*	Such a number *coming* here!

Ouvía úma vóz *que lhe dizía*. Eis úma vóz dos céos, *que dizía*. De repênte acordôu-me do lethárgo úma vóz *que bradóu*: "Fôi aquí." Élla acalênta os menínos *que chórão*. A eloquência é o talênto *que domína* pêla palávra as vontádes dos ôutros. Pâra o ânno *que vem* estarêi em Rôma. Ouço alguém *que péde* soccôrro. Êu vi úma creança *que choráva* pêla mãi. Mêu pái ouvíu ladrões *que forçávão* a pórta. Vía-se de térra úma mão *que agitáva* um lênço brânco. Ouvímos os pássaros *que* dôcemênte *cantávão* no jardím.

We saw a hand *waving* a white handkerchief. I heard the voice of a young child *crying*. I think I shall spend a few days *next month* at St. Anna. It was the voice of one *crying* in the wilderness. I shall be in London the greater part of *next* year. I hear the cries of some one *asking* assistance. We hear the lions *roaring* in the forests. I have not time to answer every one *calling* on me. As I lay awake in my bed last night, I heard some thieves *forcing* the window of my room. I saw a poor child *crying* for its lost mother. Did you see the crowd of people *coming* here? In the *coming* winter.

* Sometimes the participle *is* used.

LESSON CLXXXIII.

PÓRTUGUESE *REFLECTIVE* = ENGLISH *PASSIVES* AND *NEUTERS*.

O senhôr *engána-se*.	You *are mistaken*.
Canfírma-se a notícia.	The news *is confirmed*.
Divíde-se a cása em quártos.	The house *is divided* into rooms.
Êlles *se tórnão* religiósos.	They *become* religious.
Usão-se éstas palávras.	The words *are used*.
Phenómenos que *se tem* observádo.	Phenomena which *have been* observed.

Aquêlles dôis *se despedírão* um do ôutro. Ísto *châma-se* trígo. *Sentiu-se* um grânde ruído. *Diz-se*. *Pódvér-se* hôje o musêu? *Vá-se* embóra! Déve *indagár-se* o estádo das estrádas. Tôdas as notícias que *se podérem colligír*. As medídas de que *se faz* úso n'êste distrícto. Pâra que êste servíço *se póssa* fazêr. Á imitação do que *se pratíca* nos paízes máis cúltos. N'ésta ílha sómente *se fabríca* lôuça de bárro. No día 10 do corrênte *se perdérão* dôis navíos mercântes. A verdáde é perigósa de *dizér-se*, e desagradável de *ouvír-se*.

These expressions *are* not *used*. You *are mistaken*, Ma'am. The intelligence *is* not *confirmed*. The kingdom *is divided* into six provinces. The conversation *became* general. This *is called* barley. It *is said* that the king is dead. *Can* the church *be seen* to day? Yesterday, ten ships of war were lost. It is dangerous *to speak* truth; disagreeable *to hear* it. The dear friends *said good-bye*. This town *is called* rather handsome. In the dreadful storm of 26th October, 1859, the Royal Charter and many other ships *were lost*.

LESSON CLXXXIV.

ENGLISH *INDICATIVE* = **PORTUGUESE** *INFINITIVE.*

Sínto não *podér*.	I am sorry that I *cannot*.
Espéro *vé-lo*.	I hope I *shall see* you.
Vá *vêr* quem é.	Go and *see* who it is.
Sínto *deixá-lo*.	I regret I *must go*.
Espéro *tornár a vé-lo*.	I hope I *shall see* you *again*.
Lisonjêio-me de *merecêr*.	I flatter myself I *shall merit*.

Estão no quárto as nóssas málas? Sim, senhôres, lá as mandêi *pôr*. Espéro *vé-lo* em bréve restabelecído. Vá *abrír* a pórta. Temía não *têr* o gosto de vêr a V. S. Quér o senhôr *ficár* pâra jantár comígo? Sínto múito não *podér* aproveitár-me máis têmpo de súa companhía. Pretênde não *têr* sído enganádo. Dízem *sêr* no senhorío de úma Dêusa tão cruél, que não consênte que ninguém ahí apórte. Sentíndo múito não *têr podído* ir a cása do senhôr. Sínto *causár*-lhe ésta privação. Estímo múito *sêr* o órgão dos sentimêntos da Academía.

I *thank* you sincerely for your attention. I am sorry *that I am obliged* to tell you. I hope *I shall see* you again to-morrow. *Go and see* who is at the door. *Go and open* the front gate. I am sorry *I cannot avail* myself of your polite invitation. I regret *I was not able* to go to your house yesterday. I am glad *that I am* the organ of the opinion of the Camara. I hope *that I shall find* my brother in perfect health. It seems to me *that the* time *has arrived*. I am sorry *I must leave* the Society of my friends. He pretends *he has not been cheated*. He is sorry *to cause* the gentleman all this trouble.

LESSON CLXXXV.

ENGLISH INFINITIVE *PASSIVE* = POTUGUESE INFINITIVE *ACTIVE*.

Élla se faz *amár*.	She makes herself *beloved*.
É de *desejár*.	It is *to be hoped* for.
Deixôu-se *apanhár*.	He let himself *be caught*.
O mêsmo se póde *dizêr* de.	The same may *be said of*.
Cômo éra de *esperár*.	As was to *be expected*.
Éu as mandaréi *concertár*.	I'll get them *mended*.

V. S. núnca se dêixa *vêr*. Éstas pênnas não préstão pâra náda; mânde-as *aparár*. Não sêi se o mêsmo se poderá *dizêr* da súa intelligência. Quizéra mandár *concertár* úmas rêndas, e fazê-las depôis *lavár*. É precíso dá-lo a *compôr*. Alí estão os mármores de Páros, que os côndes d'Arundél fizérão *transportár* da Grécia. De manêira que póde *dividír*-se em três pártes. A raínha Christína fêz *assassinár* Monaldéschi. Fázem-me *doêr*. Fazía-se *temêr* dos Môuros. *É de crêr* que êlle não fôsse albêio. Ísso não déve *admirár*.

He makes himself *feared*. I'll send them to *be mended*. It cannot be *denied*. Truth is sometimes *dangerous to tell*, and *disagreeable to hear*. This cannot *be translated* into Latin. It is *to be hoped* that the Russians will evacuate the north fort. The poor horse allowed himself *to be caught*. I think the same *may be said* of many men. As was *to be expected*, the first man was shot. He will send the boots *to be mended*. Mrs. R. never allows herself *to be seen*. Send these pens *to be mended*. So that the whole kingdom *can be divided* into four parts. He was incapable of deceiving, or allowing himself *to be deceived*.

LESSON CLXXXVI.

AM GOING TO = VOU, ESTOU PARA—

Vóu despedír-me de V. S.	I *am going* to take leave.
Estóu pára ir a sua cása.	I *am going* to your house.
Ia a dizêr.	I *was going* to say.
Vão plantár.	They *are going* to plant.
Estôu a *pônto de me ir* embóra.	I am *about to* go away.
O leitôr *vái vêndo*.	The reader *is witnessing*.

Vóu-lhe mandár um bocádo de gallínha. *Vóu* deitár lúto. Tolósa *estáva a pônto de* rendêr-se, quândo o dúque apparecêu a soccorrê-la. *Vóu* tocár pâra sabêr se o almôço está prômpto. *Vái* V. S. vêr as luminárias? *Estóu pâra* concluír um negócio mui importânte. O amôr fratérno *estivéra a pônto de* dar a victória á commiseração. *Ia pâra* retirár-me, quândo o mônge me dísse. N'éssa occasião *estáva* êlle *a partír* pâra S. Cláudio. Eu *estóu a dizêr* côusas que, etc. *Estóu pâra* saír. O rapazínho *está pâra* morrêr. *Vóu* tomár um bânho.

They *are going* into mourning. She *was going to call* for help. I *am going to take leave* of you, as the steamer starts to-day at four o'clock. I *shall ring* to know if dinner is ready. I *was going* to say that I could not pay the money, when he offered me his purse. I *am going* to plant sugar-canes in these fields. I *am going* to send you a slice of this cold beef. The fort was *on the point of surrendering*, when the Count appeared with 1000 men. The ship *was about* to sail for Teneriffe. I *beg to say*, in reply to your letter of 21st ult. I *shall put* on my boots.

LESSON CLXXXVII.

AM TO, HAVE TO = DÉVO, TÊNHO QUE (OR) DE.

Dévo jantár com êlle.	I *am to* dine with him.
Témos de partír ámanhã.	We *are to* leave to-morrow.
V.S. *devía* jantár.	You *were to* dine.
Êu *devía têr* jantádo.	I *was to have* dined.
Tem múito *que* fazêr.	He *has* much *to* do.
Ténho que ir-me.	I *have to* go.

Nós *devêmos* acompanhá-los. O émir regulôu os tribútos que os vencídos *devião* pagár. Com o pretêxto de *têr de* occupár-se de gráves negócios. O casamênto *devía* sêr no comêço do invérno. Pequêna cidáde, ônde *devía* estár a 6 de júnho, día de fêira. *Ténho que* pedír-lhe um favôr. *Ténho* múito *que* fazêr. Êlle *tem* cártas *que* escrevêr. *Ténho que* ir a múitas pártes. *Ténho* hóra dáda pâra tratár de negócios. Náda *tem que* receiár d'ísso. *Téve de* cedêr aos desêjos dos ambiciósos. Êlles guiárão-me pâra o aposênto, ônde *devía* passár a nôite.

He *is to dine* with the Duke of Palmella to-morrow, I *must set out* on Thursday for Paris. You *were* to breakfast with me; why did you not come? I *was to have* dined* with the Count on Wednesday, but I was too ill to go. I *have to ask* a special favour. He *has* really a great deal *to do*. I *have* two words *to* say to you. The general settled the tributes, which the conquered tribes *were to pay*. I *have an appointment*. Under the pretext of having to occupy himself in matters of importance. The funeral *was to take place* at three o'clock.

* This, though common, is not correct English. Such phrases as "I was to *have* gone," " I intended to *have* stayed," should be," I was *to go*," " I intended *to stay*."

LESSON CLXXXVIII.

IDIOMATIC FORMS WITH "ESTÔU."

Estóu a estudár.	I *am at* study.
Está a chovér.	*It is* raining.
Estóu a partír.	I *am about* to start.
Estóu estudândo.	I *am studying*.
Está acabândo-se.	He *is digging*.
Estóu a sêr julgádo.	I *am* to be judged.

Eu *estáva a* escrevêr quândo êlle partíu. *Estóu a* trabalhár. *Estóu a suár* em bíca. *Estóu a* partír pâra Portugál. *Está jantândo*. Êlle *está* a estudár Dirêito em Coímbra. Eu* a dizêr-lhe ísto, e o hómem a dormír! Eu *estáva a rir*, êlle *a chorár*. Eu *estíve a dizêr* míssa, e êlles *a ouví*-la. Mêu irmão *estáva a desenhár*, e mínha irmã *a tocár*, quândo pegôu o fôgo em cása. Êlle *estáva léndo* quândo eu o encontrêi. O Senhôr P. *está a morrér* e o fílho *a brincár*. *Estóu aguardândo* o que êlle responderá.

She *was reading* when he entered the room. He *is studying* medicine in the University of Edinburgh. My friend *is about to* start for Lisbon in the Galgo. I *was running* for the doctor, when I met my father. The poor old monk *was dying*. Why *am* I *talking* to you about things superior to your understanding? Your brother *was playing* the machete, when the house fell. It *is raining* in the mountains, though the sun is shining in town. Your uncle *is working* in the palace of the Count. I *was teaching* the boys, when the earthquake took place. I *am perspiring* very much.

* An elliptical phrase.

LESSON CLXXXIX.

IR WITH PRESENT PARTICIPLE.*

Vái-se chegándo o invérno.	Winter is coming.
O têmpo vái limpándo.	It clears up.
Vái-se fazêndo vélho.	He is growing old.
Vái perdêndo a bellêza.	She is losing her beauty.
Vái-se concluíndo.	He is digging.
Em* amanhecêndo.	When day dawns.

Vái-se *approximándo* a vindíma. *Vái*-se *fazêndo* tárde. As núvens *vão*-se *separándo*. O têmpo *vái estándo* máis amêno. Duròu a guérra déz ânnos, e ao pásso que *ía durándo* e *crescêndo* a guérra, se *ía* juntamênte com os ânnos *diminuíndo* a cáusa d'élla. Còmo vísse que se vínha *chegándo* o día da súa mórte. Mentòr *ía seguíndo* a Telémaco. *Vái*-se *chegándo* a colhêita. *Vái perdêndo* o mêdo. Eu os lêio, mas *vóu* sêmpre *dizêndo* que não. O doênte *vái*-se *concluíndo*. Ísto *vái sêndo* día. Déve sêr um prazêr régio *ir lêndo* aquélla deliciósa sátyra.

Winter *is drawing near*. In order to be able to *live*. That sad emigration *is depopulating* this beautiful island. Returning to what I *was saying* to you. The leaves of the trees *are falling*. The months are *rolling on*. The sick man *is hastening* to his end. The soldiers *were following* the enemy. Winter *is coming*, and the days will soon be short. The rain has ceased, and the weather *is clearing up*. *When day dawns*, I shall set off for Lisbon. The weather *is becoming* milder, and the fields are *getting* clothed with verdure. That young lady *is losing* her beauty. The harvest *is approaching* rapidly.

---

* The participle with "em" prefixed is equal to a *future* indicative.

LESSON CXC.

CAN = PÔSSO, SEI; COULD = PODIA, PODERIA, SÔUBE.

Póde fazê-lo, se gósta.	He *can* do it, if he likes.
Se V. M. *podér* vir.	If you *can* come.
Sei lêr e escrevêr.	I *can* read and write.
D'ônde se *podía* vêr.	Whence *could* be seen.
Perguntár se *sabía* lêr.	To ask if he *could* read.
Côrno se não *podéssem* havêr hómens.	As if there *could* not be men.

Díga-me em que lhe *pósso* servír. V. S. *póde* fazêr-me um grânde servíço. Remediár-nos-hêmos cômo *podérmos*. *Póde* vêr-se hôje o musêu? Não *pósso* ficár. É a melhór côusa que *póde* fazêr. *Póde*-me mandár ísto? Que *pósso* offerecêr a V. S.? V. S. *podería* fazêr-me um favôr. Terêmos pêixe? Não *púde* achár. Tôdos os sítios d'ônde se *podía* vêr o desembárque do chéfe. Êlle *sôube* reprimír os abúsos. *Podería* alguém esperá-lo? Não *pósso* máis. Não o *pósso* soffrêr. Evíto-o quânto *pósso*. O máis depréssa que *podér*.

Can you send it for me to the Torrinha Road? If I *can* render you any service, I will do it with pleasure. He *could* not be a minute without his friend. The best advice that *can* be given. He found him the most patient listener that garrulity *could* demand. Do you know what *can* be done? He said that you alone *could* give exact intelligence. He *could* see and hear all, perfectly. You *can* go home, if you like. I *cannot* remain to-night. I began to ask, if he *could* read. *Could* any hope to see the boy again? I avoid the youth as much as I *can*. As fast as you *can*. You *can* do me a favour.

LESSON CXCI.

CAN HAVE, COULD HAVE = PÓDE TÊR, PODERÍA TÊR.

Êlle não *póde têr féito* ísto.	He *can not have* done it.
É *impossível* que êlle *ténha obrádo* assím.	He *can not have* done so.
Não *póde sêr* que êlle *ténha mórto* o hómem?	He *can not have* killed the man!
Eu *poderia têr acabádo* a óbra,	I *could have* finished the work.
Êlle não *tínha podído* descobrir.	He *could* not *have* found out.

Êlle *poderia têr* seguído o officio de sêu pái. Verdádes que a súa razão não *tínha podído* descobrír. Êlle *poderia têr gánho* na especulação, se pensásse melhór. Eu *poderia têr féito* ísto, se tivésse tído têmpo bastânte. O secretário *poderia têr escrípto* êste officio, se quizésse trabalhár máis. Os hómens *poderião têr sído* máis felízes, se de ha máis têmpo se tivéssem conhecído. Êlle inflammôu-se a pônto que *poderia têr féito* asnêira. O Senhôr F. *tínha podído* fazêr ísto, se lh'o pedíssem. Êlle apresentôu máis dinhêiro do que *tínha podído* gánhár.

They heard truths, which the most cultivated reason *could* not *have* discovered. They *can* not *have* finished that immense work in three months. You *might have* built that house in a year. He *could have* done the work very easily in three weeks, if they had allowed him. The book is better printed than I *could have* supposed. The secretary *could have* finished all these letters, if he had not gone to the ball. It is quite impossible that he *can have* acted so. The officer *might have* gained 100 dollars, if he had been attentive. I *could have* saved the boy, if I had had a rope.

LESSON CXCII.

MAY, MIGHT = POSSO, PODERÍA, PODÉSSE.

Pósso pedír-lhe úma gráça?	*May* I ask a favour of you?
Pósso enganár-me.	I *may* be mistaken.
Qualquér que *séja*.	Whoever he *may* be.
Múitos *poderião* sêr felízes, se—	Many *might* be happy, if—
Úma questão que *podería* sêr curiósa.	A question, which *might* be curious.
Séja fêita a vontáde de Dêus!	*May* God's will be done!

Ísto *póde* sêr. Quândo o rapaz viér, *poderá* V. M. ir. Êlles *poderão* magoár-se. *Séja* o que êlle quizér, eu estímo súa probidáde. *Póde* sêr assím. *Póde* acontecêr. Qualquér *póde* fazèr o que não fôr contrário ás lêis. *Não* nos *é lícito* violár a lêi. *Sêr-me-há permittído* offerecêr-lhe. *Póde* sêr que êlle vênha. Oxalá que *séja* felíz! Oxalá que *vólte* cêdo. *Póde*-se retirár. Crêio que nos *podémos* levantár. Eu *podía* fazèr ísso se quizésse. Eu *tínha podído* fazê-lo, mas, etc. Êlle *podería* ir, se quizésse. Sêr-lhe-*hía* lícito ir, se podésse.

He *may* do what he pleases. *May* I be allowed to send you a wing? *May* be, she will come to-morrow. *May* he soon revisit his native land! Such a thing *may* happen. You *may* go, as you have finished the work. These *may* do what is not contrary to law. You *may* come as soon as you please. You *may* be sure that you will find me at home. The boy *might* do it, if he liked. The child *might* read, if he would. He *might* go to Demerara, if he could get money to pay his passage. He *might* write the letter, if he pleased. He *might* sing if he would.

LESSON CXCIII.

SHALL,* SHOULD.*

Teréi a hônra?	*Shall* I have the honour?
Quér que êlle vênha?	*Will* he come? *shall* he come?
Seréi affogádo.	I *shall* be drowned.
Iría, se tivésse cavállo.	I *should* go, if I had a horse.
Déve obedecêr.	He *should* obey.
Se êlle *fizésse* ísso.	If he *should* do that.

Não *iréi* a Lisbôa ámanhã. A menína diz que não quér *ir*, mas *háde ir*. Não, não *háde fazêr* tal. *Dir-lhe-héi* o que pênso? Se V. S. não quér ir, *iréi* só. *Iréi* por êlle? Eu *voltaréi* se podêr. *Ficaréi*, se me fôr lícito. Do que lhe *héide* eu offerecêr? Quér que eu o *sírva* de legúmes? Díga-me que edifícios *havêmos* de vêr. Se êlle viésse, *comería* com-nôsco. Se eu tivésse cavállo, *iría*. Se tivésse notícias d'êlles, dar-lh'as-*hía*. Se chovêsse, V. S. não *devía* ir. Se eu tivésse podêr, as côusas *havião* de ir d'outro módo.

If he *should* do that, I would punish him. I *shall* not go to Camacha on Monday. *Shall* I help you to a little roast-beef? How much *should* I give him per day? I *shall* want you to-morrow at 6 o'clock. *Shall* you have time to come with me? *Shall* we go on Monday? I *should* like to have a catalogue. I *shall* be much obliged to you. I *should like* a glass of beer. *Shall* I *light* the fire? We *shall* not *be* ready in time. It *shall be* done. If we were perfect, we *should be* saints. *Shall* I *have* the honour of calling on you to-morrow? If I had a good pony, I *should* go. He *shall have* it next week.

* Implied in the *form* of the Portuguese verb, e. g., I *shall* go, irêi; I *should* go, iría.

LESSON CXCIV.

WILL, WOULD.—QUÉRO, VÔU, QUIZ.

Quer V. S. fazê-lo, ou não?	Will you do it, or not?
Não, eu não quéro.	No, I will not.
Vou-lhe mostrár os quártos.	I will show you the rooms.
Não o quíz fazêr.	He would not do it.
Isto é o que eu faría.	This is what I'd do.
Se élla lh'o pedísse, dar-lh'o-hía?	If she asked, would you give it?

Quér almoçár com-nôsco? Quér chá? Êlle não quér trabalhár. Tería de pedír-lhe úma côusa. Quér fazêr-me um obséquio? Vóu vêr. Crêio que V. S. gostará d'éste. Êlle háde cá estár quárta-fêira. Fá-lo-héi com gôsto. Faréi por V. S. o que não faría por ninguêm. Espéro que não séja náda. Não háde dizêr que não. Quér tomár um cópo de néve? Quér V. S. que eu vá hôje? Choverá, mas não háde trovejár. Nós não lhe pagarêmos. Segúndo se quér. Dêixe-me passár, eu héide ir. Eu quéro que V. M. fáça ísto.

Will you go or not? I will tell him to come. Let me pass. I will see my child. The man says he will send the money to-morrow. He was very lazy, and would not write the letter. The doctor says it will be nothing. I'll go and see who is at the door. What would you have us do? If I were in your place, this is what I would do. Would you go, if he invited you? In the evening, he would relate to us his numerous adventures. Sometimes he would go at 10 o'clock. No, I will not. At night, the old man would read to us. I told him all, yet he would not believe me.

LESSON CXCV.

WILL HAVE, WOULD HAVE—TEREI, TERÍA, QUERÍDO.

Teriá escrípto.	He will have written.
Iría,* tería ido.	I *would* have gone.
Eu *quéro* que êlle obedêça.	I *will have* him obey.
Êlle *tería querído* casár-se.	He *would have* married.
Não ganháva.†	I *would* not *have gained*
Eu não *quizéra* que V. S. escrevêsse.	I *would* not *have* you write.

Eu *tería jantádo* com V. S., porém a chúva não me deixôu. Pelúsio, d'ónde *havía fazêr-se* o nósso embárque, se Sesóstris não acabára. Se tivésse pedído D. Beatríz a vósso pái, êlle lh'a *houvéra dádo* por mulhér. Élla *tería* morrído, se não fôsse, etc. N'úma regáta de vapóres o nósso bárco não *ganháva*† de cérto o prémio. Bem *desejáva*† eu sêr o portadôr, mas negócios domésticos me embaráção. Se não estivésse impedído com moléstia, *iría* pessoalmênte a casa de V. S. A não sêr V. S., *estáva* perdído.

I would have paid him with pleasure, but he would not take the money. Be that as it may, I *will have* my child obey me. He *would have* liked to have married, but, unfortunately, he had not the means. I *would* not *have* you write to him any more, for he will not reply. Without doubt, he *would have* died, if it had not been for the kindness of the old vicar. But for you, he *would have* been entirely ruined. I *should have* liked to accompany you to Madeira, but pressing business prevents me.

* " *Iría,*" *would go,* is often used for " *tería* ido," *would have gone.*

† The *imperfect* is often used in this sense.

LESSON CXCVI.

"WILL" OR "SHALL" IN THE SENSE OF "MUST" OR "HAVE TO BE."

Se o fizér, *pagár-lhe-héi*.	If he does it, I *must* pay him.
Quânto lhe *héide dar*?	What *shall* I have to give you?
O vínho *háde sér* baráto êste ânno.	Wine *will be* cheap this year.
O que *héide comêr*?	What *shall* I eat?
Que camínho *héide tomár*?	What road *must* I take?
Dar-lhe-héi dúas patácas.	*I'll give* you two dollars.

Não se sâbe em que se *hade* passár o têmpo. Se alí lhe podér prestár algúm servíço, *fá-lo-héi* com prazêr. Quândo tivér sêde, o que *héide bebêr?* *Estimá-lo-héi* múito, *ficár-lhe-héi* agradecído. *Sér-me-há* lícito perguntár-lhe? *Apeár-nos-hêmos* aquí? Sim, Senhôres, *hãode têr* bons quártos e bôas câmas. V. S. *háde achár* os prêços mui razoáveis. *Háde almoçár* com-nôsco. Que lhe *héide dizêr* da gênte? Pâra que *háde* matár-se? A colhêita *háde* sêr bôa. Os vínhos *hãode sér* múito bons êste ânno. Aônde *havêmos* de parár pâra jantár?

If he finishes the printing in three weeks, I *shall pay him* more. How much *shall I have to give* the man? Milho *will be* much cheaper next year. What *will* the man drink? Which of these two roads *shall I take?* I *shall do* it with much pleasure. *May I be permitted* to inquire if you have had good news from the duke? You *will find* the prices at the hotels very reasonable, but the rooms are not clean. Where *shall we stop* to breakfast? When I am hungry, what *am I to eat?* My friend, you *will breakfast* with me this morning. I *will give* you ten dollars, nothing more.

LESSON CXCVII.

I HAVE JUST—ACABO* DE.

Acabáva de vir, quândo.	He *had just* come, when.
Acábo de o fazêr.	I *have just* done it.
Chêgo *agóra mêsmo.*	I *am just* arrived.
Acabádo de publicár-se.	*Just* published.
Acabávão de concluír.	They had *just finished.*
Acabáva V. S. de saír.	You were *just* gone out.

Acábo de tomár úma chícara de café. Tórne a vír cosêr, quândo acabár* de brincár. Acábão de entrár. Não *fáço máis que chegár* da Criméa. Os Musulmânos *acabávão de conquistár* aquélla párte da África. O nôvo emír *acabôu de avassallár* o résto da Península. Que hóras são? *Acábão de dar* nóve. Os Judêus *acabávão de* recebêr a lêi. O pêixe *acába de chegár.* Êste catálogo *acába de sêr* publicádo hôje mêsmo. *Acabávamos de* comprár a cása quândo lhe pegôu o fôgo. *Acabándo de* dizêr isto.

The mail has *just* arrived. I have *just* told you. *Just published,* a History of Portugal, by A. Herculano. They *had just finished* a beautiful drawing of the fortress, when a shot was fired. I am sorry I cannot dine with you, as I have *just finished* lunch. In reply to your kind letter, *just received.* The books, to which I refer, have *just been published* by Silva. The allies have just succeeded in forcing the Russians to evacuate part of Sebastopol. We had *just bought* the house, when it took fire. The lady *had just gone out,* when I called. *Having just said* these words, he expired.

* This idiom literally means, "I *finish* of doing;" and resembles the French, "Je viens de faire."

LESSON CXCVIII.

OUGHT—DÉVO, DEVÍA.

Dévo fazêr o mêu thêma.	I *ought* to do my theme.
Êlle *déve* estár aquí.	He *ought* to be here.
O vêrde *déve* ir-lhe bem.	Green *ought* to suit you well.
Não *dévo* duvidár.	I *ought* not to doubt.
O que *devía* dizêr.	What I *ought* to say.

Devêmos trabalhár e não brincár. V. M. *déve* pensár ántes de fallár. Aquêlle que não quer trabalhár não *déve* comêr. Não se *déve* deixár pâra ámanhã aquíllo que se póde fazêr hôje. A que hóras *deverêi* estár prômpto? Eu não duvído, nem *dévo* duvidár. Na guérra o rêi *déve* sêr o defensôr dos póvos. É cérto que se fôsse verdadêiro, *devía* sêr adoptádo. O nôme do Sr. F. *déve* sêr-nos tão cáro, côrmo se fôsse o de um compatrióta nósso. Êste catálogo que *déve* considerár-se côrmo um supplemênto.

These boys *ought* to work, and not to play. Every one *ought* to think before speaking. He who will not work, *ought* not to eat. This book *ought* to be considered as an answer. If my plan is good, it *ought* to be adopted. The interests of these children *ought* not to be sacrificed. Such people *ought* not to be admitted into good society. He neither doubts, nor *ought* to doubt. At what hour *ought* the boat to be ready? The king *ought* always to be the defender of his country. That *ought* never to be left for to-morrow, which can be done to-day. You *ought* to go to Madeira in time.

LESSON CXCIX.

MUST—DÊVO, SÊR PRECÍSO, É MISTÉR, ETC.

Dévo comêr.	I *must* eat.
É *precíso* que êlle *séja* dôudo.	He *must* be mad.
É *mistér* separár-nos.	We *must* part.
Precíso levantár-me.	I *must* rise.
Precíso que me fáça, etc.	You *must make* me, etc.

Agóra *déve* tomár úma chícara de café. *Precíso* lavár as mãos. *Precíso* ir-me embóra. É *precíso* írmos vestídas em côrpo. *Dévo* tomár á dirêita ou á esquêrda? *Dévo* fazêr aquíllo? Calçarêi as bótas, porque *déve* fazêr lâma. Será *mistér* que me fáça ôutro par. Será *precíso* que eu léve a comída ámanhã? Élles *dévem* têr víndo mui môços pâra a Inglatérra. *Devémos* morrêr tôdos. É *mistér* que léve êste rol. *Precíso* que ísso *estéja* prômpto pâra quínta-fêira. A que hóras *deverêi* estár prômpto? *Déve* sêr um prazêr régio.

I *must* write. You *must* cut my hair. They *must* learn. He *must* have been a handsome man. If you do not wish to lose the friendship of your uncle, you *ought* to act otherwise. He *must* be a fool, when he acts in that manner. We *must* part, for the steamer goes in an hour. You *must* make me a pair of stout boots. Now, you *must* take a glass of wine and water. I *must* wash my hands. We *must* go in full dress. *Must* I take the right hand or the left? At this price they *must* be very good. What *must* be given to the coachman?

LESSON CC.

THERE IS, HERE IS—HA, TEM, EIS-AQUÍ.

Ha um hómem.	*There is* a man.
Havía um soldádo.	*There was* a soldier.
Não *ha* perígo.	*There is* no danger.
Não *tem* préssa.	There is no hurry.
Ha sêis mêzes que estôu aquí.	I have been here six months.
Não *ha* quem o vêja.	You are quite a stranger.

Ha dôis ânnos que o não vêjo. Três dias *ha* que eu a vi. *Ha* múito têmpo que não tênho o gôsto de vêr a V. S. *Ha* algúma côusa de nôvo? Não *ha* têmpo a perdêr. *Ha* cártas pâra mim? Dêvo têr úma cárta no escanínho. *Eis-aquí* líndos aventáes de sêda. Aquí os *tem* lindíssimos. *Eis-aquí* o que eu aborrêço. *Ha* algúma esperânça? *Eis*-me *aquí*. Náda *ha* tão perigôso cômo a má companhía. *Eis-aquí* um amígo mêu. *Ha* hómens. Que têmpo *ha* que V. S. está no Funchál? *Ha* um mêz que êlle está doênte.

There will always *be* poor in the world. If there *should be* any one—. If there *were* but two horses. How long have you *been* in Oporto? *There is* nothing so injurious to the invalid as excitement. She has been very ill *for* two months. Cronstadt is one of the strongest fortresses that *exist*. *There is* no hurry. I shall send it to-morrow. *Here are* some very fine books for sale. *Is there* anything new in the paper to-day? *Are there* any letters for my father? I have been five years in the island.

LESSON CCI.

ADVERBS OF PLACE.

Ônde? por ônde? aônde? para ônde? embóra?	Where? which way? whither away?
Aquí, ahí, d'ahí, alí, por aquí.	Here, there, thence, yonder, this way.
Além, cá, lá, acolá, arríba.	Beyond, here, there, over there, up.
Cêrca, dêntro, fóra, diânte, atrás.	Round, within, out, before, behind.

Ónde é a cása de—? Vénha *cá*. Vá-se *embóra*. Eu *aquí* estôu bem. Vênha *por aquí*. Vá *por ahí*. Pásse *por alí*. Vênha *d'aquí a pôuco*. Vamos a pé até *lá*. Por *ônde* vâmos? Eis-*aquí* úma línda vísta. Ha cínco ânnos *pára-cá*. Não se môva *d'ahí*. Fíque *ahí*. Voltêmos *pára tráz*. Aônde vái o rapáz? *D'aquí* a algúns días. Tórne *atráz*. *D'aquí pára alí*. *Aquí dêntro*. *D'aquí* por *diânte*. *Déntro* em três días. Tem saído *fóra*. Tênho gênte de *fóra*. Jânta *fóra*. Mandár alguém *adiânte*. De *hôje* em *diânte*. Deixár alguêm *atráz*. *Além* d'ísso.

Where is the church? Let us go *on horseback*. *Here* is a beautiful watch. *Where* is your master? Stay *here*. He goes *out*. My friend lives *there*. *Which way* did he go? *From hence forward*. He has *company*. My friend is dining *out*. *Besides this*. The church is *far* from this. Near land. It is *near* mid-day. The gentleman is not *within*. *Nearly* five years ago. I shall return *within* three weeks. My master dines *out* to-day, not *far* from this. Let us go *up*. He went *down*. After that, he went *away*.

LESSON CCII.

ADVERBS OF TIME.

Quândo, algúmas vêzes, dêsde.	When, sometimes, since.
Sêmpre, cêdo, tárde, pâra sêmpre.	Always, soon, late, for ever.
Núnca, tântas vêzes, múitas vêzes, ráras vêzes, ôutra vêz.	Never, so often, often, seldom, again.
Agóra, ântes, depôis, então.	Now, before, after, then.
Hôje, hôntem, hôntem pêla manhã.	To-day, yesterday, yesterday morning.

Quândo vái o vapôr? Apênas tínha saído, *quândo* a cása caíu. *Hôje* em día. De *quândo* em *quândo*. *Dêsde* então. Devêmos *sêmpre* fazêr o nósso devêr. Múito *cêdo*. Amár pâra *sêmpre*. Ouví-o dizêr *outr'óra*. Eu *ántes* querería nózes. Vái-se fazêndo *tárde*. *Máis* do que *núnca*. *Agóra* quér uma côusa, *agóra* quér ôutra. *Ántes* morrêr que sêr traidôr. Voltêi três mêzes *depôis*. *Hôntem* foi día sânto em tôdo o logár. Levânte-se *já*. É *já* têmpo. *Já* vou. *Já se foi* o sêu méstre? Estíve *lá hôntem* pêla manhã. *Lógo* vou. *Lógo* que recebêrdes ésta, vinde vêr-me.

When does he return? He had *hardly* gone, *when* he fell. I see him *from time to time*. *Till now*. He will *rather* die, than work. He is *sometimes* in town in the morning. *Always* get up early. *Since* then I have *seldom* seen him here. I shall write to you *to-day*, or *to-morrow*. It is growing *late*, I must go home. He will give it you *now*. *Yesterday* was the first day of the month. He prefers fish. It is time to write that letter. I am coming *directly*. *As soon as* he died. *Formerly* so full of life.

LESSON CCIII.

ADVERBS OF QUANTITY AND NUMBER.

Tão quão; úma vêz, dúas vêzes.	So as; once, twice.
Múi, máis, mênos, tânto quânto.	Much, more, less, as much as.
Assás, apênas, tânto quânto, demasiádo, em quânto.	Enough, hardly, so much as, too much, while.
Quási, de nenhúm módo, só.	Almost, not at all, only.
Cêrca, ás vêzes, as máis das vêzes.	About, at times, most frequently.

Não vá *tão* depréssa. *Tão* álto e *tão* brânco. *Tânto* melhór. *Tânto* peiór. *Tânto* por *tânto*. Se êlle fôsse *tão* prudênte *quão* atrevído. Fiz ísso três *vézes*. Nem *máis* nem *mênos*. Quér comêr *máis?* São *quási* déz hóras. *Quânto* léva pêla passágem? *Múi* agradável. Pôuco *máis* ou *mênos*. Não se ácha *mênos*. Adiantár-se-ha *quânto* podér. *Quânto* em mim fôr. Defêndo-o *quânto* pósso. *Emquânto* a êste hómem O castígo paréce-nos *demasiádo* sevéro. *Emquânto* durár o múndo. Ha *quási* um mêz. *De máis a máis*. *Emquânto* ao *máis*. Comprído de *máis*.

He goes *too* fast. This man is *so* tall. If you come with us, *so* much the better. If she were *as* good *as* she is beautiful. He is sixty years, neither *more* nor *less*. I found myself *minus*. *How* much did you pay for this book? He will write *as* much *as* he can. *As to* this country, I think it beautiful. *While* the world lasts, there will be good and bad men. I shall help you *as far as* in me lies. It is *nearly* a year. I have *not even* a dollar. It is *almost* 4 o'clock. His conduct is *not at all* agreeable. *So much* the worse. The cholera raged, *so that* it threatened to destroy all.

LESSON CCIV.

ADVERBS OF MANNER AND QUALITY.

Sim, certaménte, na verdáde.	Yes, certainly, indeed·
Não, aínda não, náda, náda ménos.	No, not yet, nothing, nothing less·
Assím, por acáso, assím mêsmo.	So, by chance, just so.
Cômo, bem, mal, melhór, peiór.	How, well, ill, better, worse·
Talvêz, póde sêr, porventúra.	Perhaps, may be, per chance·
Devagár, depréssa.	Slowly, fast·

Crêio que *sim*. Dígo que *não*. Façâmos *assím*. Élle *não* me dísse *náda*. *Não* o crêio. Aínda *não* acabôu? *Cômo* diz V. S.? *Não* lê bem. V. S. *não* ânda náda. *Cômo* se châma ísto? Élle fálla *devagár*. *Talvêz não* sêja necessário. *Múito bem*, estarêi prômpto. Estímo *múito* que *assím* acontecêsse. *Cômo assím? Assím* sêja. *Cômo* quér que sêja? Morrêr *cômo* militár. Ferído *cômo* estáva, fallôu. *Ora bem. Bem pôuco. Múito bem* fêito. De *mal* pâra *peiór*. *Mal* dispôsto. *Não* ha náda melhór. *Cáda vêz melhór*. Está *peiór*. *Não* póde sêr. Vâmos *devagár*.

I say *so*. I believe *not*. Let him do *so*. I cannot go *yet*. The boy does not write *well*. *Perhaps* he will return to-morrow. *So* be it, I am *quite* ready. He wishes to die *as* a soldier. Ill *as* he was, he wrote a long letter. There is nothing better than pure water. Let us go back *quickly*. He grows *better* and *better*. *Whatever be the case*, I must go to Lisbon. The work is *very well* done. I am glad that he is *so well*. Go *quickly*. I have *not* seen it *yet*. Let him do *so*. The work is *very well* done. The poor are behaving *worse* and *worse*. Charles does not speak *well* in public.

LESSON CCV.

ADJECTIVES USED FOR ADVERBS.

Sínto *infiníto*.	I regret *very much*.
Ráro pregáva.	He *rarely* preached.
Dísse élla *báixo*.	She said *in a low voice*.
Dóce tânges, *dóce* cántas.	*Sweetly* thou playest, *sweetly* singest.
Fálla *cláro* e *distíncto*.	He speaks *clearly* and *distinctly*.
Falláva *ríjo*.	He was speaking *aloud*.

Desprezândo *ingráta* e *descuidáda* os mímos com que foi dotáda. Quêira V.S. aceitár *benígno* a expressão de mêu sincéro louvôr. Úma tal sociedáde é a sentinélla que vigía *cautelósa* em tôrno, etc. Tênho a hônra de dizêr-lhe que me aproveitarêi *gostôso* dos sêus offerecimêntos. Sentíndo *infiníto* a dôr que tão justamênte afflíge a V.S. Mínha mulhér se reconhéce *agradecída*. Fólgo *infiníto* de ter uma occasião de ser útil a V.S. Éllas vivíão *segúras* e *quiétas*. Sentíu *infiníto* a mórte do sêu amígo. Êlle fálla *báixo*.

Will you *kindly* accept this trifle? I rejoice *extremely* to have it in my power to be of use to you. I shall avail myself *with pleasure* of your kindness. He watches *carefully* around. The monk *rarely* preaches. I grieve *very much*. Despising *ungratefully* the offers I made. I feel *very much* the grief which, etc. He spoke *very slowly*. I rejoice *much* to hear of your good fortune. He lives *quietly* and *securely* in a cottage. Will you *kindly* excuse the trouble I give you? I shall avail myself *gratefully* of your kindness.

LESSON CCVI.

PHRASEOLOGY OF ADVERBS.

Cú e lá, por óra.	Hither and thither, at present.
Pâra cá e pâra lá, sôbretúdo.	Up and down, above all.
Já lá, já agóra, já então.	Done with, now, even then.
Já ha días, já já ; já já.	Some days ago, quickly; yes, yes.
Aquí dêntro, até aquí, até ahí.	Within, to this, to that time.
Aínda não, algúm tânto.	Not yet, rather.

D'ha cínco ánnos *pâra cá*. *Désde então pâra cá* sêmpre cri que, etc. A história dos têmpos que *já lá* vão. Éstas bótas são grândes *de máis*. As sólas não são *bastânte* fortes. *D'aquí* a três mezes. Ísso *já lá* vai. *Lá* se foi túdo. *Já lá* vai o têmpo. *Já já* me lêmbro. Ísso *hôntem* sería bom, *já agóra* é supérfluo. Vá *já já!* Aquí jaz. *D'aquí* a algúns días. *D'alí* a dôis días. *Ao lônge* pêlos câmpos. *D'ahí a pôuco* parecêu-me ouvír a vóz. *Já* chóra, *já* se ri *já* se eufuréce. O Alcântara, sôbre o qual *já então* havía uma pônte, *pôuco máis ou ménos* cômo a de hôje.

Go very *quickly*. *Some* days hence. *Now* I remember. The *higher* you go, the *colder* it gets. This dress is *rather* short. Three months *hence* I shall go to England. He promotes *directly* or *indirectly* the instruction of the people. *Morally* and *socially* speaking. *Some days ago*, I was walking in the Praça. Yesterday food would have been welcome; *to-day* it is useless. *Even then* there was a bridge and a small house. I cannot go *at present*. This paper is *too* large. The soles of my boots are not strong *enough*. They will go to England *within* three months. The history of days *gone by*.

LESSON CCVII.

ADVERBIAL PHRASES.

Apénas, mal, tânto que.	*As soon as,* hardly.
Tánto que êlle sepultôu sêu pai.	As soon as he had buried his father.
Vêiu vêr-m *eassím* que chegôu.	He came to see me *as soon as* he arrived
Em chegândo á pórta.	*As soon as* I had arrived.

Êlle corrêu a mim *apénas* me avistôu. Élla *apénas* o víra desapparecêr no árco, saíra detráz do repostêiro. *Apénas* descavalgôu, dêu várias órdens. Êlle foi roubádo pêlos Berberêscos, quândo *apénas* contáva cínco annos. "Mêu criádo" gritôu Brítes *apénas* me víu. *Apénas* chegôu a Túnis, fôi êlle comprádo por órdem do bêi. *Mal* se pódem lêr sêm horrôr. O béstêiro *apénas* entrôu encaminhôu-se pâra úma chaminé. Os recúrsos do pastôr *apénas* chegávão pâra sustentár as creânças.

As soon as he had dined, he went out. They could *hardly* stand. They hesitated, *as soon as* they saw me. *Hardly* had the horse come, when he was bought. *No sooner* had they left the regiment, *than* they became the victims of the guerillas. The soldier *no sooner* entered the room, *than* he took a seat near the fire. If I do not get up *as soon as* I awake, I fall asleep again. He had *hardly* entered the house, when the assassin stabbed him. *No sooner* had the ship struck, than all order was at an end. He lost his sight, when he was *hardly* six years old. He paid the money *as soon as* he came.

LESSON CCVIII.

SENÃO, ETC.

Senão,* mênos, só, não mais do que.	Except, less, only, only.
Ninguêm *senão* mêu pái.	No one *but* my father.
Mais náda *senão*.	Nothing more, *except*.
Túdo, *mênos* úma affrônta.	All *but* an affront.
Não tênho *senão*.	I have nothing *but*.
Não tem *máis do que* dizêr.	You have *only* to say.
Não ha formósa sem *senão*.	No beauty without a *but*.

Eu esquécêr-me-hía de túdo *mênos* de um amôr púro e ardênte. Não se está *senão* ao pé do lúme. Êlle não tem ôutra cúlpa *senão* a de têr obedecído á lei do prophéta. Ninguém nos vê *senão* Dêus. Não tênho *senão* papél ordinário. Túdo é merecedôr de respêito, *mênos* o infelíz que vos fálla. Não achêi *senão* hómems. Não espéro *senão* pêlas súas órdens. Não fáço ôutra côusa *senão* tossír. Não é *senão* um águacêiro. Não faz *senão* conversár. Não quéro escrevêr *senão* um bilhête. Não entrêi *senão* pâra sabêr cômo estáva V. S.

It is nothing *but* water. I *only* eat twice a day. A miserable system is that of those who admit no *other* light *than* that of reason. We have here *but* five loaves. It is nothing *but* an invention. This excellent man had *nothing but* a limited income. The letter contained *nothing but* the usual words. During the whole three days, I did *nothing but* write to Laura. He leaves nothing *but* ruins. He knows no mother *but* me. He has nothing *but* an old coat. They have *only* a very small salary. He had no fault *but* laziness.

* "*Se não*" means *if not*; as, "Êlles móstrão *se não* mútua amizáde, ao mênos mútuo respêito."

LESSON CCIX.

THAT—DE QUE.*

Sem se lembrárem *de quê*.†	Without remembering *that*.
Éste será o signál *de que*, etc.	This shall be the sign *that*.
Não sou dígno *de que* êntres na,etc.	I am not worthy *that* you, etc.
Não ha *de quê*.‡	*That* is nothing.
Péça que lhe dêem *de** bebêr.	Call for something* to drink.

Com a *differênça de que* o período cônta-se por ánnos. Recordêi-me *de que* já nem pái nem irmã tínha. Élle dáva visíveis signáes *de que* o sêu coração não estáva serêno. Avisá-lo-hêi *de que* déve comparecêr. Queixávão-se os póvos *de que* o abbáde mandáva, etc. Vásco tremía *de que* o segrêdo fatál lhe escapásse. Tôdos se queixávão *de que* os têmpos não érão prósperos. Está cérto *de que* os lençóes estêjão bem sêccos? Sem se lembrarem *de* que o médico disse hóntem a tárde. Sínto múito queixár-me *de que* o secretário escrevêu. Estôu perfeitaménte segúro *de que* estôu dizêndo a verdáde.

He remembered *that* he had invited the general and two friends to dinner. I am not certain *that* the sheets are dry. He will convince himself *that* his faith is weak. Without my remembering *that* the man had gone. This shall be the sign *that* I send thee. If I remember *what* the old man told us. Impressed with the conviction *that* associations are a powerful element, etc. I am convinced *that* your creditor will not pay the £50. Be sure *that* the bed is well-aired. I remembered *that* he had lost his brother at Cawnpore.

* *De*, etc. *De que* often means "*something*," as, "Dê-me *de que* bebêr*," Give me *something* to drink.

† *Que* is pronounced *quê* when it finishes a sentence, as in *Não ha de quê;* otherwise it is pronounced *que* (*e* mute), as in *Não sou dígno de* que *êntres na*, etc.

‡ Equal to "Pray don't mention it;" or, "It's not worth mentioning."

P

LESSON CCX.

PREPOSITIONS OF EXISTENCE AND STATE.

Em.	In, on, at, into.
Sôbre, sób, êntre.	Upon, under, between, an, at.
Ante, após, côntra.	Before, after, against.
Com, sem.	With, without.
Dêntro de.	Within.

No invérno. *Em* cása. *Em* guérra. *Em* méthodo bréve. *Em* consciência. *Em* pônto. *Em* Lôndres. Está *em* si. Ficôu *em* térra. Estíve *em* Áfríca. Vai *em* búsca d'êlle. *Em* punição dos sêus peccádos. *De* um *em* ôutro. *Em* acabândo, irêi. *Nos* nóssos têmpos. *De* rúa *em* rúa. Está *sóbre* a mêsa. *Sóbre* lônga consideração. Tóma *sóbre* si a cúlpa. *Sób* a figúra de Mentôr. *Sób* sêu ampáro. *Éntre* úmas árvores. *Éntre* nós fique o segrêdo. Lê a cárta *éntre* si. Fa-lo-hêi *com* prazêr. *Sem* ceremónia. *Com* tântas attenções. *Ante* os ólhos.

At all times. *In* Paris. *In* England. *From* door *to* door. Straws formed *into* a flower. *In* three days. It is *in* the drawer. *In* proof of his friendship. *Above* our strength. The Queen reigns *over* the people. The war *in* Asia. He went *from* one *to* the other. The book is *on* the table. Having dined, I shall go out. Your friend is not himself. He will do it *with* much pleasure. He will pay *in* advance. The man voted *against* me. *Without* saying a word. *Without* delay. *Without* reason. He dines *at* the inn. He is *at* home. *Amongst* friends. I shall be there *within* an hour.

LESSON CCXI.

PREPOSITIONS OF ACTION.

De; dêsde; por.	Of, from, by, than; since; by.
Por.	Through, by means of.
A; até; pára.	To, at; till; for; towards.
Até êsse pônto.	So far.
Pára com.	Towards.

Péço-lhe *por* favôr. *Pélas* súas órdens. *Da* mínha párte. Se êu viér *por* Coímbra. Vêiu *de* França. *Da* choupâna *ao* palácio. Em *ménos* de três ânnos. *Em* vásos *de* metál. Chêio *d'*água. O póbre *do* hómem. Pórtas *de* ôuro. É *de* Lisbôa. Edição *pára* úso do Collégio. Êlle saíu *de* cása. *Désde* então. *Désde* as três hóras *até* ás quátro. *De* día. *Capáz de* ensinár. Vivêr *de* pêixe. Saltár *de* alegría. Diânte *de* mim. *De* madrugáda. Êlle se apárta *do* sêu devêr. *De* Funchál *a* Machíco ha três léguas. A juízo *do* cirurgião. Irêi *a* Lôndres.

A marble statue.* A writing master. I learned it *by* heart. One *by* one. *From* Madrid *to* Lisbon. *Till* that moment. He must go *to* Santarem. *From* man *to* man. The thief *of* a boy! I shall return *through* Germany, *in* less than four months. Your friend is *from* Spain. *At* 3 o'clock. He is *of* a good family. A wind-mill. They live *on* fish. *In* the opinion *of* the lawyer. From Funchal *to* the Mount. He will go *to* Braganza. I must do my duty *towards* my pupils. *Since then*, I have not seen him. The poor woman!

* Such forms are translated as if "statue of marble."

LESSON CCXII.

USES OF PÁRA.

Vái *pára* França.	He is going *to* France.
O amôr *pára* com o fílho.	Love *for* the son.
Trabúlho *pára* ganhár.	I work *to* gain.
Pára o día seguínte.	*For* the following day.
Está *pára* partír.	He is about *to* start.
Múito bom *pára* um principiânte.	Very good *for* a beginner.

Vou *pára* Lisbôa. Vái pára cása d'êlle. Está *pára* chovêr. Quéro os sapátos *pára* hôje. Habilidáde *pára* as lêttras. *Pára* dêntro do mar. Uma viágem *pára* as Índias. *Pára* confirmação d'ésta verdáde. Tênho hóra dáda *pára* tratár de negócios. Dêus sábe *pára* que. *Pára* a ôutra vêz. Vou tocár *pára* sabêr. Água quênte *pára* lavármos as mãos. *Pára* címa. Êlle não présta *pára* náda. *Pára* que V. S. o sáiba. De mim *pára* mim. Ha ôito *pára* nóve ânnos. Ólhe *pára* mim. *Pára* a ôutra párte. Vestídos *pára* os hóspedes.

This house is *for* the countess. This pencil is *for* drawing. He is strong enough *to* walk. He is not the man *for* that. A house *for* the poor. John works *for* the public good. *On* the other side. *Towards* the end of the month. Much advanced *for* his age. We are just going *to* start. He is gone *up*-stairs. They have gone *down*. *Towards* the south. *For* the future. A child *of* 8 to 10 years. Four or five leagues *off*. A remedy *for* all diseases. He went off *to* France. This book is *for* a beginner.

LESSON CCXIII.

USES OF POR.*

Os máles causádos *por* João.	The evils caused *by* John.
Por tôda a Ásia; *por* pórta.	*Throughout* Asia, *through* the gale.
Por ânno, mêz, semâna, día.	*Per* annum, month, week, day.
Por déz ânnos, *por* culpádo.	*For* ten years. *As* guilty.
Fêito *por* fôrça, *por* vergônha.	Done *by* force, *out of* shame.
A óbra está *por* fazêr.	The work is *not* done.

Por agóra. Ir *por* vínho. Palávra *por* palávra. Trocár vínho *por* azêite. *Por* dôuto que sêja. *Por* mim, ficarêi aquí. *Por* tôdo o rêino. V. S. não o terá *por* mênos de déz patácas. Eu passarêi *por* Portugál. A razão de vínte *por* cênto. Deixárão-n'o *por* môrto. Eu tênho-o *por* mêu amígo. *Por* mar e *por* térra. Vái *pêlo* médico. *Por* exêmplo. *Por* invéja. *Por* tôda a vída. Reputádo *por* sábio. Á nôite irêi *por* súa cása. Péço-lhe *péla* nóssa amizáde. Um vále *por* múitos. Eu intercedí *por* Scipião. A óbra ficôu *por* acabár. *Pélas* dúas hóras da tárde.

For the space of a year. *For* money. *For* 160 dollars a year. *By the* force of friendship. *By* this letter. We must go *for* water. He exchanges wine *for* bread. As *for* me, I shall go. I'll not give the book *for* less than 5 dollars. He pays at the rate of 10 *per* cent. He returns to Germany *by* France. I shall call on you about 4 this afternoon. We must send *for* the doctor. However rich he may be. Done *by* John. £50 *per* annum. *For* many ages. *For* two pounds. *Out of* spite. He translates *verbally*. The robbers left him *for* dead.

* "*Pór*" is a verb; "*por*," a preposition.

LESSON CCXIV.

PREPOSITIONAL PHRASES WITH "DE."

Antes,* diânte,* dêntro, detráz.	Before, before, within, after.
Debáixo, em címa (a címa), álem, atráz.	Under, upon, beyond, behind.
Defrônte, ácêrca, á róda, em róda.	Facing, about, round, around.
Depôis, ao redór, em tôrno, ao lôngo, abáixo.	After, round, in turn, along, below.

Antes do sêu nascimênto. *Antes* de quínta fêira. *Diânte* de mim. *Diânte* do Rêi. *Dêntro* do sêu palácio. *Dêntro* do mêu coração. *Dêntro* do ânno. *Dêntro* da cidáde. *Detráz* da pórta. *Detráz* do palácio. *Álem* d'ísso. Lêia *diânte* de mim. *Debáixo* da mêsa. *Depôis* de cêia. *Depôis* de tântas proméssas. *Depôis* de Cícero. *Depôis* d'âmanhã. *Depôis* de jantâr. *Fóra* da cása. Estár *defrônte* de ôutro. Na *róda* do ânno. *Fóra* da gráça. *Fóra* de perígo. *Fóra* de têmpo. *Acêrca* do múro. *Acêrca* d'êste negócio. *Pérto* do río. *Pérto* de três hôras.

Before the creation. *Before* the house. He stood *before* the fire. *After* the flood. *Behind* me. *Within* the house. *Out of* the kingdom. *Out of* town. *Out of* doors. *Beyond* measure. *Behind* the house. *Under* the chair. *After* dinner. *After* so much work. *Near* the house. *Facing* the church. He went *round* the house. *Along* the sea-coast. *Over* his head. *Upon* the table. *From off* the chair. He sat *below* them. He is *out of* danger. I told him *about* this. *Near* 10 o'clock. *Beside* me. *From* beyond the river. *Beyond* sea. *Under* the show of friendship. *Before* breakfast.

* "*Antes*" is *before* as to *time;* "*diante*" is *before* as to *place* or *person*.

LESSON CCXV.

PREPOSITIONAL PHRASES WITH "A."

Júnto.	Close.
Pegádo, na cása pegáda.	Near, next door.
Quânto.	As to.
Até.	Till.
Confórme, segúndo.	According to, suitable.
Tocânte.	Touching.

A mínha cása está *júnto* á súa. *Júnto* á cidáde. *Pegádo* ás côusas do múndo. *Pegádo* aos jardíns de César. *Quânto* á dispúta. Tríste *até* á mórte. Ísso agráda *até* aos brútos. Ingráto *até* ao pái. *Désde* as déz hóras *até* ás ônze. *Até* aos ólhos. *Até* á priméira. Julgôu *confórme* ás lêis. Vivêr *confórme* aos dictâmes da razão. Náda sêi *tocânte* ao assúmpto. *Segúndo* S. Jerónymo. Na cása *pegáda* á mínha. *Júnto* ás márgens do már. Esta lísta será *júnta* aos estatútos. *Quânto* a êsse pônto. *Confórme* á lísta do governadôr.

Till the month of June. *As to* this subject. *According to* your orders. *According to* the promise he made. He knows absolutely nothing *in relation to* the subject in question. The governor's palace is *near* the fortress of St. George. The prince was ungrateful, *even* to his father. *As to* the dispute, I think I shall leave it in the hands of the governor. I shall stay at home *till* 4 o'clock. His quinta (villa) is very *near* the sea-shore. I know nothing *relative* to the subject of which you speak. We ought to act *according* to the dictates of reason. You must judge *according* to the laws.

LESSON CCXVI.

PREPOSITION WITHOUT "A" OR "DE."

A, até.	At, till.
Com, confórme, cóntra.	With, according to, against.
Durânte, de, dêsde.	During, of, since.
Êntre, em, segúndo, sálvo.	Between, in, according to, except.
Pâra, por, perânte, sôb.	For, by, before, under.
Sôbre, trúz, sem, tocânte.	Upon, behind, without, about.

Vou *a* Lôndres. Não chegarêi *a* têmpo. Não sêi montár *a* cavállo. D'aquí *a* três días. *A* sêu gôsto. *Ao* princípio. Êlle foi *a* cása. Cára *a* cára. *Até* Rôma. *Até* ás orêlhas. Com a ajúda *d'*um amígo. *Com* cortezía. *Com* ármas prohibídas. *Confórme o* mêu parecêr. *Confórme o* sêu merecimênto. Fallôu *cóntra* mim. *Cóntra* a súa vontáde. *Durânte* o invérno. Vem *de* Lisbôa. Êlle foi a pé *dêsde* Funchál *até* Camácho. *Dêsde* o primêiro *até* o último. *Confórme* êste plâno. *Dêsde* o bêrço. *Sem* dinhêiro. *Pâra* mim. *Em* París. *Êntre* nós. *Perânte* o juíz.

I shall return *to* Spain. The house is *on* the right hand. He goes *on* foot. They travel *by* night. He lives *in* London. He speaks *with* elegance. According *to* their principles. The day after. According *to* his custom. I saw him face *to* face. Dinner is already *on* the table. *During* fourteen years. *To* the east and to the north. *Except* Arragon and Navarre. *Under* the feet. *According* to this plan. *According* to the indications. *From* that period. From the beginning *to* the end. He is *at* his ease. He lives *in* the English fashion. A man *between* 20 *and* 30 years of age.

LESSON CCXVII.

PREPOSITIONAL IDIOMS.

Em lhe morrêndo o pái.	*As soon as* his father is dead.
Não podêmos ir *de* bótas.	We can't go *in* boots.
Sem irmos vestídos *em* côrpo.*	Without going *in full dress*.
Precísa tomá-lo *em jejúm*.	It must be taken *fasting*.
Sem apparáto *nem* ostentação.	*Without* form *or* show.
Pélo que me tóca.	*As far as* I am concerned.

Precísa ir *de* sapátos. *Em* nóssa procúra. Um doutôr *em* lêis. Tomár *de* rênda. Pôr mãos violêntas *em* João. Bosquejár *ao* lápis. Vênde *a* pêso. Pagável *á* vísta. Gênte *havída por* incapáz de enganár. A 60 días vísta. *A* mínha espéra. Êlles góstão de orár *em pé* nas Synagógas. *Ao alcânce* de tôda a gênte. Não ha óbra, *por* grânde que sêja, que se não póssa encurtár. Servír *de* segúndo pái. *Em* eu *téndo* bôa câma. *Sem* mostrár vaidáde *nem* sobêrba. Caíndo *em* térra. *Em* acabândo, irêi. Os hómens *fêitos á imágem* de Dêus. Jantár *na* rúa.

He comes to (*em*) his assistance. *Blindfold*. *Waiting for us*. *Above* the level of the sea. *By* good fortune. From *sea to sea*. You must take that medicine *fasting*. Your brother is a doctor *of* laws. They laid violent hands *on* the treasures in the palace. You cannot go to court *in* boots. *In* search of you. To dine *in* the open air. I gave him a bill *at* 60 days' sight. This book is published at a price *within* reach of everybody. The General ordered the troops to march *at* night. He leaps *for* joy. I am dying *of* hunger. He is *bow-legged*. *As soon as* I have done, he may go.

* Literally, "in body."

LESSON CCXVIII.

PHRASEOLOGY—PREPOSITIONS AND NOUNS.

Á préssa, a ríos, aos cêntos.	Fast, in streams, in hundreds.
A logáres, á condição de que.	In places, on condition that.
Á pêna de, aos montões, á párte, a propósito.	On pain of, in heaps, aside, by the by (apropos).
Ao presênte, a têmpo, a miúdo, ao mênos.	At present, in time, often, at least.
Ás a véssas, a finál, a bórdo, á espéra.	Upside-down, finally, on board, in wait, or *waiting*.

Á fálta de chúvas. Môrto *á lânça*. Êste río *a logáres* tem 10 bráças *de fúndo*. Êlle descóbre *ao lônge* dôis hómens. Dêvo tomár *á diréita* ou *á esquêrda?* Fícame o pé máis *á vontáde*. Vâmos *á pé*. Vái *á róda* do múndo. *Ao próprio.* O rêi estáva n'êsse têmpo *na flór* da idáde. Com múito prazêr. *Á priméira vísta. A tôda a préssa. Ao princípio. Ao rompér* do día. Rio *a báixo. A propósito* do que V. S. diz. *Não obstánte ísto*, âmbos erão, etc. Eu estôu *na* câma, mas o vélho está *de* câma. Estâmos *á espéra.* Escréve *a propósito. Fóra de propósito.*

Round his heart. *Little by little* he lost all his money. *Down* the river. *Apropos* of what he was saying. They arrived *in time.* They all spoke *at once.* They went *on foot.* This river, *in places*, is very deep. The man is *in the prime* of life. The boat went *down the river. Notwithstanding* this, both were *in bed.* The men were *in hundreds.* He came *on purpose.* The fields suffer *for want of rain.* The ship has gone *round* the world. *At first sight*, he fled. *At* break of day the ship went *down the river.*

LESSON CCXIX.

PHRASEOLOGY—PREPOSITIONS, ADJECTIVES, AND NOUNS.

De propósito, — improvíso, — quândo em quândo.	On purpose, suddenly, from time to time.
De sálto, — vagár, — cór, — camínho.	By starts, slowly, by heart, on the away.
Em órdem, — fim, — címa, — cása.	In order, in short, above, at home.
De tôdo, sem fálta, em pé.	Quite, without fail, on foot, or standing.

Vestído *de* marinhêiro. *De* púra numanidáde me soccorrêu. De três *em* três días. *Em* címa de nós. As vágas accumulávão-se *em* sérras. Por báixo *de* cápa. *Em* fim élla lhe díz. *Em* quánto impórta ísso? Anda *de* galópe. Está *em* pé. *Sôbre* túdo. *Antes de* túdo. *Em* desórdem. *Em* porções. *Em* rebânhos. Na idáde *de* pôuco máis *de* vínte ânnos. O frásco virádo *de* bôca *pâra* báixo. *Em* primêiro logár. Êlle está *em* cása. *Sem* têrmo. *Sem* limítes. *Em* úma palávra. *De máu grádo.* Não podémos ir *de bótas* nem as senhôras *de chapéu*. Pásse *múito bem*.

He was dressed *as* a soldier. *From* six *to* eight years. It is raining *above* the sea. I see the waves *in* mountains. Go *slowly*. Send the books to me, *without fail*, to-morrow. I am in *doubt*. He is not *at home*. I stand *sentinel*. It lies *at* the bottom. He was *in* danger of being drowned. The poor fellow *is beside himself*. What news? I shall see him *on the way*. Go *in peace*. I am *in earnest*. I know him *by sight*. He knows me *by name*. With haste. *In place of* that word. He went to the ball *in boots*. They were dressed as sailors. The child went *on all fours*.

LESSON CCXX.

PHRASEOLOGY—PREPOSITIONS, ADVERBS, AND NOUNS.

Pâra címa, — báixo, — diânte, -trás.	Above, below, before, behind.
Pâra então, pâra òutra vêz.	By then, next time.
Pâra cása, — fóra, — dêntro.	Home, out, in.
Porventúra, — costúme, — címa.	By chance, — custom, above.
Por mêdo, — amôr, — favôr, — ísso.	For fear, — love, by favour, therefore.

Vou *pâra címa*. Vâmos *pâra báixo*. Vá máis *pâra diânte*. Máis *pâra tráz!* Está pâra saír *pâra fóra*. Sem tomár *por ísso* o título. O lívro está *lá em címa*. Múito *pérto*. Hôntem de tárde. Hôntem pêla manhã. *Depôis* d'ámanhã. *Antes* d'hôntem. Ha múito têmpo. *Por* metádes. *Só* por êste mêio. Amanhã pêla manhã. *Máis adiânte*. *Antes* máis que mênos. *Pâra então já* terêmos acabádo a óbra. Os cabêllos atádos *por tráz*. *Por* éssa razão. Vâmos *pâra cása*. Anda *pâra diânte*. Tênho-o *por ignorânte*. Não o tênho *por dôido*. Pásse *por lá*. *Só* por *só*.

I am going *up-stairs*. They are going *down*. He is *out*. They will go *out*. I went *yesterday morning*. He will return *to-morrow morning*. I consider them mad. Go *more that way*. Further back. I must go *home*. At last he went *in*. The man is *very near*. *For fear*. I believe them *mad*. He *considers* me *ignorant*. *For* the same reason. *For want of* space. *On account of* indisposition. The boy is *up-stairs*. Go *on*. *Above* the water. *By chance*, he fell into the water. Let us go *up-stairs* to the library. They *consider* him rather foolish.

LESSON CCXXI.

PHRASEOLOGY—CONJUNCTIONS.

Assím assím, assím sêja, cômo.	So so; so be it; as.
Aínda quândo, aínda agóra, de módo que.	Even when, but just now, so that.
Não só, mas tambem.	Not only, but also.
Não só, mas até; não—senão.	Not only, but even; only.
Com tânto que.	So that.
A sabêr ísso; a sêr assím.	If I had known it; that being so.

Assím na paz cômo na guérra. *Assím* êlle quêira. *Com tânto que. Emquânto* ao que. *Porém* com túdo ísso. *Pêlo contrário. Cômo quér* que. *Tânto máis.* A *não sêr ísso,* teria sído o sêu amígo. *Aínda agóra* chegôu. Êlle residíu *quási sêmpre* em Portugál. Fábulas recebídas *não só* pêlos chronístas, *mas até* pêlos historiadôres. *Então, múito embóra. Assím cômo tambem* declaráva. *Assím* se resolvêu. É máis duvidôso *aínda.* Cabêllos espêssos, *pôsto que* já grisálhos. Escrevía *cômo* falláva. *Assím* cômo *appareceu. Assím cômo assím,* estôu decidído a casár.

So that he was seldom able to work. It is *but* 12 o'clock. Why *so?* They are not *so.* His leg is but *so so. But for* him, I should have lost my life. *But yet,* Madam. He will find *but* very few. *But even* kings must die. May he do *so* to me, and more *also.* A courtier and a patron *too.* If, *however,* you cannot go. This is *still* more doubtful. *Not only* praised by the people, *but even* honoured by the king. *On the contrary,* I shall remain at home. *As* he also promised. I should not go, *knowing* this. The man wrote *as* he spoke. *Even when* I went away, he was not satisfied.

LESSON CCXXII.

NOUNS REQUIRING "DE" OR "A."*

Mêio, favôr, hônra, gôsto, prazêr, bondáde, idéa, cáso.	Means, favour, honour, pleasure.
Esperânça, necessidáde, defensão.	Hope, need, defence.
Consequência, resolução, certêza.	Consequence, resolution, certainty.
Resistência, aversão, obediência.	Resistance, aversion, obedience.

No *mêio de* úma existência de contínuos combátes. O *pensamênto de* fugír. No *cáso de* não podêr dar, etc. As *esperânças de* obtêr. A *idéa de* ficár senhôr. A *necessidáde de* confiár a defensão da pátria a êste príncipe. Em *consequência d'*ísto. Tênha a *bondáde de* vêr. Ella tomôu a *resolução de* divorciár-se. Com o *intênto de* accommettêr Affônso VI. *Accessão ao* thrôno. A súa *vólta ao* Aragão. Em *relação ao* cônde. Cára *a* cára. *Amôr á* pátria. Com *relação á* situação. Tem mêdo *á* água? Úma lônga *resistência á* fortúna e *á* actividáde do réi.

I have the *honour* to be. Have the *goodness* to pass me the water. I am glad to have an *opportunity* of being useful to you. The *fear* of being taken. The *pleasure* of seeing you. It is *time* to go there. Without *loss* of time. He had *means* of escaping. The *result* of this enterprise. The *news* of the invasion. A *method* of doing. On *account* of illness. *Adherence* to the principles of justice. In *relation* to that question. A constant *inclination* to moderate principles. *Homage* to the see of Rome. A *lesson* to the people. The only *remedy* for the evil.

* The preposition which a word takes after it is called its *complement*. Many of the complements in Portuguese follow the English idiom.

LESSON CCXXIII.
NOUNS REQUIRING "POR" OR "PARA."

Préces, desapêgo.	Prayers, resignation.
Enthusiásmo, indifferênça.	Enthusiasm, indifference.
Predilecção classificação.	Predilection, classification.
Propensão, motívos, instrumênto.	Propensity, motives, instrument.
Lealdáde, habilidáde, caridáde.	Loyalty, ability, charity.
Coadjuvação, passêio, liberdáde.	Assistance, walk, liberty.

Amôr pêlo fîlho. *Préces por* chúva. Úma *predilécção por* nóssa pátria. A classificação dos habitântes *por* séxos, idádes e profissões. Enthusiásmo *péla* música. *Amôr pélos* hómens. Indifferênça *por* túdo. *Desapêgo pêlo* múndo. Corrêio *pâra* Inglatérra *por* navíos e *pélos* paquêtes. O *camhíno pâra* ír á cidáde. A *propensão pâra* a ociosidáde. O *amôr pâra* o fílho. *Lealdáde pâra* sêus príncipes. O único *mêio pâra* os destruír. *Liberdáde pâra* tôdos. O *prográmma pâra* a exposição. A súa *coadjuvação pâra* êste objécto.

There are *reasons for* believing. *Walks for* foot passengers. Better *instruments for* this. Full *liberty for* all those who, etc. An ample *theatre for* ambition. Various *precautions for* the defence. An excellent *remedy for* toothache. An *advantage for* a son. *Grounds for* hoping. *Balm for* your wounds. A *reason for* supposing me dead. *Emigration* to Demerara. *Prayers for* rain. He has a *predilection for* port-wine. The *classification* of the boys *by* ages. *Enthusiasm for* the drama. A *subscription for* the poor sailors. The *way to* Camacha. *Love of* men.

LESSON CCXXIV.

NOUNS REQUIRING "EM" OR "ÉNTRE."

Desórdem, prazêr, influência.	Disorder, pleasure, influence.
Entráda, promoção, confiânça.	Entrance, promotion, confidence.
Perígo, mudânça, cúlpa.	Danger, change, fault.
Desintelligência, differènça, distincção.	Misunderstanding, difference, distinction.
Alliânça, vontáde, emulação.	Alliance, will, emulation.

A influência *no* ânimo do rêi. Úma desórdem *no* estádo. A entráda *no* podêr do cônde Derby. Êlle fôi moderádo *em* épochas *em* que hôuve perígo *em* o sêr. A *promoção em* hônras e *em* lúcros. A súa *confiânça em* Dêus. Úma mudânça *na* constituição. Cômo se tivésse cúlpa *em* executár as órdens do rêi. Um tratádo *éntre* os rêis. A paz *éntre* os dôis inimígos. As negociações *éntre* os gabinêtes de Lôndres e París. Úma alliânça *éntre* os estádos. Um combáte *éntre* a guárda e os paisânos. A lúta *éntre* a humanidáde e a justíça.

The *influence* of this belief *on* the mind of the queen. There is *danger in being* a minister of state. His *promotion in* honour was very rapid. A change *in* the government of Spain. The *communication between* Lisbon and Santarem. The *peace between* the two nations was broken. Harmony *between* these two souls. The *space between* the armies. Connivance *between* the thieves and the officers. A *struggle between* the king and the parliament. A bad *feeling between* the sisters. A *treaty between* the kings.

LESSON CCXXV.

NOUNS REQUIRING (1) "*COM*," (2) "*CONTRA.*"

(1) Pácto, reconciliação, intimidáde.	Compact, reconciliation, intimacy.
Alliânça, contácto, harmonía.	Alliance, contact, harmony.
Combáte, guérra.	Combat, war.
(2) Conspiração, suspêita.	Conspiracy, suspicion.
Tentatíva, violência, barrêira.	Attempt, violence, barrier.
Quêixa, reacção, abrigo.	Complaint, reaction, shelter.

O resentimênto *côntra* o marído. Ûma emprêza *côntra* os rebéldes. Lhe ficôu dêntro da álma o espínho da má *vontáde côntra* o sêu successôr. Ûma *conspiração côntra* o imperadôr. *Suspêitas* odiósas *côntra* a súa víctima. Um *abrígo côntra* os revézes da fortúna. O pácto do príncipe *com* o cônde. Pêla sua *alliânça com* os christãos. Dê *accôrdo com* êlle. Ûma *lúcta com* o rêi. Desêjo têr *conhecimênto com* êlle. *Guérras com* os inimígos do rêi. S. Petersbúrgo estará em *contácto com* o Már-Nêgro. As opiniões dos sêus amígos estávão d'*accôrdo com* as súas.

The *reconciliation with* the emperor. An *alliance with* the Romans. His *intimacy with* my brother. In immediate *contact with* the king. The *complaints against* him. They had committed *violence against* the people. They raised *barriers against* the torrent. The *reaction* of the Visigoths *against* the Arabs. A good *shelter against* the reverses of fortune. In harmony *with* the ideas. From the *conversation* of the king with the pilgrim. In that terrible *combat* with the Russians. This little house is a shelter *against* the reverses of fortune. I must raise a barrier *against* the invasion of the enemy.

Q

LESSON CCXXVI.

NOUNS REQUIRING "SOBRE" (ON, OVER).

Discussão, reflexões, propósta.	Discussion, reflections, proposal.
Correspondência, juízo, observação.	Correspondence, judgment, observation.
Influência, estúdos, supremacía.	Influence, studies, supremacy.
Acção, conquísta, pônte, vigilância.	Action, conquest, bridge, vigilance.
Tratádo, artígo, prestadôr, notícia.	Treaty, article, lender, news.

Na *discussão sôbre* o ácto. Tôda a *correspondência sôbre* qualquér objécto. O nósso *juízo sôbre* tão importânte discussão. Algúmas *reflexões sôbre* êste assúmpto. *Propóstas* á câmara *sôbre* finânças. A *acção sôbre* as fôrças productívas da térra. Um *tratádo sôbre* os limítes das frontêiras. A *proméssa de sáque sôbre* o Pôrto. As nóssas *observações sôbre* a questão. *Estúdos sôbre* o Christianísmo. Dôis *artígos sôbre* as moédas Portuguêzas. Êlle tínha *auctoridáde* superiôr *sôbre* a Península. *Supremacía sôbre* a Península. *Supremacía sôbre* os ôutros. Um *prestadôr sôbre* penhôr.

The *conquests over* the Spaniards. *Information on* all necessary points. *Watchfulness over* this business. Our *correspondence on* this subject. A few *reflections on* his conduct. A powerful *influence on* the public mind. The action of the water *on* the stone. A *lender* of money *on* pledges. He has entire *supremacy over* the minds of his followers. Two *articles on* the Eastern question. The general had no *authority over* his officers. The action of the water *on the walls* of the city. My *opinion on* this subject.

LESSON CCXXVII.

ADJECTIVES WITH "DE."

Acompanhádo, occupádo, distánte.	Accompanied, busy, distant.
Bordádo, matizádo, tirádo.	Bordered, decked, drawn.
Capáz, dígno, ríco, dependênte.	Capable, worthy, rich, dependent.
Indígena, fácil, privádo, cégo.	Native, easy, deprived, blind.
Próprio, sedênto, inconsolável.	Proper, thirsting, inconsolable.

Acompanháda de sêu augústo espôso. A palmêira é *indígena d'*éstas ílhas. Plântas aromáticas *próprias dos* clímas da zôna tórrida. Ûma rôupa *bordáda de* ôuro. *Capáz de* dirigír. *Banído d'*ésta câmara. As notícias são *destituídas d'*interêsse. Um trônco *partído da* árvore. Ûma idéa *tiráda dos* lívros Românos. É *dígno de* notár-se. *Sedênto de* vingânça. *Ríco de* despójos. *Dependênte da* corôa. O preládo *suspênso do* offício pastorál. *Privádo de* ornáto. Esta plânta é própria da Ilha da Madêira. Aquêlle distíncto senhôr é dígno de nóssa admiração.

Accompanied by models. *Extracted from* the best writers. *Occupied with* graver studies. *Deprived of* your estimable society. These letters are more *easy to* write. The imagination *occupied with* the principal object. *Inconsolable for* the absence of Ulysses. A league *distant from* the sea. Cares *inseparable from* the throne. The shepherdesses *crowned with* laurel. *Covered with* confusion. He showed himself *indifferent to* these successes. Territories *covered with* woods. Deprived of sight. *Blind with* anger. *Peopled with* Jews.

LESSON CCXXVIII.

ADJECTIVES WITH "*PARA.*"

Bom, efficáz, proveitôso.	Good, effectual, profitable.
Preparádo, destinádo, cómmodo.	Prepared, destined, fit.
Essenciál, útil, importânte.	Essential, useful, important.
Necessário, obrigatório, precíso.	Necessary, binding, needful.
Próprio, conveniênte, achádo.	Proper, convenient, found.
Satisfactório, sufficiênte.	Satisfactory, sufficient.

Preparádo pâra éstas eventualidádes. Notícias úteis *pâra* cálculos e especulações. É múito *bom pâra* a saúde. *Obrigatório pâra* as dúas pártes. Ésta óbra éra *destináda pâra* a instrucção do Dúque. Locáes *próprios pâra* éllas. Será *satisfactório pâra* mim participár. *Essenciál pâra* a dignidáde do govêrno. Auctoridáde *sufficiénte pâra* se declarár superiôr. Têmpo *sufficiénte pâra* reflectír. As qualidádes *precísas pâra* a paz. Um dos mêios máis *efficázes pâra* consolidár. Este livrínho é *destinádo para* o úso dos meninos Portuguézes e Inglézes.

Advantageous conditions *for* the inhabitants. *Good for* him. *Prepared for* those who had to fight. Wood *good for* building. Site *suitable for* a factory. An event whose consequences were *immense for* the progress of civilization. *Destined for* the habitation. Not less *important for* the interest. Our verse is sweet enough *to* give all the effects. I must be *prepared for* these occasions. This climate is very *good for* people with chest-disease. It is *satisfactory for* me to say, that I am pleased. The most *effectual* means *of* saving him.

LESSON CCXXIX.

ADJECTIVES AND PARTICIPLES WITH "*POR.*"

Conhecído, distíncto, célebre.	Known, distinguished, famed.
Povoádo, habitádo, illústre.	Peopled, inhabited, famous.
Cercádo, banhádo, responsável.	Surrounded, bathed, responsible.
Dispérso, perseguído.	Scattered, persecuted.
Regído, conquistádo, escolhído.	Governed, conquered, chosen.
Singulár, notável, famóso.	Singular, notable, famous.

Conhecída pêla excellência dos sêus óleos. A Hespánha foi *povoáda por* dúas migrações. O território *cercádo pêlo* occeâno. Tróia foi *tomáda pêlos* Grêgos. *Dispérsos pêlo* paíz. Éssa província éra *regída por* um legádo. Um sítio múito *frequentádo pêlos* habitântes. Tôdos *distínctos pêlo* mérito pessoál. Os paízes *banhádos pêlo* mar. *Célebre pelo* importânte cárgo que, etc. *Roubádo pêlos* pirátas. *Favorecído por* ésta circunstância. Um pôvo *singulár por* opiniões religiósas. Coímbra, *famósa por* súa universidáde. Epsom, *notável por* súas águas.

Sheffield, *celebrated for* its cutlery. Brighton, *known for* its sea-baths. This region was *inhabited by* many barbarous nations. The country was at last *conquered by* Charles the Great. He was *chosen* successor to the crown. He escaped, *followed by* Garcia. A stranger, but *illustrious by* blood. I am *responsible for* these things. This cause aided *by* many others. The state *surrounded by* the sea. Sebastopol was *taken by* the allies. Waterloo was *famous for* its battle. England was *peopled by* various races. Caldas, *noted for* its warm baths.

LESSON CCXXX.

ADJECTIVES WITH "*EM.*"

Envôlto, pôsto, convertído, laváclo.	Involved, placed, converted, bathed.
Dividído, interessádo, attênto.	Divided, interested, attentive.
Inexorável, sepultádo, síto.	Inexorable, buried, situated.
Útil, fiél, déstro, usádo, felíz.	Useful, faithful, clever, used.
Fundádo, talhádo, disfarçádo.	Founded, cut out, disguised.
Transformádo, trocádo, submergído.	Transformed, changed, submerged.

Envólto *em* obscúra nôite. Dividído *em* dúas pártes. Os habitadôres divérsos *em* ráças, *em* costúmes, *em* línguas. Os prisionêiros fôrão póstos *em* liberdáde. Um pacóte embrulhádo *em* papél párdo. Inexorável *em* me condemnár. Máis útil *na* prática. Fundádo *na* impossibilidáde. Minérva transformáda *em* Mentôr. Submergído *nas* profundêzas do mar. Absorto *em* um profúndo silêncio. Talhádo *na* rócha viva. Júno disfarçáda *em* vélha. Algúns convertídos *em* pórcos. Vulcáno lavádo *em* suór. Interessádo *em* o enganár. Sepultádo *nas* ruínas.

The Egyptians divided *into* bands. Faithful *in* keeping a secret. So attentive *in* listening to all. Men dexterous *in* the construction of ships. A king skilled *in* war. Faithful *in* his alliances. Rivalry converted *into* profound hate. Involved *in* thick darkness. These men divided *in* two parties. The soldier was set *at* liberty. The poor workman was bathed *in* sweat. The soldiers were buried *in* the ruins of the fortress. The boy was interested *in* finishing the work. Useful *in* labours. Gaul was divided *into* three provinces.

LESSON CCXXXI.

ADJECTIVES WITH "*COM.*"

Cobérto,* cégo, contênte, satisféito.	Covered, blind, content, satisfied.
Compatível, tratável, parallélo.	Compatible, tractable, parallel.
Associádo, identificádo, misturádo.	Associated, identified, mixed.
Parecído, commensurável.	Like, commensurate.
Casádo, inquiéto, humílde.	Married, restless, humble.
Curvádo, armádo, conhecído.	Bent, armed, know.

Similhânte estádo não é *compatível com* o progrésso. A Lusitânia antíga ácha-se *associáda com* Portugál. Um fílho tão *parecído com* sêu pái. Meneláu éra *casádo com* Helêna. *Curvádo com* o pêso dos frúctos. Pygmalião *cégo com* a paixão que tínha por élla. *Contênte com* podêr salvár a vída. *Tratável com* os sêus visínhos. *Inquiéto com* os progréssos dos christãos. Os habitântes *identificádos com* os Românos. Os indígenas *misturádos com* as ôutras ráças. *Armádo* com ármas prohibídas. *Furióso com* a respósta.

Not *contented with* making himself feared. The streets *parallel with* the rivers. The *sun covered* with clouds. *Content with* the wages. Charity is not *compatible with* hatred. Punishment *commensurate with* crime. Good and *humble with* all. Vineyards *mixed with* orchards. The height *known* now *by* the name of Báirro-álto. Fleets *laden with* spoils. Madeira *favoured with* the best climate in the world. He was *associated with* the count in that undertaking. They were in time *mixed with* the invaders. The street was *parallel with* the river.

* Takes also *de*; "cobérto *de* trápos."

LESSON CCXXXII.

VERBS REQUIRING "*DE*," OF.

Dispôr, deixár, gostár, prová, morrêr.	Dispose, leave, like, taste, try, die.
Lembrár-se, esquécêr-se, ausentár-se.	Remember, forget, absent one's self.
Precisár, aproveitár-se, dependêr.	Want, avail one's self, depend.
Desesperár, cessár, saír, vir, privár-se.	Despair, cease, go out, deprive, come.

Dispônha do sêu criádo. *Deixêmo-*nos *de* comprimêntos. Não *gósto de* tántas ceremónias. *Môrro de* sêde. *Lêmbra-*se *d'*isso? *Gósta de* quêijo? *Esqueci-*me *do* sêu nôme. Ruderico se *apossôu da* corôa. *Precíso das* mínhas bótas. *Aproveitár-*me-hêi *do* sêu offerecimênto. Êlle é *applaudido de* tôda a gênte. Não se me *dá d'*isso. Êlle *ausénta-*se *da* mínha cása. Êlla *apéia-*se *do* cavállo. Isto *násce da* súa negligência. *Accórdo d'*um sônho. Êlla *córa de* vergônha. Estôu *encantádo d'*isto. Ísto não *depênde de* mim. *Susténta-*se *de* trígo. Êlle *fóge do* perígo.

I *remember* this. He has *forgotten* the name. He does not *like* such forms. We *like* beef. I *want* a room. I shall *avail* myself *of* your offer. He *wept for* joy. He *fled for* fear. I *come from* Lisbon. *Overcome by* pain. They *absented* themselves *from* the house. I *jumped off* the horse. What do you *like* to drink at dinner? This *filled* him *with* indignation. *Forgetful of* the obligations *contracted by* the promise made to Alphonso. *Try* them both. He *enjoys* good health. I am *persuaded of* the contrary. *Using* the power. It is *composed of* ten.

LESSON CCXXXIII.

VERBS REQUIRING "*SOBRE*," UPON ; "*ENTRE*," BETWEEN.

Pôr, recaír, lançár, arrojár.	Put, fall, throw, hurl.
Conversár, tomár, disputár, deliberár.	Converse, take, dispute, deliberate.
Apertár, vigiár, discordár, chamár.	Tighten, watch, disagree, call.
Distinguír, mettêr, luctár, dividír.	Distinguish, put, struggle, divide.

Conversôu *sôbre* differêntes matérias. Êlle delibéra *sôbre* ísto. Pôndo *sôbre* o hômbro a cruz vermêlha. Ésta accusação pésa *sôbre* a memória de Henríque. Lançár úma censúra sevéra *sôbre* as lêis. Discordâmos *sôbre* os mêios. Arrojêi-me *sôbre* êlle. As suspêitas *tínhão recaído sôbre* o hómem. Úma monarchía repartída *êntre* os três fílhos. A cidáde fecháda *êntre* a bahía e o oceâno. Apertádo *êntre* cabêços íngremes. Ha pôuca differênça *êntre* éstas palávras. Chamár a attenção pública *sôbre* êste ácto. Não podêndo *tomír sôbre* si.

Struggling *between* remorse and love. They came to consult him *on* almost all subjects. Reflecting *on* this. The invisible world *exercises* an immense influence *over* us. I am not able to take *upon* myself the expense. The sword raised *above* the head. Dividing *amongst* themselves the provinces of the Roman empire. He threw himself *on* the foe. Suspicions have fallen *upon* him, as the murderer of the count. He took the blame *upon* himself. Putting the poor old man *on* his shoulder, he left the city. There is much difference *between* the languages of Spain and Portugal.

LESSON CCXXXIV.
VERBS REQUIRING "*ATÉ*," TO; "*CONTRA*," AGAINST.

Chegár, ir, pelejár, levár.	Reach, go, war, carry.
Alcançár.	Attain.
Marchár, votár, defendêr.	March, vote, defend.
Murmurár, peccár, protestar.	Murmur, sin, protest.
Declamár, defendêr.	Declaim, defend.

A devastação chegôu *até* os distríctos da Idânha. Vou *até* Coímbra. Alexândre foi *até* á Índia. É necessário pelejár *até* vencêr. Leváva *até* mil soldádos. Marchôu *côntra* o rêi. Êlles votárão *côntra* o projécto. As fôlhas francêzas alcânção *até* 2 de Márço. Êlle *partiu pâra* o Oriênte. Não tem razão pâra *murmurár côntra* o âmo. O bósque chêga *até* o mar. A Providência alcânça *até* ás avezínhas. Pécca *côntra* Dêus. Êlle defênde a cáusa da liberdáde *côntra* os tyrânnos. O oradôr declamôu *côntra* a guérra.

The English papers come down *to* the 16th of May. The general set *off for* North America. The pupil had no reason to murmur *against* the teacher. We must fight *till* we win. Julius Cæsar went *as far as* the river Thames. The rebels marched *against* the emperor. The president declaimed *against* the terms of the peace. Hofer defended the cause of liberty *against* the tyrant. The sad destruction reached to the very gates of the city. He sins *against* God in telling lies. He set out *for* Balaclava in the steamer. He must vote *against* the measure. The rebels marched *against* the queen.

LESSON CCXXXV.

VERBS REQUIRING "*POR*," FOR, BY.

Esperár, designár, trabalhár.	Hope, designate, work.
Pagár, dar, agradecêr, trocár.	Pay, give, thank, change.
Pedír, perguntár, levár.	Beg, ask or inquire, carry.
Ir, havêr, adóptár, tomár.	Go, hold, adopt, take.
Arriscár, tomár, pugnár, passár.	Risk, take, fight, pass.
Vigiár, acudír, substituír.	Watch, help, substitute.

Espére por mim. Quânto dêvo *pagár por* ísso? Quânto *péde por* semâna? Á nôite *iréi por* súa cása. *Espéra* êlle *péla* respôsta? *Estôu por* ísso. *Fáço por* ísso. *Perguntêi péla* saúde de V. S. *Coméça por* queimár ísto. V. S. *passôu péla* mínha cása? *Déite*-se *por* térra. A Gallíza éra *regída por* divérsos côndes. *Têndo por* frontêira. *Arriscándo* a vída *péla* monarchía. Élla *vigiáva péla* segurânça da cása. *Ir pélo* mar. Quânto *léva péla* passágem? *Dar*-lhe-hêi três patácas *por* êstes. Fíco-lhe *agradecído por* ésta visíta.

He *waits for* us. How much have we to *pay for* the horses? How much does he *ask* a month? To-morrow I shall *call at* your house. He helps me. To *substitute* one expression *for* another. He must *wait for* an answer. He *called at* his house. Give him a dollar *for* the dog. He *risked* his life *for* the country. He will *throw* himself *on* the ground. You must *watch for* the safety of the ship. To *fight for* the laws. We may begin by examining this question. *Praising* him *for* the resolution. He designated him *by* this title. The love he *felt for* Egilona. He passes *for* a good man.

LESSON CCXXXVI.

VERBS REQUIRING "*EM,*" IN, INTO, ON.

Entrár, admittír, convertêr.	Enter, admit to, convert into.
Empenhár-se, situár, influír.	Engage in, situate, influence.
Deitár, dividír, residír, convertêr, achár.	Throw in, on; divide, reside, find.
Gánhár, introduzír, envolvêr.	Gain, introduce, involve.
Escrevêr, vivêr, folgár, encontrár.	Write, live, rejoice, meet.

Entrêmos *n'ésta* máta. Vêja *no* sêu relógio. Pérco *n'isso*. Dêite o chá *nas* chícaras. Gánho *n'isso* um día. Está *em* cása. Consínto *n'isso*. Não pósso dormír *em* térra. Tradúza ísto *em* Inglêz. Dêu com-sígo *no* chão. Dêi *no* pensamênto do auctôr. Ísto ha de dar-lhe *na* cabêça. Ânda *em* côrpo. Está *em* pé. Estôu *em* dúvida. Não está *em* perígo. O vélho está *na* câma. Portugál abúnda *em* vínhos. Convênho *na* propósta. Êlle se desfáz *em* lágrimas. Pegôu *n'*um páu. Falhôu *na* emprêza. Caíu *no* chão. Estâmos *no* câmpo.

He entered the town. He beat John *in* the race. He writes *in* good language. They enter *into* disputes. He had been introduced *into* the court. Involved *in* the struggle with Henry. The man seized a stick. He engaged *in* an enterprise. He throws wood *on* the fire. He writes with his *own* hand *in* the sand. Admitted *to* the court of the king. His actions lie buried *in* profound darkness. A monastery situated *in* Burgundy. A monk influenced the affairs. To live *in* peace. He resided *in* Portugal. The merchant rejoices *in* traffic. I shall be *at* home. It consists *in* forming a new kingdom.

LESSON CCXXXVII.

VERBS REQUIRING "*A*," TO, AT.

Prohibír, pertencêr, dar, referír, mandár.	Forbid, belong, give, refer, send.
Desagradár, custár, batêr, valêr.	Displease, cost, knock, to value.
Concedêr, entregár, apeár-se, levár.	Concede, deliver, alight, carry.
Voltár, ir, dirigír-se, unír-se.	Go, return, address, unite.

Principía-se *a* segár os trígos. Perguntêmos *ao* cochêiro. Condúza o senhôr *ao* sêu quárto. Chegádo *ao* logár. *A* sêr assím. Estôu *ás* órdens de V. S. Êlle aspíra *á* fáma. O navío se diríge *ao* pôrto. A lênha se redúz *a* cínzas. Êlle céde *aos* sêus rógos. Oppônho-me *a* ísso. Êlle fálta *á* súa palávra. Êlle se entréga *ao* prazêr. Índo pôr sítio *a* Santarêm. Iguál sórte cóube *a* Lisbôa. A infânta foi entrégue *a* Raymúndo. Prohibíndo éssas viágens *aos* Hispanhóes. Voltândo *á* Mauritânia. Esta pertênce *á* viúva do cônde.

This displeases the old prince. These triumphs cost the Saracens rivers of blood. He dresses *in* the English mode. I go *to* Lisbon. He applies *to* study. He laid siege *to* Santarem. When do you set sail? Take this *to* the gentleman. I want to go *to* the opera. Take me *to* the bridge. They knock *at* the door. Can you send it for me *to* No. 10? He withdraws his shoulders *from* the wheel. Exposed *to* the sun. A people given *to* fishing. In order *to* resist misfortunes. Carried *to* the last point. Deliver this letter *to* the gentleman.

LESSON CCXXXVIII.

VERBS REQUIRING "*COM*," WITH.

Honrár, estár, fallár, vestír.	Honour, be, speak, dress.
Morrêr, tremêr, alegrár-se.	Die, tremble, to rejoice.
Contrastár, congraçár, concordár.	Contrast, ingratiate, agree.
Têr, calculár, cumprír, competír.	Have, calculate on, discharge, compete.
Tratár, casár, alliár-se, ligár.	Treat, marry, ally, bind.
Confundír, occupár, acabár.	Confound, busy, have done.

Hônre-me *com* as súas órdens. Estôu *com* múita fóme. *Com* quem fálla V. S.? Môrro *com* cálma. Tremêndo *com* frio. Este painél contrásta *com* a abundância. Irêi têr *com* V. S. á bôca da nôite. Querêmos fazêr *com* êlle côntas. Êlle está *com* capóte. Cumprirêi *com* o promettído. Está *com* deflúxo. Êlle tráta-me *com* rigôr. Não pósso competír *com* êlle. Disputêi *com* élle ácêrca d'ísso. Êlle ameaçôu-o *com* súa viugânça. Não cúmpre *com* o sêu devêr. Atinôu *com* o camiuho. Occupádo *com* guérras. Súa fílha casára *com* Moníz.

He will honour them *with* his commands. He is very hungry. *With* whom will you speak? The boy is trembling *with* cold. Can I speak *with* the lady? Let us have done *with* this. He will fulfil his promise. The king threatens her *with* his vengeance. The soldier discharges his duty. His aunt is married to Mr. P. I am glad of it. They disputed *with* the king. She has caught cold. My teacher treats me *with* kindness. I agree *with* him in this. Marrying Alice. He calculated *on* war. I am dying *with* heat.

LESSON CCXXXIX.

VERBS REQUIRING "*PARA*," FOR, TO, TOWARDS, IN ORDER TO.

Ir, voltár, partír, vir.	To go to, return, set out, come.
Buscár, faltár.	Search, fail.
Olhár, estár, servír.	Look, be, serve.
Deitár, tendêr, deixár, reservár.	Throw, tend, leave, reserve.
Armár, prestár, tirár.	Prepare, be good, draw.
Avançár, contribuír.	Advance, contribute.

Ólhe pâra mim. *Deitêmos* os ólhos *pâra* êstes cámpos. *Voltêmos pâra* cása. *Vou pâra* a escóla. A que hóras *párte* o vapôr *pâra* Lôndres? *Éntre pâra* a láncha. O quárto *déita pâra* a rúa. Ísto não *présta pâra* náda. Eu *emigrêi* de Portugál *pâra* Inglatérra. Os chéfes tínhão *avançádo pâra* Castélla. *Armádo pâra* a conquísta. Os rêis *buscavão*-n'o *pâra* juíz das súas conténdas. *Vim pâra* te vêr. *Está pâra* o nascênte. *Estôu pâra* partír. *Vai pâra* mêia nôite. Eu *tirarêi pâra* mim. Só *faltóu* um Stentôr *pâra* tornár a scêna complêta.

Look this way. Look ye? He cast his eyes *on* these fields. He returned home. The boy is going *to* school. At what o'clock does the coach go *to* Lisbon? He came *to* see him. I am about *to* write. Bodies tend *to* the centre. Will you stay *for* dinner? We shall leave *for* another opportunity. I have written *to* England. We reserve *for* the conclusion of this article. It contributes *to* the discovery of truth. He came *to* see you. The window of my room looks *on* the street. The clock is good *for* nothing. I am about *to* set off. When does the French steamer start for Teneriffe?

LESSON CCXL.

VERBS INCLUDING PREPOSITIONS.*

Almoçár, jantár, ceár.	Breakfast *on*, dine *on*, sup *on*.
Vestír, calçár.	Put *on*, put *on* (boots).
Fallár, agradecêr.	Speak *of*, thank *for*, avail *of*.
Subír.	Go *up*.
Mergulhár.	Dive *for*.
Aproveitár, ajustár, roubár.	Profit *by*, agree *for*, rob *for*.

Fallámos ártes, poesía, política. *Vestirêi* a mínha casáca nóva. Quér *calçár* sapátos? Eu *vestí* êste hábito pâra ísso. O vélho franciscâno *subíu* os degráus do altár. *Fallóu*-se litteratúra. O que *quér* V. S. *almoçár!* Núnca *calçóu* espóras. Êlles *cálção*-lhe múito bem. Quér *almoçár* óvos? Eu *jantarêi* vitélla ámanhã. Êlle *ceóu* pêixe. Hêi de *vestír* as mínhas cálças nóvas. O mêu amígo *fállame* política? O hómem *mergúlha* pérolas. *Aproveitêi* éssa occasião pâra—. Múito *agradêço* a súa bondáde. *Ajustândo* a passágem em quátro mil réis por cada pessôa.

These men are *fishing for* pearls. I shall *breakfast on* beef and bread. He will *put on* his new coat. I *bargained for* the passage at four shillings each person. They *spoke of* art, poetry, and history. They never *put on* spurs. The old sailor *dined on* ducks and green peas. I shall *avail* myself *of* this opportunity. The marquis *went up* the steps of the throne. I *thank* you *for* your politeness. You must *put on* the stout boots. We shall *dine on* roast beef to-day. The boys were *diving for* pearls in the Red Sea.

* These verbs govern the noun without an intervening preposition: "*almoçár óvos*," to *breakfast on* eggs.

LESSON CCXLI.

INTERJECTIONS.

Quiéto! calúda! | Softly! hush!
Ah! ápage! sáfa! | Ah! away! off!
Ora bem! óra ésta! óra éssa! | Very well! good! capital!
Ai de vós! | Woe to you!
Pôis bem! pôis não! bem! | Well! of course! well!
Ora vêja! asnêira! vái boníto! | Only see! nonsense! very fine

---

Oh desgraçádo de mim! *De joélhos!* Ai de nós! *Oh!* és tu, mêu póbre Cláudio? *Ah!* senhôr, acudí-me! *Pôis não!* "Hum!" exclamôu Fr. João, dândo aos hômbros. *Que tal!* mas vêja. Óra, *gráças a Dêus*, foi-se! Dêus me *perdôe!* Se morrêu, *paciência!* Louvádo sêja Dêus! *Famôso! Tóma sentído!* Dêus o permítta! *Misericórdia!* Válha-me Dêus! *Óptimo! Obrigadíssimo!* Tôda a santíssima nôite! Jústo! Dêus nos acúda! Mas, *avíe-se!* Asnêira! Álmas bêntas, valêi-me! Náda de gráças! Justamênte! Ah, múito bem! Que admiração!

I never closed an eye, the *whole blessed night!* Blessed Spirits, save me! Bless me! what's the matter? God bless me! Really! Lord preserve us! Lord help me! Of course! Exactly so! Very good! Capital! That's a good one! Oh, the rogue! Come on! Come along! No doubt! Take care! Certainly. It is a pity! Help! help! By no means! Why not? We are lost! God's will be done! Certainly not! Thank God! Famous! It can't be helped! Undoubtedly! Well then, speak out! O, yes, sir. Off! Out! Go away!

APPENDIX.

OUTLINES OF PORTUGUESE GRAMMAR

AND

WORD-BUILDING.

HINTS ON WORD-FORMATION.

A FEW weeks' careful study of the following rules, the result of a long comparison, will enable the learner to acquire a stock of several thousand terms, chiefly literary and scientific, but many in every-day use.

I. Portuguese is one of the many dialects descending from Latin, a sister of the Spanish, but no more a corruption of it than Italian is. With the Latin stock a few Greek, Celtic, and Gothic words have been preserved. Arabic terms were introduced in the middle ages, and recent times have contributed largely from French, English, and other languages. Still, the mass of Portuguese is Latin, and our first hints are therefore addressed to the Latin scholar. The changes by which Latin becomes Portuguese are chiefly the following:—
1. Suppression of *cases*, using prepositions instead of inflections. 2. Frequent suppression of the passive, simplification of conjugation, and use of auxiliaries.
3. Use of the Latin *ablative* as a Portuguese *nominative*.
4. Suppression of neuter gender. 5. Slight changes in

terminations. 6. Contractions, transpositions, and suppressions in roots. 7. Alteration in the *quantity* of syllables.

(1.) Many words are the *same* as in Latin. Those in *a:* acácia, bárba, bárca, cânna, cása, cêra, déa, écloga, fáma, gémma, hóra, idéa, juvênca, língua, mêta, nóta, órbita, pálma, quádra, sérra, térra, úva, vácca, zôna. In *or:* amôr, cantôr, delatôr, exteriôr, intercessôr, professôr, etc. In *l:* sól, sál, cónsul, mél, fél. In *x:* appêndix, índex, cálix. Altár, écho, cháos, léxicon, etc.

(2.) Many retain the Greek and Latin prefixes *unaltered:* apathía, aversão, *ad*herír, *am*putár, *am*phitheátro, analýse, *ante*passár, *antí*pôda, *apó*stăta, *bí*color, *cata*rácta, *circum*ferência, *con*juncção, *contra*distincção, *de*positár, *diá*metro, *di*strahir, *di*lacerár. educação, *ex*clusão, *epí*theto, *extra*judiciál, *hyper*crítico, *hypó*crita, *in*fringír, *in*tercépto, *intro*duzír, *metá*phora, *ob*edecêr, *per*mittír, *pósth*ŭmo, *pre*matúro, *pro*hibír, *re*screvêr, *retro*césso, *sub*jugár, *subter*fúgio, *supér*fluo, *sý*nodo, *trans*formár, *ultra*marino. Some of these are modified (as in Latin and English) to suit the following letter, e. g., *ad* becomes *ac* in *accumu*lár; *con* varies into *co, col, cog,* etc.; *in* changes into *ig, il, im,* etc.; and so of *ob, sub,* and *syn*. *Des,* as a *Portuguese* prefix, is equal to *dis* in English: *des*armár, *dis*arm; or *un:* desatacár, *un*tie. *In* sometimes becomes *em* or *en:* inter, *entre*. *Ex* becomes *es*.

(3.) Many words modify the Latin root by *prefixing* a letter—*a*barbár, *e*scorpião, *e*sphéra, *e*státua.

By *inserting*—farina, *farínha;* vino, *vínho;* speculum, *espélho*.

By *rejecting*—sanctus, *sánto;* medius, *méio;* aer, *ar;* charta, *cárta;* tales, *táes;* canes, *cães;* camisia, *camísa*.

BY CHANGING

au *into* ou—*aurum, ôuro;* audire, *ouvír;* autúmnus, *outôno*
b „ v—debere, *devêr;* habere, *havér;* arbore, *árvore*
c „ g—laco, *lágo;* lacrima, *lágrima;* secreto, *segrédo*
c „ i—nocte, *nôite;* lecto, *leito;* secta, *séita*
c „ u—doctor, *doutôr;* doctrina, *doutrína*
c „ qu—calens, *quênte;* crepare, *quebrár*
c „ z—dicere, *dizêr;* facere, *fazêr*
d „ j—video, *véjo;* desidero, *desêjo*
d „ t—coturnix, *codorníz*

BY CHANGING
e *into* h—linea, *línha*; castanea, *castânha*
e ,, i—esca, *ísca*; sentio, *sínto*; equalis, *iguál*
f ,, v—pro*f*ectus, *provêito*
fl ,, ch—*fl*amma, *chámma*
g ,, j—an*g*elus, *ânjo*; spon*g*ia, *espônja*; *g*enu, *joélho*
hy ,, j—*hy*acinthus, *jacínto*
i ,, a—can*i*stra, *canástra*
i ,, e—sp*i*ssus, *espésso*; cap*i*tal, *cabedál*; n*i*ve, *néve*
is ,, io—nav*is*, *navío*
j ,, i—ma*j*or, *maiór*; pe*j*or, *peiór*
l ,, h—c*l*amare, *chamár*; c*l*ave, *cháve*
l ,, r—b*l*andus, *brándo*; ob*l*igatio, *obrigação*
li ,, i—mo*li*no, *moínho*
li ,, lh—fi*li*o, *fílho*; mu*li*er, *mulhér*; fo*li*a, *fólha*
n ,, i—are*n*a, *aréia*; ave*n*a, *avêia*; cate*n*a, *cadéia*
p ,, b—ca*p*ra, *cábra*; a*p*erire, *abrír*; o*p*erare, *obrár*
pl ,, ch—*pl*umbo, *chúmbo*; *pl*uvia, *chúva*; *pl*eno, *chéio*
q ,, g—a*q*ua, *água*; e*q*ua, *égua*; se*q*ui, *seguír*
t ,, c—mali*t*ia, *malícia*; men*t*io, *menção*
t ,, d—ma*t*eria, *madêira*; vi*t*a, *vída*; la*t*ro, *ladrão*
u ,, o—*u*nda, *ônda*; tr*ú*nco, *trónco*; st*u*pa, *estôpa*
x ,, z—cru*x*, *cruz*; lu*x*, *luz*; pa*x*, *paz*; fau*x*, *fóz*, etc.

By *altering* the termination:—

an*is* ,, ão—can*is*, *cão*; pan*is*, *pão*
an*us* } ão { man*us*, *mão*; san*us*, *são*; van*us*, *vão*;
an*um* }   {   pagan*us*, *pagão*; gran*um*, *grão*
an*a* ,, ã—la*na*, *lã*; ca*na*, *cã*
on*us* ,, om—bon*us*, *bom*; ton*us*, *tom*; son*us*, *som*
um ,, o—ferr*um*, *férro*; templ*um*, *têmplo*; sol*um*, *sólo*
us ,, o—ann*us*, *ánno*; vent*us*, *vênto*; mund*us*, *múndo*

By *cutting off* the termination, as emblem*a*, emblem:—

al*is*, ar*is*—causal*is*, *causál*; singular*is*, *singulár*.
    il*is*—fragil*is*, *frágil*; habil*is*, *hábil*; util*is*, *útil*.
        n—carme*n*, *carme*; nome*n*, *nôme*.
        re—ma*re*, *már*; ama*re*, *amar*.
    ud*us*—crud*us*, *cru*; nud*us*, *nu*.
        x—cal*x*, *cal*.

(4.) Many Portuguese nouns and adjectives are Latin ablatives—ânno, báculo, cálamo, discípulo, edícto, fôco, grémio, hábito, ídolo, juramênto, lábio, médico, negócio, ódio, pânno, quárto, refúgio, sâcco, týpo, úrso, vênto, zélo: from 1st and 2nd decl. Similarly from the 3rd—áve, cárne, dênte, ênte, fônte, gênte, heróe, ignorânte, lábe, mármŏre, náve, órbe, pônte, quadrúpede, sórte, válle. Those of the 4th change the abl. *u* into *o*—cornu, córno; árco, pôrto, etc. In the 5th—ácie, cárie, effígie, série, and superficie are the only illustrations. The exceptions are—ablatives in *ane, ano,* and *one* becomes *ão, cano, cão; gráno,* grão; *opinione,* opinião; ono is *om,* as bono, *bom;* ine, *im,* as fine, *fim;* ine, *em,* as homine, *homem.* Others modify the root, e. g., regno, *réino;* luna, *lúa;* coelo, *céo;* dolente, *doênte;* pede, *pé;* rete, *réde;* lege, *léi;* rege, *réi;* libro, *lívro.*

(5.) Many words have undergone such changes that it is sometimes difficult to recognize the original Latin—anima, *álma;* auricula, *orélha;* audire, *ouvír;* bracchium, *bráço;* capilli, *cabéllo;* caseus, *quéijo;* denarius, *dinhéiro;* ecclesia, *igréja;* facere, *fazêr;* genu, *joélho;* lac, *léite;* magister, *méstre;* nepos, *néto;* oculus, *ólho;* puteus, *póço;* questus, *quéixa;* regula, *régra;* sinus, *séio;* turbidus, *túrvo;* umbra, *sómbra;* vesica, *bexíga.*

(6.) Many Latin words become Portuguese by modifying the affix:—

ans *into* ante—ama*ns,* ama*nte;* tolerânte
antia „   ância—toler*antia, tolerancia;* vigilância
are   „   ár—am*are, amár*
arius „   ário—advers*arius, adversario*
ator   „   adôr—sen*ator, senadôr;* oradôr, pescadôr
bilis „   vel—ama*bilis, amável*
ens   „   ent—pate*ns,* patênte; regênte, decênte
entia „   ência—sci*entia, sciência;* benevolência
ere   „   êr—cap*ere, cabêr;* sabêr
icus   „   ĭco—pacif*icus, pacífico*
io   „   ão—success*io, successão;* opinião, religião
itas   „   idáde—civil*itas, civilidáde*
itas   „   idez—rigid*itas,* rigidêz
tio   „   ção—nat*io, nação;* devocão
um   „   o—templ*um, têmplo;* benefício, féno
us   „   o—activ*us, activo;* advérso, bárbăro, cálvo

II.—The following observations will prove useful to the English scholar:—

(1.) Many words are exactly the same in both languages, such as end in a, e, al, el, il, ul, ar, or, on, ude, idea, diploma, base, cone, animál, signál, cruél, civíl, consúl, singulár, successôr, lexicón, longitúde, etc. ; the pronunciation alone marks the difference.

(2.) Many become Portuguese by *adding* a letter, often *a, e,* or *o*—artist, artist*a ;* part, part*e ;* moment, moment*o ;* or by assuming a syllable, such as ar, er, ir—abandon, abandon*ár ;* vend, vend*ér ;* applaud, applaud*ír*.

(3.) Many words in Portuguese, as in other languages, consist of prefix, root, and affix, the second modified by the first and third. The effect of a prefix is seen in *con*formár, *de*formár, *in*formár, *trans*formár, *re*formár ; and of affixes in observ*ár*, observ*ádo*, observ*adôr*, observ*ação*, observ*áncia*, observ*atório*, observ*ánte*. The following digest must be carefully studied :—

NOUNS OF

doing end in ão, ida : exclus*ão*, sah*ída*

doer end in adôr, or, êiro, ânte, ico, ísta : portad*ôr*, feit*ôr*, coch*éiro*, negoci*ante*, méd*ico*, dent*ísta*

done (state) end in ância, mênto : abaixa*mênto*, toler*áncia*

place end in ário, ório, ôuro, áda, êto, íca : semin*ário*, escript*ório*, lev*áda*, lazar*éto*, bot*íca*

condition end in ez, úra, dade, êza, êla, or : mud*éz*, gord*úra*, verd*áde*, bell*éza*, client*éla*

instrument end in êiro, êira, ôura, ador, a : piment*éiro*, cafet*éira*, tes*ôura*, furad*ôr*, harp*a*

place for things end in al, ol, ar, ia, el, aculo : Funch*ál*, pomb*ál*, pa*iól*, pom*ár*, livrar*ía*, gran*él*, recept*áculo*

manner, creed, end in ísmo : gallic*ísmo*, catholic*ísmo*, ego*ísmo*

quantity, number, end in áme, úme, áda, ágem, álha : enx*áme*, leg*úme*, ram*áda*, folh*ágem*, metr*álha*

trees, plants, end in êira, êiro, ôro : palm*éira*, pinh*éiro*, sycam*óro*

science and *art* end in a, ía, ïa, ïca, úra : algebr*a*, astronom*ía*, histó*ria*, mús*ica*, architect*úra*

augmentation end in ão, az, ásco, ácho, ôna : dinheir*ão*, villan*áz*, penn*ácho*, sabich*ôna*

NOUNS OF
diminution end in inho, élla, ête, íto, ílha, etc.: rapaz*inho*,
   pag*élla*, bilh*éte*, pal*íto*, baet*ílha*
office, dignity, end in ádo, ía: consul*ádo*, cond*ádo*, baron*ía*
made of end in áça: palh*áça*, bag*áça*
strokes end in áda: panc*áda*, palm*áda*, chicot*áda*
feminine end in a, ora, oa, eira, essa, eza, ina, etc.: tí*a*,
   senh*óra*, pav*óa*, lavad*éira*, cond*éssa*, duqu*éza*, men*ína*
dweller in, native, end in ano, ez, ol, eo: Rom*áno*, Franc*êz*,
   Hespanh*ól*, Ilh*éo*
contempt end in ão, chão, ota, zarrão: rat*ão*, sabich*ão*,
   jan*óta*, homen*zarrão*

TABLE OF CORRESPONDING TERMINATIONS.

English.	Portuguese.	Examples.
a	a	idéa, panoráma, magnésia, auróra
able	al	vegetable, vegetál
able	ável	curable, curável; favorável, tolerável
ability	abilidáde	probability, probabilidáde; habilidáde
aceous	áceo	herbaceous, herbáceo
ace	ácio / ace / asso	palace, palácio; prefácio; pace, pásso; grace, gráça, ráça
acle	aculo	obstacle, obstáculo; oráculo, pináculo
act	ácto	fact, fácto; ácto, contácto, contrácto
acy	acia / asia	primacy, primacia; contumácia, fallácia, apostasía
ad	ada	salad, saláda; nomáda, monáda
ade	ada	grenade, grenáda; cruzáda, arcáda
age	ágem	image, imágem; passágem, vantágem
age	agio	suffrage, suffrágio
aign	anha	campaign, campánha; champánha
ain	ão	captain, capitaõ; montaõ, graõ
ain	anha	mountain, montánha
ain	anho	gain, gânho
al	al	filiál, sociál, metál, minerál, originál
al	o	eternal, etérno; múito, indivíduo

ality	idáde	nationality, nacionalidáde
an	âno	human, humâno; Româno, pelicâno
an	aõ	organ, orgão; pagão, sacristão
an	o	European, Europêo; Índio, plebêo
ance	ancia	abundance, abundância; fragrância
ance	ança	finance, finânça; dânça, balânça
ane	ano	profane, profáno; mundâno, urbáno
ant (adj.)	ánte	abundant, abundânte; importânte
ant (n.)	ênte	assistant, assistênte; defendênte
ant	o	servánt, sérvo
ant (adj.)	ante	militant, militânte; emigrânte
ar	ar	solár, regulár, altár, titulár
ard	{ arda / ădo }	drunkard, bébado
are	arár	compare, comparár; preparár
asm	{ asmo / asma }	enthusiasm, enthusiásmo; pleonásmo
ate (v.)	ar	animate, arimár; perpetuár, fabricár
ate (adj.)	áto, ádo	ornate, ornáto; immediáto, privádo
ate (n.)	ádo	consulate, consuládo; pontificádo
silent e	e	conclave, phrase, cone, catástrophe
„ e (n.)	a	dame, dâma; fâma, dânça, lânça, fáta
„ e (v.)	er	absolve, absolvêr; dissolvêr, revolvêr
„ e (v.)	ir	assume, assumír; dividír, resumír
„ e (v.)	ar	vote, votár; consolár, admirár
„ e (n.)	o	fume, fúmo; conciso, concréto, módo
bility	bilidáde	visibility, visibilidáde; risibilidáde
ble	vel	admirable, admirável; visível, terrível
ble (n.)	bula	fable, fábula
ble (adj.)	bre	noble, nóbre
ble (adj.)	bil	ignoble, ignóbil
c	ca (no.)	music, música; arithmética, lógica
c	co (adj.)	optic, óptico; lunático, errático
c	co (no.)	critic, crítico; árco, po¹émico
ce	{ cio, cia, / ça }	preface, prefácio; commércio, silêncio, essência, fárça, fôrça
ch	cha	epoch, épocha; monárcha, patriárcha
cious	z	loquacious, loquáz; tenáz, feróz
cula, go, culo	cle	{ particle, partícula; artígo, espectáculo
ct	cto	conflict, conflícto; distíncto, objécto

d	do	liquid, líquido; méthodo, plácido
dom	ádo	dukedom, ducádo; earldom, contádo
ect	éito	perfect, perféito; efféito, respéito
ect	écto	object, objécto; projécto, aspécto
ected	{ écto / igido }	erected, erécto; corrected, corrigído; reflectído
ection	eição	perfection, perfeição; imperfeição
ector	êitor	elector, eleitôr; reitôr
ed (from ar)	ádo	adapted, adaptádo; venerádo, reputádo, suffocádo, separádo
ed (from er & ir)	ído	converted, convertído; concedído, dividído
eer	{ eiro / hêiro }	engineer, engenhéiro; carabinéiro, mosquetéiro, mulatéiro
ee	ádo	refugee, refugiádo
ee	ia	guarantee, guarantía
el	élo	camel, camélo
el	il, el	funnel, funíl; barríl, coronél
ent	ênte	agent, agênte; inconveniênte
ent	ênto	convent, convênto; armamênto
er	êiro	banker, banquêiro; lancêiro
er	or, ador	reformer, reformadôr
er	o, e	astronomer, astrónomo; lithógrapho
ery		artillery, artílharía
esce	escer	effervesce, effervescêr
ess	iz	actress, actríz; empress, imperatríz
ess	éssa	countess, condéssa
ess	éza	baroness, baronéza; duquêza, princêza
ess	êira	heiress, herdéira
ess	ésso	process, procésso; excésso, succésso
et	êta	poet, poêta; lancêta
eur	êza	grandeur, grandêza
fy	ficár	purify, purificár; qualificár, edificár
ge	ja	forge, fórja; arrange, arranjár; lója
ge	gio	college, collégio; refúgio, privilégio
hood	er	widowhood, viúvez
ia	os	effluvia, efflúvios
ian	o	theologian, theólogo
ic	ôso	majestic, magestôso
ice	ício	sacrifice, sacrifício; edifício, offício
ice	iço	service, servíço

ice	ícia, iça	police, polícia; notícia, malícia
ice	icho	caprice, caprícho
ice	êza	avarice, avarêza
ics	ĭca	statics, stática; mathemática
ier	êiro	cashier, caxêiro; financêiro, fusilêiro
iet	iéto	quiet, quiéto
igue	igar	fatigue, fatigár
ile	il	puerile, puerĭl; fértil, imbecíl, dócil
iliate	{ ilhár / iliar }	humiliate, humilhár; conciliate, conciliár
ime	ĭmo	maritime, marítimo
in	em	margin, márgem; orígem, vírgem
ine	nho	marine, marínho
ine	nha	line, línha
ine	ina	mine, mína; disciplína, máchina
ine	ino	divine, divíno; libertíno, feminíno
ing	ândo	dancing, d nçândo; formândo
ing	êndo	reading, lêndo; concedêndo
ing	índo	persuading, persuadíndo; dividíndo
ing	ânte	during, durânte
ing	ênte	
ion	ĭo	dominion, domínio
ion	ião	religion, religião; opinião, centurião
ion	nhão	pavilion, pavilhão
ion	ão	vision, visão; divisão, explosão
ious	o	perfidious, pérfido
is	e	ellipsis, ellípse; thêse
isc	isco	disc, dísco, obelísco
ish	ir	abolish, abolír; brandír, finír, polír
ish (adj.)	ez	English, Ingléz; Irish, Irlandez
ish (dim.)	inho, ádo	whitish, branquínho
ism	ísmo	paganism, paganísmo; baptísmo
ist	ísta	dentist, dentísta; economísta, purísta
ist	ĭco	botanist, botánico
it	ĭto	decrepit, decrépito; hábito
it	íte	limit, limite
ite	ĭta	levite, levíta; hypócrita
ite	ítio	site, sítio
ite	íto	definite, definíto; erudíto, exquisíto
ited	ído	united, unído
ity	idáde	brevity, brevidáde; santidáde

ity	ez	solidity, solidéz; fluidéz, rapidéz
ity	eza	nobility, nobréza
ive	ívo	positive, positívo; fugitívo, motívo
ize	izar	baptize, baptizár; immortalizár
k	co & que	frank, frânco; bânco; tank, tânque
kin	inho	lambkin, cordeirínho
le	lo	ample, amplo; têmplo, exêmplo
le	ŭlo	title, título; discípulo
let	ínho	rivulet, rebeirínho
liant	hânte	brilliant, brilhânte
ling	inho	gosling, gansínho
lock	inho	hillock, onteirínho
ly (adv.)	mênte	finally, finalmênte; totalmênte
m	ma	system, systêma; symptôma, emblêma, drama
me	mo	supreme, suprêmo; extrêmo
mn	mna	column, colúmna
nce	ncia	ignorance, ignorância; distância
nce	nça	vigilânça, differênça
ne	ona	vigilance, zone, zôna
ness	ura	fineness, finúra; altúra, frescúra
ness	êza	firmness, firmêza; franquêza
nt	nta, nte	affront, affrônta; font, fônte
o	o	canto, embárgo
on	ão	prison, prisão; dragão, galleão
on	ão	sermon, sermão; salmão, prisão
or	or	terrôr, horrôr, tremôr, inventôr
or	ario	proprietor, proprietário
or	o	error, érro
ose	ôr	impose, impôr; compôr, suppôr
ose	ôso	verbose, verbôso
ose	osa	prose, prósa
ot	óta, ota	patriot, patrióta; pilot, pilôto
ous	o	various, vário; contíguo, adventício
ous	ôso	generous, generôso; gloriôso
ph	pho	paragraph, parágrapho
ply	plicar	multiply, multiplicár
que	co	burlesque, burlésco; pittorésco
re	ro, er	centre, cêntro; sepúlchro, desástre
rious	re	illustrious, illústre
rn	rno	modern, modérno; intérno

rt	rte	fort, fórte
se	so	use, úso; abúso, abstrúso, váso, vérso
ship	ade	friendship, amizáde
ship	ia	lordship, senhoría; capitanía, legacía
some	ôso	toilsome, lanoriôso; trabalhôso
sque	sco	picturesque, picturésco; burlésco
t	to	alphabet, alphabéto; distíncto, quiéto
te	to	remote, remôto; vôto, absolúto
te	ta	note, nóta
ter	tro	barometer, barómetro; thermómetro
tion	ção	nation, nação; ração, proporção
tle	tolo, tola	apostle, apóstolo; epistle, epístola
tle	tello	castle, castéllo
tor	dor	orator, oradôr; cultivadôr, reguladôr
ture	duro	mature, madúro
ty	dão	laxity, laxidão
ube	úbo	cube, cúbo
uce	uzir	conduce, conduzír; deduzír, induzír
uct (v.)	ir	instruct, instruir
uct (n.)	úcta, ucto	conduct, condúcta, prodúcto
ude	úde	latitúde, longitúde, plenitúde
ude (v.)	uir	conclude, concluír
ude	ão	gratitude, gratidão; solidão
ul	ul	cónsul
ulse	ulso	impulse, impúlso
ult (v.)	ultar	consult, consultár
um	o	asylum, asýlo; delírio
ure	ura	manufacture, manufactúra; fractúra
urn	{ úrno / úrna }	turn, túrno
us	o	apparatus, apparáto; génio
x	xo	complex, compléxo; séxo
x	xto	context, contéxto; pretéxto, têxto
y	ía	academy, academía; economía, espía
y	ïa	family, família; memória, história
y	io	adversary, adversário; observatório
y	ea	assembly, assemblêa
y	o	destiny, destíno

ABSTRACT OF PRECEDING TABLE,

Applicable to Words in English and Portuguese having the same Greek or Latin root:—

1. Words in a, al, ar, or, ude, are the same in both languages, with few exceptions.
2. Words in ant, ent, add e.
3. Words in act, an, ect, ess, ic, id, il, ism, x, and xto, add o—fact, facto.
4. Words in on, ion, tion, sion, change these into ão, ião, and cão—prisão, religião.
5. Words in cy, dy, ly, my, gy, ry, sy, change y into ia, ncy into ncia, and ice into icia.
6. Words in ce, ge, ary, ery, ory, change e and sy into io—palace, palácio.
7. Words in ane, ate, be, ete, ite, ote, ute, ene, ine, ive, ire, se, etc., change e into o—humane, humano.
8. Words in ch (hard), c, ist, ot, add a—monarch, monarcha.
9. Words in ity change ity into idade—city, cidade.
10. Words in ade, ics, change the last letter into a.
11. Words in ous take oso; in eous, eo; cious, z.
12. Words in us and um, change these into o.
13. Words in *ate* (verbs), change ate into ar; ing into ando, endo, indo; ed into ado, ido; tor into dor.

ADJECTIVES

Are sometimes roots, or primitive words, as dúro, cáro, cávo; but more frequently derivatives, with the following affixes:—

ADJECTIVES MEANING

acting : ânte, ênte; fulminánte, poténte
power to act : ívo, áz; actívo, tenáz
acted on : ádo, ído; vasgádo, vestído
able to be : ável, ível, úvel, átil, íço; amável, visível, solúvel, portátil, levadíço

ADJECTIVES MEANING

belonging to: âno, ár, ário, êz, íco, il, íno; pais*á*no, pol*á*r, aliment*á*rio, portugu*é*z

full of: ênto, ôso, úrno, óz, êz; lamac*ê*nto, ram*ô*so, tacit*ú*rno, atr*ó*z, cort*é*z

made of: eo; a*ú*reo, f*é*rreo

having much of: údo; Barb*ú*do, lan*ú*do

bearing, causing: fero, fico; frond*í*fero, pac*í*fico

being: ânte, ênte, ído; const*â*nte, dec*é*nte, húm*i*do

apt to be, going to: búndo; furib*ú*ndo, morib*ú*ndo

like, tending to: ádo, ídulo; achumb*á*do, advent*á*do, ac*í*dulo

diminutive, fond of: inho, íno, zínho; bonit*i*nho

Adjectives in o become *feminine* by changing o into a: activo, activa. Adverbs are formed by adding *ménte* to the *feminine* of adjectives, e.g., activam*é*nte. Diminutives by putting "*inho*," ino, or *zinho*, instead of o: bonit*inho*, pequen*ino*, grande*zínho*. These diminutives have often the force of "*ish*" in English, as larg*ish*, black*ish*; but *far more frequently* are expressive of endearment, like "*petit*," in French; *e. g., bonitinho* means "pretty little dear," and rarely pretty*ish*.

VERBS

Are primitive, as *pôr*; and compound, or derivative, as *impôr*. Their terminations are of course significative, of which the following are specimens:—

do, act, be: ár, êr, ír, ôr; aprompt*á*r, receb*ê*r, impell*í*r, supp*ô*r

grow, become: ecêr; envelhec*ê*r, esclarec*ê*r, anoitec*ê*r, embranquec*ê*r

do often, or habitually: ejár; gotej*á*r, apedrej*á*r, cravej*á*r, trovej*á*r, padej*á*r

act as, make like: eár; pastore*á*r, pedante*á*r, pavone*á*r-se

imitate, mimic: ezár; afrancez*á*r, aportuguez*á*r

make be: izár, isár, itár; fertil*i*zár, human*i*sár, facilit*á*r

act in a small way: iscár, icár, igár; chuv*i*sc*á*r, beberric*á*r, choromig*á*r

OUTLINES OF GRAMMAR.

I. The ARTICLE is thus declined:—

	sing. m. o	*f.* a	*plur. m.* os	*f.* as	
of the	do	da	aos	das,	comp. of *de*, of
to the	ao	á	dos	ás,	,, *a*, to
in the	no	na	nos	nas,	,, *em*, in
by the	pelo	pela	pelo	pelas,	,, *por*, by

A or *an* is *um, úma;* of a, *de um, de úma;* to a, *a um, a úma,* etc.

Examples.—O sól, térra, a do már, da bárba, no ár, na água, á hóra, pêla língua, na órbita, da térra, pêlo professôr, os navíos, as hóras, aos cantôres, dos navíos, ás idéas, pêlos professôres, nos navíos, pêlas bárbas. Um professôr, úma pálma, de um consúl, a um pastôr, de uma vácca, a úma déa, a cása do governadôr, a influência da língua.

II. The NOUN has no inflection for *case;* the objective or accusative is preceded by the particle "a" when there is danger of ambiguity: as, "Joaõ áma *a* Pédro," "Lôbo não máta *a* lôbo."

Number.—The following are the rules for the formation of the plural:—

Rule 1. A noun ending in a vowel takes *s:* filhá, filha*s*; vênto, ventô*s*; gru, gru*s*.

Rule 2. A noun ending in a consonant (except *l* and *m*) takes *es:* senhôr, senhôr*es*; colhér, culhér*es*; inglêz, inglêz*es*; côr, côr*es*; paíz, paíz*es*.

Rule 3. A noun ending in *l* drops it before taking *es:* animal, anim*ães*; lençól, lenç*óes*; azúl, az*úes*. *El* and il become *eis:* pap*el*, pap*éis*; dóc*il*, dóc*eis*. "*Il*," when *accented*, becomes *is:* fus*íl*, fus*ís*. Cónsul, cal, mal, and pensil follow Rule 1: cónsul*es*, cál*es*, mál*es*, pensíl*es*.

Rule 4. A noun ending in *m* changes *m* into *ns:* hómem, hóme*ns*; bóm, bó*ns*; fim, fi*ns*; algúm, algú*ns*; atúm, atú*ns*.

Rule 5. Nouns in *ão* form the plural in three ways:—(1) By adding *s*; (2) by changing *ão* into *ães*; (3) by changing *ão* into *ões*. No rule is so safe as lists—1. Ac mãos, pagãos, orégãos, órfãos, órgãos, sólãos, temporãos, vãos, zângãos. 2. Allemães, cães, capellães, capitães, Catalães, charlatães, deães, ermitães, escrivães, guardiães, massapães, pães, sacristães, tabelliães. 3. Acções, confissões, corações, and fully 1000 more, being *all the feminine* nouns in *ão*, *ção*, and *tão*, except *mão* and *benção*. Aldeão, anão, and villão take ãos or ões; also, soldão and volcão, ões, or ães. The first and second lists are complete; *all other nouns* in *ão* come under the *third*.

Some have no plural, *Lisboa;* some no singular, *cangálhas, anjínhos* (when meaning a double thumb-screw); some are the same in both numbers, *píres, cáes, ouríves,* etc.

II. GENDER.—The Portuguese language has two genders, masculine and feminine. The *grand general rule* is, all nouns ending in *o* are *masculine;* all in *a, feminine.* Some special rules follow:—

Rule 1. Nouns in *e, i, o*, and *u* are masculine : caffé, pé, lácre, lêite, sângue, lívro, álcali, perú, and many others.

Exceptions. Cheminé, sé, fé, fáce, alfáce, séde, parêde, víde, tárde, longitúde, etc.; fônte, frônte, pônte, árte, párte, sórte, fóme, cárne, nôite, fébre, tósse, clásse, cháve, néve, sége, não, avó, enxó, mó, tríbu, and a few others of no moment.

Rule 2. Nouns in *l, m, n, r,* and *z* are masculine: sa*l*, hóme*m*, pesá*r*, lápis, naríz.

Exceptions. Cal, núvem, órdem, and those in *gem*, as imagem; mulhér, colhér, côr, cór, dôr, flôr; páz, raíz, fóz, nóz, vóz, crúz, lúz, and all in *dêz, e.g.,* timidêz, etc.

Rule 3. Nouns in *a, ão, ei, ade, ede,* and *ude* are feminine : as raínha, opinião, léi, amizáde, sêde, virtúde.

Exceptions. Dia; names of professions in *ísta*, dentísta; Greek nouns in *a*, diadêma; words in *á*, chá, alvará; but *pá* is feminine.

III. The ADJECTIVE forms its plural as the Noun does, and its feminine thus :—

s

o becomes *a*: dout*o*, dout*a*; nôv*o*, nóv*a*
ão ,, *ã*: vã*o*, vã; sã*o*, sã
êz, ól, ôr, ú, and úm, add *a*: inglêz, inglêz*a*; hespanhól*a*, protectôr*a*, nú*a*, úm*a*
ôso becomes ósa: gener*ôso*, gener*ósa*
e, l, r, and z (except or, ol, and éz) do not change: brév*e*, fin*ál*, visíve*l*, fáci*l*, ten*áz*, cort*éz*

The Comparative and Superlative are formed by prefixing *máis* and *o mais*, as álto: *máis* álto, *o mais* álto.
Exceptions. Bom, melhór, óptimo; máo, peiór, péssimo; grânde, maiór, máximo; pequêno, menór, mínimo. Some take the following:—*Íssimo*, as antígo, antiqu*íssimo*; nóbre, nobil*íssimo*; fiél, fidel*íssimo*. *Íllimo*, as fácil, fac*íllimo*; humilde, hum*íllimo*. *Érrimo*, as ágro, ac*érrimo*; póbre, paup*érrimo*, and pobr*íssimo*.
The following are irregular:—Bom, bôa; máo, má. Commúm is *now* invariable.

Examples of Nouns and Adjectives. As opiniões dos capitães. Os corações dos animáes. As mãos dos guardiães. As crúzes dos Christãos. As márgens dos ribeirínhos. O gatínho do pastorínho. Pânno Hespanhól. Uma fragáta Americâna. Os generáes Rússos. Vínho brânco. Um cavállo Árabe. Uma fébre agúda. As bôas manêiras dos officiáes superiôres. Cárne crúa. Um máo jantár. Doutrína sã. Ares sãos. Hómens amáveis. Senhôras Allemãs. Grandíssima actividáde. Máis notável. A maiór affabilidáde. A melhôr vída. O menór têmpo.
The Numerals are—*Cardinals:* um, dôis, trés, quátro, cínco, sêis, séte, oíto, nóve, déz, ônze, dôze, tréze, quatôrze, quínze, dezasêis, dezaséte, dezóito, dezanóve, vínte, vínte-um, trínta, quarênta, cincoênta, sessênta, settênta, oitênta, novênta, cêm, duzêntos, trezêntos, quátro cêntos, quinhêntos, etc., mil, dois mil. *Ordinals:* primêiro, segúndo, tercêiro, quárto, quínto, séxto, séptimo, oitávo, nôno, décimo, undécimo, duodécimo, décimo-tércio, etc., vigésimo, vigésimo-primêiro, trigésimo, quadragésimo, etc., centésimo, millésimo.

IV. The Pronouns have the following forms:—
1. The *Personal* Pronouns are—

	1.	2.	3. *m*.	3. *f*.
	eu, nós	tu, vós	êlle, êlles	élla, éllas
de, a, para	mim, nós	ti, vós	êlle, êlles	élla, éllas, si
(acc. form)	me, nos*	te, vos*	o, os	a, as, se

The *first* line contains the *nominative* forms: *I, we*, etc. The *second*, the forms used *after prepositions*, as *a, de, por, para, com*, etc., contraction taking place only in dêlle, dêlles; délla, déllas; and comígo, com-nôsco, for com mim, com nos. The *third* represents the forms equivalent to *accusatives* or *objectives*, governed by active verbs. "It is I" is "*sôu êu;*" "it is he," "*é* êlle;" "it is said," "*diz-se*." "Se," used with a reflective verb, is equal to *one, we, they, people;* like "on" in French, as "*cóme-se*," "one eats;" "*bébe-se bom vínho aquí*," "they drink good wine here."

2. *Conjunctive* pronouns are joined to verbs: *o*, him; *a*, her; *os*, them (*m*.); *as*, them (*f*.); *se*, himself, herself, themselves; *lhe*, to him or her; *lhes*, to them. These frequently combine with the Personal Pronouns, thus— *m'o*, or *mo*, it to me; as "Dê-*mo*," "Give *it to me*," referring to a masculine object; *dê*-ma, if feminine; *dê*-mos, if masculine plural; *dê*-mas, if feminine plural. The table exhibits the possible combinations:—

	me, *mo*	thee, *to*	him, her, *lho*	us, *nolo*	you, *volo*	self, *selo*
It (*m*.) to						
It (*f*.) to	„ *ma*	„ *ta*	„ „ *lha*	„ *nola*	„ *vola*	„ *sela*
Them (*m*.) to	„ *mos*	„ *tos*	„ „ *lhos*	„ *nolas*	„ *volos*	„ *selos*
Them (*f*.) to	„ *mas*	„ *tas*	„ „ *lhas*	„ *nolas*	„ *volas*	„ *selas*

Examples. Díga-*me*. Eu *o* dígo. Elle âma. Pága-*me*. Dê-*lhe* o lívro. Dê-*lho*. Dê-*lhe* a pênna. Dê-*lha*. Dê-*lhe* os lívros. Dê-*lhos*. Dê-*lhe* as pênnas. Dê-*lhas*. Sem *mim*, délla, de *ti*, déllas, pâra *élle;* encha-*o;* dê-*me* um cópo, péça-*lhe* úma véla, mêtta-*o* no sácco, mânde-*os* cêdo. Elle dêu-*mo*. Élla deu-*lhos*. A si.

---

* Nós and vós, in the nominative and after prepositions, *always* have the accent, and are pronounced as if nóss, vóss; but in the accusative as if nŏoz or nŭz, vŏoz or vŭz.

Pronouns are further modified in combining with verbs; *e.g.*, instead of "*amár o*," to love him, it becomes "*amâ-lo*," or "*amál-o*," or "*amallo*;" and so of the others—*amál-a*, *amál-os*, *amá-las*. Again, *amámos-o* becomes *amámo-lo*. Also, for euphony *o, a, os,* and *as* take *n* after third plural of the verb—*adorão-o* becomes *adorão-no*.

3. The *Possessives* are—

Mêu	mínha	mêus	mínhas	my
Têu	túa	têus	túas	thy
Sêu	súa	sêus	súas	his, her, its, their, your
Nósso	nóssa	nóssos	nóssas	our
Vósso	vóssa	vóssos	vóssas	your

The possessive often requires an article: *o mêu lívro*, my book; *a mínha cása*, my house; but the article is *not* used before persons: mêu pai, mêu irmão, vóssa senhoría, etc.

4. The *Demonstratives*—

Éste	ésta	éstes	éstas	(ísto)	this, these
Ésse	éssa	ésses	éssas	(ísso)	that, those
Aquêlle	aquélla	aquêlles	aquéllas	(aquíllo)	that, those (yonder)

Éste is exactly "*this;*" *ésse* is "*that*" near; *aquélle* is "*that*" yonder. They combine with *outro*, forming *est'-oûtro*, this other; *est'oûtros*, these others; *ess'oûtro*, *aquêll'oûtro*. *Isto* is "*this*," used alone, like "*ceci;*" *ísto* is "*that*," like "*cela*."

| Mêsmo | mêsma | mêsmos | mêsmas | self, same, very one |
| O | a | os | as | that, those |

Mésmo is used thus: *Éu mêsmo*, I my*self;* *élles mêsmos*, they them*selves*. Also, *o mêsmo hómem*, the *same* man; *ao mêsmo têmpo*, at the same time. "*O*," as a *demonstrative*, is used thus: *o que*, he who; also, *o de*, that of. All these combine with *de*, as *déste, désta, déstes, déstas, dísto; désse, daquélle; do mésmo, da mésma, dos mésmos, das mésmas; do, da,* etc., with *em*, as *néste, nésta, nêstes, néstas, nísto; nêsse, naquélle, naquíllo, no mêsmo, no, na,* etc.

Examples. Êste lívro, ésta mêsa, êstes lívros, éstas mêsas; dêste cavállo, désta questão, dêstes hómens, déstas mulhêres; a êste rapáz, a ésta rapariga, a êstes rapázes, a éstas raparigas; nêste quárto, nésta câma, nêstes quártos, néstas câmas; aquêlle lívro, aquélla cása, aquêlles lívros, aquéllas cásas; daquêlle criádo, daquélla criáda, daquêlles criádos, daquéllas criádas; áquêlle hómem, áquêlla mulhêr, áquêlles hómens, aquéllas mulhêres; naquêlle navío, naquélla câma, etc. No mésmo día, isso mêsmo, pela mêsma razão, élla mêsma; o número dos que —, dois reinos, o do temôr, e o da esperânça, os do nósso día. (1 Cor. xv. 39).

5. The *Relatives* are—

Que (invariable),	who, which, that, whom
O que, a que, os que, as que,	what, which; he, she, or those who
Cújo, cúja, cújos, cújas,	whose
Quem (invariable),	whoever; he or she who; what
O quál, a quál, os quáes, as quáes,	who, which; the which

" *Que* " is used with both genders, both numbers, with verbs, and prepositions : " *o que* " is equal to *that, which,* or *what,* in the phrase *what* he says is true. It is declined like *o, a,* do que, da que, etc. " Cújo " (de quem) takes the preposition but no article, *de* cújo cavállo—not *do.* " *Quem* " has the force of *who* in the phrase " *who* steals my purse," or the Latin " sunt *qui ;*" it takes prepositions. " *O qual* " is used instead of *que* to prevent ambiguity, as *lequel* is in French; it is declined with the article, and takes the prepositions : *do* quál, *da* quál, *dos* quáes, *das* quáes; *no* quál, *pelo* qual, etc.

Examples. O professôr que fálla, a criáda que cânta, os pensamêntos que são vãos, éstas palávras que dígo. O relógio que tênho. A filha que êlle âma. O hómem que vêjo. A cása em que; as circumstâncias em que; a pênna com que, o negócio de que; o hómem está cérto do que diz. Nós dizêmos o que sabêmos. O que tem a espôsa é o espôso. Não sei o que é. O hómen de cújo lívro, etc. A mulhêr de cújo relógio. O rapáz de cújas mãos, a raínha de cújos cavállos. Dá a quem te pede.

Côrno quem tinha autoridáde. Quem nêlle crê não é condemnádo. Sômos quem sômos. De quem tem a hónra de sêr. Deos a quem havía crído. Não sabía quem êlle éra. (See also John vii. 25.) Diante de Déos, a quém havía crído, o quál dá vída aos mórtos; súa gráça, a qual êlle derramôu; os filhos êntre os quáes vivêmos; pelas quaes cousas; pelo Evangélho do qual eu fúi feíto ministro. (Col. ii. 3.; Eph. iii. 12.; iv. 16.; Philem. 12.; 2 Cor. xi. 29.; Rom. ix. 20.)

6. The *Interrogatives* are—

Que? (invariable),	what?
Quem? (invariable),	who? whom?
Cújo, cúja, cújos, cújas?	whose? (de quem? is more usual)
Qual, quaes?	which? (*i.e.*, which of two or more)

Examples. Que lívros tem êlle? Que bôas nôvas ha? Com que autoridáde? Que rúa é ésta? Que dirêmos? Que diz a Escritúra? Que distância? Que hóras são? Que quér? A que fim? Quem é? Quem me livrará? Quem nos separará? Quem sábe? De quem é ísto? Com quem fallôu? De quem é ésta imágem? De quem é êlle filho? Quaes são as rúas? Qual pôis o âma mais? Qual é mais fácil? Qual é o camínho? Qual é o prêço dísto? A qual dos séte? Qual dêlles? Qual dos dois?

7. The *Indefinites* are—

Alguém (ind.), somebody, any one; muíto, much, many; pôuco, little, few; tal, qual.
Algúm, some, any; nenhúm, no, none; quânto, how great, what; túdo (ind.)
Âmbos, both; ninguêm (ind.), nobody; qualquér, any, whatever; tânto, so great, so much, so many.
Câda (ind.), *each* (not every); ôutrem (ind.), others; quemquér (ind.), whatever; uns, úmas, some.
Cérto, a certain; oûtro, another, other; só, alone.
Fulâno, such-a-one; os máis, the rest; tôdo, all (pl.), *every.*

Examples. Conhéce V. S. *alguem?* Têm algúma quêixa côntra algúm? alguns de vóssos poêtas algúmas pessôas, âmbos gritárão, câda hómem, câda cása, câda um, dísse-me cérta pessôa, fulâno diz, muíto vínho, múita prudência, múitos hómens, múitas filhas, nenhúm hómen, nenhúma cása, nenhúm de sêus amígos, ninguém lá está, sem ôutrem em cása, ôutro día, não ha ôutro mêio, os mais fugírão, pôuco têmpo, pôuca água, pôucos, pôucas pessôas, quânto têmpo, com quânta dôr! quantos trabálhos! quântas nôites! qualquér hómem sábe ísso, quaes quér que sêjão ôs perígos, êlle só, élla só, a só excepção, tôdo (*all*) o ânno, tôda a nôite, tôdos os días (*every*), tôdas as nôites, tal pai, tal filho, taes e taes côusas, tal e qual, alguns dos quaes, elle é tal qual V. S. o tem conhecído, túdo ía bem, tánto dinhêiro, vínte e tântos, um ao ôutro, uns aos ôutros, uns e ôutros, uns dôze hómens, úmas mêias, um e ôutro.

V. VERBS.—The Portuguese Verb is regular in its structure, and presents few difficulties to the Latin scholar. Verbs are chiefly derived from nouns—ólho, olhár, ar, arejár—the root being modified by prefixes and affixes. The peculiarities are—

1. An *inflected* or *personal* infinitive, amár eu, amár*es* tu, amár êlle, amár*mos* nós, amár*des* vós, amár*em* êlles = my loving, thy loving, his loving, etc.

2. The use of *four* auxiliaries—*têr, havér, sêr*, and *estár*—and the remarkable distinction between *sêr*, representing a *permanent, essential* quality, and *estár*, a *temporary state* or *circumstance*.

3. Richness in compound tenses and idiomatic forms; and singular combinations with pronouns, expressing delicate shades of meaning: e. g., *ténho* or *héi* amádo, *tinha* or *havía* amádo, *tive* or *houve* amádo, etc.; *andândo vêndo, héi de amár, têr sido amádo, ténho de ir, acábo de ouvír, está para pedír, o cair da fôlha. Ténho que escrevér, havémos de nos divertír, estóu a temêr, escrevêr-lhe-héi, tê-lo-ha* V. S. *apprendído. Déve-se-abrír as janéllas, batêi, e abrír-se-vos-ha. Perdoár-se-lhe-ha. Fa-lo-héi.*

4. The gerund* (present participle active) combines with *estár* to form *progressive* tenses in *ndo* like the English *ing*: e. g., *estóu amândo*, I am loving. It is

---

* Constancio's nomenclature.

joined to nouns (without undergoing inflection); e. g., *a cabêça nadándo em sángue*. It is used absolutely, *evitándo expréssões báixas*. Often conveys a *future contingent* idea: *havêndo logár*, irêi: if I have time, I shall go.

5. The supine* (past participle) in *ádo* or *ído* (for irregulars, see p. 147), combines with *têr* and *havêr* to form the compound tenses of the active, and with *sêr* and *estár*, those of the passive; in the first, invariable; in the second, inflected like an adjective. Elle é amádo, élla é amáda, êlles são amádos, éllas são amádas. It does *not* follow the French construction (as it once did) in such phrases as, "le livre que j'ai écrit;" "la lettre que j'ai écrite;" but remains invariable. It is often used like an ablative absolute (*inflected*): *chegádo o têmpo*, the time being come; *consultádos os capitães*. Employed actively, as well as passively, as an adjective: "*cançádo*" is tiri*ng* and "tired;" "*esquecído*," "*forgetful*," and forgotten." It is elliptically used without the verb *to be*; e. g., "suspéito de infécto," for "suspéito de *ser* infécto," suspected of *being* infected.

6. Reflective, reciprocal, impersonal verbs and *reflectives as impersonals*, are in constant use, the whole tendency of the language being to employ the third person, like "*on*" in French. They are, of course, connected with the appropriate pronouns, *me, te, se*, etc., except in the few cases where the impersonal is pure: *absténho-me de bebêr, não me esquecerêi*. Often equivalent to the passive, *sábe-se*, it is known, *divíde-se a cása*. Reciprocals are Englished by "each other:" muito *se quérem os dois amigos*. Impersonals are reflective, as, *vái-se* (one goes), *chéga-se, faz-se*; or pure, as *vále, chóve, convém*.

7. The *Moods* are nearly the same as in other languages. No optative *form*, the defect being supplied by *oxalá, oxalá que eu tivésse*, etc. The *subjunctive* is used—
(1.) When *contingency* is in the second or subordinate clause: quéro que êlle *fáça* isto. (2.) As a *polite imperative*: *díga*-lhe. (3.) Instead of the English *infinitive*; díga-lhe que *súba*, tell him *to come* up. (4.) After words of need, duty, possibility, etc.: é *precíso* que eu *vá*.

* Constancio's nomenclature.

(5.) Often after verbs of doubt, fear, or emotion; espéro desêjo, estímo, recéio, quéro, aconsélho, rôgo, péço, creio temor, etc. Espéro que V. S. *estêja* melhór ; recêio que *tenhámos* um verão quênte ; duvído que assim *séja*. (6.) After words and phrases indicating *purpose, paraque, afim que:* or *concession, aindaque, posto que ; condition, se, no caso que, comtanto que,* etc.; para que *tóme* éste logár ; afim que êlle *ténha* bons exémplos. (7.) In *prayers, wishes, blessings,* etc.: a *graça séja* com tôdos, paz *séja* aos irmãos.

(*Note.*—The Portuguese subjunctive is not *always* used to express *purpose,* as it is in Latin after " ut ;" *para* with the infinitive is generally used like "pour" in French, or in old English "for to," as *pára* fazêr ísto. The great distinction between the infinitive and subjunctive in the subordinate clause is, that the infinitive is to be used in Portuguese when the verbs in *both* clauses refer to the *same* person. " *Quéro fazêr* isto," I *wish* to *do* that: the subjunctive in Portuguese, when the verbs refer to *different* persons : " *Quéro* que elle *fáça* ísto," I *wish* him to do that, though translated by the *infinitive* in English.)

The *conditional* (potential or suppositive) *affirms,* depending on a previous *doubt,* whereas the subjunctive *doubts,* depending on a previous *affirmation :* eu *sahiría,* se o têmpo estivésse bom, I *should go out,* if the weather were good ; *quéro* que êlle *fáça*. The infinitive is often used as a noun : o *cahír* da fôlha, the *fall* of the leaf; o único *ser* humáno, the only human *being.*

8. The *Tenses* require attention. The *present* in Portuguese is used as in English, but also often stands for a future, *vou já,* I *shall* go directly. Não *dóu* tânto, I *shall* not *give* so much. The *imperfect* is *not* a past *definite* (as given in most Portuguese grammars for Englishmen), but a *progressive* tense, as eu *lia* quândo êlle entrou —not I *read,* or *did read,* but I *was reading* when he came in. The *preterite definite* or *perfect* tense shows the *definite* act, *falléi,* I *spoke ;* but it also represents the English *compound of the present* when the *act* is *definite,* thus, *jantêi,* I *have dined ;* o vapor *chegóu,* the steamer *has arrived ;* já lhe *disse,* I *have* already *told* you. [*Note this carefully.*] The preterite *indefinite* much as in Eng-

lish, *ténho escripto* tres on quátro cártas sem effêito, and so of the others. The future *indicative* as in English; but the future *subjunctive* in *ar, er* = to the English *present* (when used as a *future*), se *viér,* if he *comes:* se o vapor *chegár,* if the steamer *arrives.* The Portuguese tense in *ásse, ésse, ísse,* generally called imperfect subjunctive, is *hypothetical;* sometimes *past* (after a past), elles não *dérão* próvas que *tivéssem,* etc., they *did* not give proof that they *had* (as if it were " *could have*"), e côino *estivéssem* olhândo pâra o cêo (Acts i. 10); sometimes *future,* se *podésse* sêr, if it *could* be; se eu *désse,* if I *were* to give. The *compound* forms follow the same usages, dirá túdo o que *tivêr* ouvído, he will say all he *has heard, i.e.,* that he *may* or *shall,* have heard; se êlle me *tivésse* falládo, if he *had* spoken, *i.e.,* if he *could have* spoken. The *pluperfect* in ra, amára.

9. The *persons* are the same as in other languages, but the usage is different. Where the English use the second person plural "you" in speaking to *all,* the Portuguese *always* use the third person in speaking to superiors and equals, and *often* in addressing inferiors; *e.g.,* " Como está hôje ?" is, literally, " How *does* (he) today ?" Hence, to prevent ambiguity, the frequent necessity of putting V. E., V. S., or V. M. before the verb— the first for *Vóssa Excellência,* when speaking to persons of rank, or ladies ; the second, *Vóssa Senhoría* for gentry and the middle-classes; the third *Vóssa Mercê* (pronounced *Vosmecê*) to work-people and upper servants; and *Vossê* amongst intimate friends and to the lowest classes. The pronouns—personal, possessive, etc.— must, of course, all be in the third person : " Como está *séu* irmão ?" How is *your* brother ? Hence " a *súa* cása" would mean "*your* house," a cása *délle, his* house. " Tu" is used in prayer; amongst friends, in families, to servants, and the poor. *Vós* is employed in elevated style; in sermons, lectures, addresses ; "Vós, Senhor," to the king; when used for "tu," the verb is plural, the adjective singular : vós, minha filha, *estais* louca." In Portuguese novels, professing to represent people speaking as in real life, all the dialogues are in "*vós,*" instead of being in the third person singular!

The third person plural is spelled with em or êem, ão or am.

10. *Formation of Tenses.* The student will master the verbs with ease, if he carefully notices the formation of the tenses from the infinitive, (1.) In the first person, the personal infinitive and the future subjunctive are the *same* as the present infinitive, but are *inflected*, e.g., am-ar am-ar, am-ar. (2.) Present participle formed thus : am-ar, am-*ándo;* past participle, am-ar, am-*ádo*. (3.) Future, amar, amar-*éi;* conditional, am-ar, amar-*ía*. (4.) Pluperfect amar, amár-*a*. (5.) Imperfect subjunctive, am-ar, am-*ásse*. (6.) Present indicative, am-ar, am-*o*, and present subjunctive, am-ar, âm*e*. (6.) Imperfect indicative, am-ar, am-*áva*, and perfect indicative, am-ar, am-*éi*.

The *correspondence* of the tenses is extremely important. In the *indicative*—1. The present and future may be followed by any tense. 2. All the tenses may be followed by the present, in affirmations. 3. The perfect and imperfect are followed by the *imperfect* when the action is *not* complete, by the *perfect* when it *is*. In the *subjunctive*, the *tense* is determined by the *tense* of the indicative verb that precedes—(1.) The *present indicative* is followed by the *present subjunctive*, when the second action is *future;* by the *perfect subjunctive*, when the action is *complete;* by the *hypothetical* form in *sse*, when the act is *incomplete*. (2.) The *perfect indicative* and *conditional* are followed by the form in *sse*, when the act is *future;* by the *perfect subjunctive*, when it is *past*. (3.) The *future indicative* takes the *present subjunctive* and *future subjunctive* when the act is *future ;* the *future perfect subjunctive* when the act is to *have been* done. In the *imperative*, the governing or leading verb takes the *infinitive*, or *present subjunctive* with *que*.

In the *conditional*—1. The form in *ria* takes after it the form in *sse*. 2. The form in *ára*, in the *first* clause requires the *same* form in the second. 3. The compound eu o " *teria* avisado," in the first clause, requires " se êlle ma *tivésse* pedído " in the *second*.

AUXILIARY VERBS.

Indicative.

Present.

eu hêi, I have	tênho, I have	sôu, I am (always)	estôu, I am (sometimes)
tu hás, thou hast	tens, etc.	és	estás
elle ha, he has	tem	é	está
nós havêmos, we have	têmos	sômos	estâmos
vós havêis, you have	têndes	sôis	estúis
elles hão, they have	tem, or têem	são	estão

Imperfect.

havía, had, was having	tínha, had, was having	éra, was (alwuys)	estáva, was (then or there)
havías	tínhas	éras	estávas
havía	tínha	éra	estáva
havíămos	tínhămos	érămos	estávămos
havíeis	tínheis	éreis	estáveis
havíão	tínhão	érão	estávão

Perfect.

hôuve, had	tíve, had	fúi, was (always)	estíve, was (then)
houvéste	tivéste	fôste	estivéste
hôuve	têve	fôi	estêve
houvémos	tivémos	fômos	estivémos
houvéstes	tivéstes	fôstes	estivéstes
houvérão	tivérão	fôrão	estivérão

Pluperfect.

houvéra, had had	tivéra, had had	fôra, had been (always)	estivéra, had been (then)
houvéras	tivéras	fôras	estivéras
houvéra	tivéra	fôra	estivéra
houvérămos	tivérămos	fôrămos	estivérămos
houvéreis	tivéreis	fôreis	estivéreis
houvérão	tivérão	fôrão	estivérão

Future.

haverêi, shall have	terêi, shall have	serêi, shall be (always)	estarêi, shall be (then)
haverás	terás	serás	estarás
haverá	terá	será	estará
haverêmos	terêmos	serêmos	estarêmos
haverêis	terêis	serêis	estarêis
haverão	terão	serão	estarão

Future Conditional.

havería	tería	sería	estaría
haverías	terías	serías	estarías
havería	tería	sería	estaría
haveríamos	teríamos	seríamos	estaríamos
haveríeis	teríeis	seríeis	estaríeis
haverião	terião	serião	estarião

IMPERATIVE.

ha (tu)	tem	sê	está
havêi (vos)	tende	sêde	estái

SUBJUNCTIVE.

Present.

hája, have	tênha, have	sêja, be, may be	estêja, be, may be
hájas	tênhas	sêjas	estêjas
hája	tênha	sêja	estêja
hajâmos	tenhâmos	sejâmos	estejâmos
hajáis	tenháis	sejáis	estêjais
hájão	tênhão	sêjão	estêjão

Imperfect.

houvésse, should have, or had	tivésse, should have, or had	fôsse, might be, were	estivésse, might be, were
houvésses	tivésses	fôsses	estivésses
houvésse	tivésse	fôsse	estivésse
houvéssemos	tivéssemos	fôssemos	estivéssemos
houvésseis	tivésseis	fôsseis	estivésseis
houvéssem	tivéssem	fôssem	estivéssem

Future.

houvér, shall have	tivér, shall have	fôr, shall be, were	estivér, shall be, were
houvéres	tivéres	fôres	estivéres
houvér	tivér	fôr	estivér
houvérmos	tivérmos	fôrmos	estivérmos
houvérdes	tivérdes	fôrdes	estivérdes
houvérem	tivérem	fôrem	estivérem

INFINITIVE.
Impersonal.

havêr, to have
têr, to have

sêr, to be (always)
estár, to be (some time or place)

Personal.

havêr eu, or houvér,	my having	sêr,	my being
havêres tu,	thy ,,	sêres,	,, ,,
havêr êlle,	his ,,	sêr,	,, ,,
havêrmos nós,	our ,,	sêrmos,	,, ,,
havêrdes vos,	your ,,	sêrdes,	,, ,,
havêrem illes,	their ,,	sêrem,	,, ,,
têr,	my ,,	estár,	,, ,,
têres,	,, ,,	estáres,	,, ,,
têr,	,, ,,	estár,	,, ,,
têrmos,	,, ,,	estármos,	,, ,,
têrdes,	,, ,,	estárdes,	,, ,,
têrem,	,, ,,	estárem,	,, ,,

PARTICIPLES.
Present.

havêndo   têndo   sêndo   estândo

Past.

havído   tído   sído   estádo

COMPOUND TENSES.

tênho havído	I have had	tênho tído		I have had
tínha ,,	I had ,,	tínha	,,	I had ,,
terêi ,,	I shall have ,,	terêi	,,	I shall have ,,
tênha ,,	I may have ,,	tênha	,,	I may have ,,
(se) tivér ,,	if I have ,,	tivér	,,	if I have ,,
(se) tivésse ,,	if I had ,,	tivésse	,,	if I had ,,
têr ,,	to have ,,	têr	,,	to have ,,
têndo ,,	having ,,	têndo	,,	having ,,
tênho sído	I have been	tênho estádo		I have been
tínha ,,	I had ,,	tínha	,,	I had ,,
terêi ,,	I shall have ,,	terêi	,,	I shall have ,,
tênha ,,	I may have ,,	tênha	,,	may have ,,
tivér ,,	if I had ,,	tivér	,,	if I have ,,
tivésse ,,	if I had ,,	tivésse	,,	if I had ,,
têr ,,	to have ,,	têr	,,	to have ,,
têndo ,,	having ,,	têndo	,,	having ,,

Observations. (1.) Hei, havia, etc., may be used for tenho, tinha, etc., throughout. (2.) *Haver de* and *Ter de*, followed by the infinitive, form a complete series of compound tenses; e. g., *Hei de sêr,* I have to be, or shall be; *Havía de sêr,* I had to be; *Haverêi de sêr,* I shall have to be, etc. (3.) *Estár* similarly combines with the present participle *Estôu* sêndo, I am being; *Estáva* sêndo, and so on. (4.) The compound form, *têr sído,* unites with the participle of the verb, to compose the passive voice: Tênho sído am*ádo,* ella tem sído am*áda,* nós têmos sído am*ádos,* éllas tem sído am*ádas,* and so on, the *sído* invariable.

The Three Regular Conjugations, in ar, er, *and* ir; *and the Verb* Pôr.

INDICATIVE.
Present.

fállo, I speak	cômo, I eat	ábro, I open	pónho, I put
fállas, thou speakest	cómes	ábres	pões
fálla, he speaks	cóme	ábre	põe
fallâmos, we speak	comêmos	abrímos	pômos
falláis, you speak	comêis	abrís	pòndes
fállão, they speak	cómem	ábrem	põem

Imperfect.

falláva, I was speaking	comía, was eating	abría, was opening	púnha, was putting
fallávas	comías	abrías	púnhas
falláva	comía	abría	púnha
fallávamos	comíamos	abríamos	púnhamos
falláveis	comíeis	abríeis	púnheis
fallávão	comíão	abríão	púnhão

Perfect.

fallêi, spoke	comí, eat, ate	abrí, opened	púz, put
falláste	comêste	abríste	poséste
fallôu	comêo	abrío	pôz
fallámos	comêmos	abrímos	posémos
fallástes	comêstes	abrístes	poséstes
fallárão	comêrão	abrírão	posérão

Pluperfect.

fallára, had spoken	comêra, had eaten	abríra, had opened	poséra, had put
falláras	comêras	abríras	poséras
fallára	comêra	abríra	poséra
falláramos	comêramos	abríramos	poséramos
falláreis	comêreis	abríreis	poséreis
fallárão	comêrão	abrírão	posérão

Future.

fallarêi, shall speak	commerêi, shall eat	abrirêi, shall open	porêi, shall put
fallarás	comerás	abrirás	porás
fallará	comerá	abrirá	porá
fallarêmos	comerêmos	abrirêmos	porêmos
fallarêis	comerêis	abrirêis	porêis
fallarão	comerão	abrirão	porão

Conditional.

fallaría, should speak	comería, should eat	abriría, should open	poría, should put
fallarías	comerías	abrirías	porías
fallaría	comería	abriría	poría
fallaríamos	comeríamos	abriríamos	poríamos
fallaríeis	comeríeis	abriríeis	poríeis
fallarião	comerião	abririão	porião

IMPERATIVE.

s. fálla, speak	cóme, eat	ábre, open	põe, put
p. fallái, speak	comêi, eat	abri, open	pônde, put

SUBJUNCTIVE.
Present.*

fálle, speak	côma, eat	ábra, open	pônha, put
fálles	cômas	ábras	pônhas
fálle	côma	ábra	pônha
fallêmos	comâmos	ábrámos	pônhâmos
fallêis	comáis	abrais	pônháis
fállem	cômão	ábrão	pônhão

Imperfect.†

fallásse, spoke, should speak	comêsse, eat, should eat	abrísse, opened, should open	posésse, put
fallásses	comêsses	abrísses	posésses
fallásse	comêsse	abrísse	posésse
fallássemos	comêssemos	abríssemos	poséssemos
fallásseis	commêsseis	abrísseis	posésseis
fallássem	comêssem	abríssem	poséssem

* It is incorrect to translate the subjunctive present by "may." Its force can only be understood in a sentence: Diga-lhe que *fálle*, tell him *to speak*. Nao *côma*, don't eat. *Abra* a porta, *open* the door.

† Better called *hypothetical*, for it is so used; e. g., Elle iría, se eu *fállasse*, he would go, if I *spoke;* sería melhor, se *comesse*, he would be better if he *ate*, or *would* eat.

Future.

(se) fallár, if I speak	(se) comér, if I eat	(se) abrír, if I open	(se) puzér, if I put
falláres	coméres	abríres	puzéres
fallár	comér	abrír	puzér
fallármos	comérmos	abrírmos	puzérmos
fallárdes	comérdes	abrírdes	puzérdes
fallárem	comérem	abrírem	puzérem

Infinitive.
Impersonal.

| fallár | comêr | abrír | pôr |

Personal.

fallár eu	my speaking	abrír eu	my opening
falláres tu	thy ,,	abríres tu	thy ,,
fallár êlle	his ,,	abrír elle	his ,,
fallármos nós	our ,,	abrírmos nós	our ,,
falláres vós	your ,,	abrírdes vos	your ,,
allárem elles	their ,,	abrírem êlles	their ,,
comér eu	my eating	pôr eu	my putting
coméres tu	thy ,,	pôres tu	thy ,,
comér elle	his ,,	pôr elle	his ,,
comérmos nós	our ,,	pôrmos nós	our ,,
comérdes vós	your ,,	pôrdes vos	your ,,
comérem êlles	their ,,	pôrem elles	their ,,

Participles.
Present.

fallândo, speaking comêndo, eating. abrîndo, opening. pôndo, putting

Perfect.

falládo, spoken   comido, eaten   abrído, or aberto, opened   pôsto, put

Compound Tenses.

(1.) *Tenho falládo*, I have spoken; *tinha falládo*, I had spoken; *teréi falládo*, I shall have spoken; *ténha falládo*, I may have spoken; *se eu tivér falládo*, if I have spoken; *se eu tivésse falládo*, if I had spoken; *têr falládo*, to have spoken; *têndo falládo*, having spoken; and similarly of the other conjugations. (2.) Forms with *havêr*: *Héi de fallár*, I have to speak, *i.e.*, I shall speak; *havía de fallár*, I had to speak, and so on. (3.) Forms with *têr*: *e.g.*, *ténho que escrevêr*, I have to write; and so on

T

throughout the verb. (4.) Forms with estar: *estôu fallándo*, I am speaking ; *estôu para pedír*, I am about to speak ; *estou a comêr*, I am eating. (5.) Passive form: Sôu *amádo*, sômos amádos, etc. ; estôu encantádo ; and so on throughout.

IRREGULAR VERBS OF THE FIRST CONJUGATION.

1. Verbs in *car* change *c* into *qu* before *e* : *ficár*, fi*que*, locár, to*quéi*.
2. Verbs in *gar* insert *u* between g and e : entreg*ár*, entré*gue*, chegár, cheg*uéi*.
3. The irregular participles, in verbs of the first conjugation are, chiefly, *acéito* for aceitádo, *entrégue* for entregádo, *enxúto* for enxugádo, *gásto* for gastádo, *mórto* for matádo, *págo* for pagádo.
4. The irregular verbs are *estár* and *dar*, the former already given. The latter is regular in *dáva, daréi, daría, dándo, dádo*, and all compound tenses.

Present Indicative.
dóu   dús   dá   dâmos   dáis   dão   give

Perfect Indicative.
déi   déste   déo   démos   déstes   dérão   gave

Pluperfect Indicative.
déra   déras   déra   déramos   déreis   dérão   had given

Present Subjunctive.
dê   dês   dê   dêmos   dêis   dêm   give, may give

Imperfect Subjunctive.
désse   désses   désse   déssemos   désseis   déssem   might give

Future Subjunctive.
dér   déres   dér   dérmos   dérdes   dérem   if, — give

IDIOMATIC PHRASES.

Dar audiência, côr, espáço, glória, léi, lugár, órdens, etc., as in English ; dar benefício, privilégio, méios, *confer* benefits, etc.; dár frátos, úva, *produce, yield.* Dar combines with nouns thus: dar sáltos, to leap; —grítos, to cry; — sálva, to salute. Dar de comêr, de bebêr, de vestír, to give food, drink, clothing; *dar* a entendêr, *give* to understand; dar *em*, strike; — *sóbre*, attack; — *pára*, face. *Deo*-se por médico, *gave out* that he was a doctor; *dôu*-me bem aquí, I *am* well here; *dôu*-me bem com êlle, I *am* good friends with him; *dêmos* que assim sêja, *admit it to be so*. Quem me *déra!* How I desire! Não te *dé* cuidádo, never mind.

IRREGULAR VERBS OF THE SECOND CONJUGATION.

1. Verbs in *ger*, change g into j in the present indicative, and subjunctive: abrangêr, abrânjo, abrânja.
2. Verbs in *cer* change c into ç before o and a: descer, desço, desça.
3. Verbs in *oer* change o into ô before o and a: moer, môo, môa.
4. *Perder* changes d into c in the first person singular, present indicative, and subjunctive: perder, perco, perca.
5. The irregular participles are chiefly *absolúto*, *absórto*, *accêso*, *contênto*, contradíto, *convícto*, *corrúpto*, *defêso*, *descrípto*, despêito, díto, *eléito*, escrípto, fêito, *incúrso*, *interrúpto*, *manténdo*, *môrto*, prêso, *quísto*, *resolúto*, *reténdo*, revisto, *rôto*, visto, volto. (Those in italics have also regular forms, usage determining the application, as in English, absolved, absolute; hung, hanged; *worked* collar, and yet, *wrought* iron.)

Present.

crêio, believe	leio, read	sei, know	vêjo, see
crês	lês	sábes	vês
crê	lê	sábe	vê
dígo, say	posso, can	trágo, being	
dízes	pódes	trázes	
diz	póde	tráz	
fáço, do	quéro,* want	válho, avail	
fázes	quéres	váles	
faz	quér	vále	

* Requerer makes requ*eiro* reque*ira*.

The other persons regular: emas, eis, em, or éem.

Imperfect (was, ing; used to, would).

cría, was believ-	fazía	quería	valía
ing	lía	trazía	vía
dizía	podía	sabía	

Regular throughout: ía, ías, ía, íamos, íeis, ião.

Perfect (d, did).

cré, believed	lí	trôuxe	ví
crêste	lèste	trouzéste	víste
crêo	lêo	trouxe	víu
crêmos	lêmos	trouxémos	vímos
crêstes	lêstes	trouxéstes	vístes
crêrão	lêrão	trouxérão	vírão

disse	púde	sôube
disséste	pudéste	soubéste
dísse	pôde	sôube
dissémos	podémos	soubémos
disséstes	pudéstes	soubéstes
dissérão	pudérão	soubérão

fiz	quiz	valí
fizeste	quizéste	valéste
fiz	quiz	valêo
fizêmos	quizémos	valêmos
fizestes	quizéstes	valêstes
fizérão	quizérão	valêrao

Pluperfect (had, would have).

crêra	disséra	fizéra	léra	podéra	
quizéra	trazéra	soubéra	valéra	víra	(R.)

Future (shall, will).

crerêi	dirêi	farêi	lerêi	poderêi	
quererêi	trarêi	saberêi	valerêi	verêi	(R.)

Conditional (might, could, would, should).

crería	diría	faría	lería	podería	
querería	traría	sabería	valería	vería	(R.)

Imperative.

crêia	diz	faz	lê	póde
crêde	dizêi	fazêi	lêde	podéi
quér	traz	sabe	vale	vê
querêi	trazêi	sabéi	valêi	vêde

Subjunctive.
Present.

crê	diga	fáça	lêia	póssa
quêira	sáiba	trága	válha	vêja (R.)

Imperfect.

crêsse	dissêsse	fizésse	lêsse	poudésse
quizêsse	soubêsse	trouxésse	valêsse	vêsse (R.)

Future.

crér	dissér	fizér	lér	podér
quizér	soubér	trouxér	valér	vir

Participles.

crêndo	dizêndo	fazêndo	lêndo	podêndo
crído	díto	fêito	lído	podído
querêndo	sabêndo	trazêndo	valêndo	vêndo
querído	sabído	trazído	valído	visto

Cabér (suit, *fit into*) makes caíbo, cabía, côube, cóubera, cabería, cáiba, coubésse, coubér, cabêndo, cabído.

Idiomatic Phrases.

1. *Crêr:* — de lêve, easily; — de bôa mênte, readily; — a ólhos fechádos, blindly. Eu lho creo! I believe you! Motívo pâra —, reason to —. Não crêia ísto, don't believe that; — em, a, — in.

2. *Dizêr:* — que sim, to say yes, assent; — que não, to say no, refuse; — mal de, to speak evil of; — bem de, to speak well of. Que quér *dizêr* isto? What does this *mean*? Quer dizêr, that is to say. Diz, it is said.

3. *Fazêr:* — vir, rir, *make* come, laugh, etc.; — gástos, spend. With de *fazêr* de bôbo, *play* the fool; — papél de, play the part of; por chegar, try to arrive. Elle se *faz* súrdo, he *pretends*. Faz lua, it is moonlight.

4. *Lêr:* Não sêi lêr, he cannot read. Póde têr de cadéira, he could lecture, he knows it well. Lêr a cartílha a, to tell one his faults. Lêia devagár, read slowly. Leu a cartél, he read the challenge.

5. *Podér:* Póde sêr, may be, perhaps. Não *pósso* mais, I *can* do no more. Sínto não *poder*, I am sorry I *cannot*. Até não *podér* mais, till no more *could* be done. Não *pósso* com isto, I can't lift it. *Póde*-se fazêr, it *may* be done.

6. *Querêr:* — bem a, *wish* well to ; — mal a, *wish* harm to ; — antes, *prefer;* como *quizer*, as you *please*. Quânto *quér*, what do you *ask?* *Quér quêira, quér* não *quêira*, whether you will or no.

7. *Sabêr:* — de cór, know by heart; sem eu o —, without my knowledge. Ninguém, que eu *sáiba*, no one that I know of. Não *sábe* mentír, he cannot lie. *Sábe-se*, it is *known.* Vir a sabêr-se, become known.

8. *Trazêr:* por fôrca, *bring* by force ; — a memória, bring to mind ; — na memória, carry *in* the mind. Vênto *tráz* chúva, wind brings rain ; — guérra, *wage* war ; — orígem, descend ; — vontáde, wish.

9. *Valêr* mais, *to be worth* more. Não *vále* a pêna, it is not worth while. Não vále náda, it is good for nothing. Mais val, it is better to. *Val* tânto, *it is worth* so much. Valêr-se de, avail one's self of.

10. *Ver* múndo, *see* the world ; — vir, *see* what will come of it ; até mais —, good-bye ; fazêr —, show. Está por —, it remains to be seen ; a meu *ver*, in my *opinion ;* faz que não *vé*, he pretends not to *see*.

11. *Cabêr* has no *exact* English equivalent ; it means to be contained in, to be held : *e. g.*, Ó vinho não *cábe* na garráfa, literally, the wine *is not contained* in the bottle; or, in English, the bottle *will not hold* the wine. Não me *cábe*, it does not *suit* me. Não *cábe* érro, no room for error. — com êlle, to *suit*, please him.

IRREGULAR VERBS OF THE THIRD CONJUGATION.

1. Verbs in *gir* change g into j before o and a: fúgir, fújo ; tingir, tínjo.

2. Verbs in *guir* lose the u before o and a: seguir, sígo ; distinguír, distíngo.

3. Verbs in *entir* and *ertir, erir, edir, estir*, change e into i: sentír, sínto ; vestír, vísto ; repetír, repíto.

4. Verbs in *udlr, ulir*, etc., change *u* into *o* in second and third person singular, and third person plural, present indicative, and in imperative : acudír, acódes ; acóde,

acódem, acóde tu.   So all verbs in ir, with u before d, g, l, m, p, q, s, and ss.

5. Dormír makes *dúrmo;* pedír, *péço;* ouvír, *oúço;* medír, *méço.*

6. The irregular participles are: *abérto, abstrácto, afflícto, assúmpto, avíndo, cobérto, compúlso, conclúso, contrácto, desavindo, descobérto, digésto, dirécto, divíso, encobérto, erécto, exclúso, exháusto, exémpto, expúlso, exprésso, extíncto, frito, imprésso, inclúso, infúso, instrúcto, opprésso, repúlso, represso, submérso, sárto, tínto, víndo.*

Indicative.
Present.

vôu, go	sirvo, serve	péço, ask	rio, laugh
vais	sérves	pédes	ris
va	sérve	péde	ri
vámos	servímos	pedímos	rímos
ídes (obs.)	servís	pedís	rides
vão	sérvem	pédem	ríem

sáio, go out	súbo, go up	vênho, come
sáis, saes	sóbes	vens
sái, sae	sóbe	vem
saímos	subímos	vímos
saís	subís	víndes
sáem	sóbem	vem

Imperfect (was — ing, was to —, would —)

ía	servía	pedía	ría
saia	subía	vinha	

Perfect.

fúi	serví	pedí	ri
fôste	servíste	pedíste	ríste
fôi	servío	pedío	río
fômos	servimos	pedímos	rímos
fostes	servistes	pedístes	rístes
forão	servírão	pedírão	rírão

sahi	subí	vim
sahíste	subíste	viéste
sahío	subío	véio
sahímos	subímos	viémos
sahístes	subíster	viéstes
sahírão	subírão	viérão

Pluperfect.

fôra	servíra	pedíra	ríra
sahíra	subíra	viéra	

Future and Conditional.

ir-êi, — ía	servir-êi, — ía	pedir-êi, — ía	rir-êi, — ía
sahir-êi, — ía	subir-êi, — ía	vir-êi, — ía	

Imperative.

vai	sérve	péde	rí
ide	serví	pedí	ride
sai	sobe	vem	
sahí	sobí	vinde	

SUBJUNCTIVE.
Present.

vú	sirva	péça	ría
súia	súba	vênha	

vás, etc., all regular (except vos vades), —as, —a, —amos, —ais, —ao

Imperfect.

fôsse	subísse	pedísse	rísse
sahísse	servísse	viésse	

Future.

(se) fór (if)	servír	pedír	rir
sahír	subír	viér	

Infinitive and Participles.

ir	servír	pedír	rir
índo	servíndo	pedíndo	rindo
ído	servído	pedído	rído
sahír	subír	vír	
sahíndo	subíndo	víndo	
sahído	subído	vindo	

IDIOMATIC PHRASES.

Ir adiânte, to *go* forward; — *atráz* dêlle, *behind* him; —*por* pão, etc., *for* bread, etc.; — contra, — against; — com a torrênte, — with the stream. *Vóu* buscár, *I am going* to fetch.
Ia dizêr, I *was going* to say. *Vá* ver, go and see. *Vá*-se embóra, go away.
Sahír a públíco, to be made known. *Sái* a sêu páe, he *is like* his father. *Sahirá* cáro, it will *cost* you dear; — fóra, to go out (of the house). Ao *sahír* do sól, at sunrise. *Sáia* o que sair, *come* what may.
Servir o estádo, — the state; — um amígo, a friend; — a mercê, *return* the kindness; — de, *act* as. Não *sérve*

de nada, is of no use. *Sirva se de mim*, *make use* of me; para que sérve —, what's the use of. *Subir ao púlpito*, mount the pulpit; — uma árvore, climb a tree. *Sobe o fúmo*, the smoke *ascends*; *os ânjos subíndo*, the angels *ascending*. *Súba*, come up. Fáça favór de *subír*, *come up*, please.

Pedír justiça, *ask* justice; — perdão, pardon; — pão, ask for bread; o negócio *pede* cautéla, the business requires caution. *Pedi*-lhe por favôr, I *asked* him as a favour.

Rir as gargalhádas, *laugh* heartily, horse laugh; — até não mais, — his fill; pôr-se a —, burst out laughing. *Rir-se* muito álto, *laugh* out; — de, laugh at; — com sígo mêsmo, have a quiet laugh.

Vir ás maos, *come* to blows; — ao pensamênto, — into mind, occur to; — a próva, — to the proof; — a sabêr se — to be known. *Viérão* cartas, letters *have come*. Virá *témpo em que*, the *time* will come when. *Vindo a nôite*, night *being come*; lógo que *viér*, as soon as he *comes;* em *víndo* aprimavéra, spring *coming*, or when spring comes. Gósto que *viésse* (*literally*, I like he *should* come), I should like him *to come*.

REFLECTIVE VERBS.

These are conjugated throughout with the reflective pronoun:—

ácho-me, I find myself	atrêvo-me, I venture
áchas-te, thou findest thyself	atrêves-te., thou ventured
ácha-se, he finds himself	atrêve-se, he ventures
achâmo*-nos, we find ourselves	atrevémo*-nos, we venture
achais-vos, you find yourselves	atrevéis-vos, you venture
áchão-se, they find themselves	atrêvem-se, they venture

Reflective Verbs as Passives and Neuters.

The passive voice in Portuguese is much more frequently represented by the annexed forms than by the compound forms with *sêr* and *estár*: e. g., "*achão-se rosas*," is, literally, "roses find themselves," but it

* *s* omitted for euphony.

means "roses *are found;*" *confirma-se* a noticia, the news *is confirmed; fálla-se,* it *is said; cônta-se,* it *is related; nútre-se a alma,* the soul *is nourished;* torna-se, it *grows.*

IMPERSONAL, OR UNIPERSONAL VERBS.

These are chiefly the following:—*Acabôu-se*, it is done; *básta*, it is enough; *cónsta,* it is stated; *chóve,* it rains; *convém*, it suits; *cúmpre,* it is fitting; não *faz* cônta, it does not pay; *géla,* it freezes; *ha,* there is; *impórta*, it matters; *néva*, it snows; *paréce*, it seems; *relampêja*, it lightens; *résta*, it remains; *succéde*, it happens; *trovêja*, it thunders; *vále*, it is worth. These have the usual tenses: e. g., *chóve*, it rains; *chovía*, it was raining; se *chovér*, if it rains; and so on. The verb "*havêr*" is the chief unipersonal verb, and uses the third person singular throughout for both singulars and plurals. Ha leite, there *is milk*; ha óvos, there *are eggs.* Its participle does *not* vary: e. g., Se tivéssem *havído* flôres, teria *havído* frúctos, if there had been flowers, there would have been fruits.

COMBINED FORMS.

1. With pronouns.—Díga-*lhe,* tell him; díga-*lhes*, tell them. Comprêi-*o* para dár-*lho,* I bought *it* to give *it to him.* A penna é boa, elle *m'a* dará. Elle assentôu *se-lhe* ao ládo. Coméça a turvár *se-me* a cabêça.

2. With pronouns and auxiliaries:—Dar-*me has* prazêr, you will give me pleasure. Cortár-*lhe-hêmos* úma talháda. Ser-*me-hía* impossível. Ficar-*lhe-héi* muito obrigádo. Continuár-*se-ha.* Escrevêr-*lhe-hei* ámanhã.

CONTRACTED FORMS.

1. The infinitive loses *r* in combining with the pronoun; amár o, becomes amâ-lo, amál-o, or amállo; *vê-lo,* for vêr-o; crê-lo for crêr-o; *abraçá*-los. Nãoh póde *negá-*lo. *Té-*lo-ha.

2. Some infinitives are further contracted: *Fazér* becomes *faze, far,* and *fa;* e. g., *far*-me-hía o favôr; *fa*-le-hei

com prazer ; pensâlo e *fazê-lo* são côusas differêntes ; não é precíso dizê-lo, *dir*-lhe hêi.

3. Quér is sometimes que*l*, as *quél* as jústas, do you like them a close fit ; hêmos and hía, híamos, in compounds are contractions for havêmos, havía, havíamos.

4. In reflective verbs the first person plural loses *s* before nos, as *achámo-nos*, for *achámos-nos*.

5. The third person plural makes the governed pronoun take *n*, for euphony ; adorão-*no*, for adorão-o ; elles matárao-*no*, or *n'o*.

ADVERBS.

Adverbs of quality are chiefly derived from adjectives, by adding "*mênte*" (equal to the English "*ly*") to the adjective; *e.g.*, hábil, habilmênte; prudênte, prudentemênte. If the adjective has a feminine form, the affix "mênte" is appended: jústo, jústa, just*amênte*. *Example.* —Bom makes bóamênte, but prefers *bem;* mão takes mal, etc. Adverbs are thus compared : cêdo, *mais* cêdo, *o mais* cêdo, soon, sooner, soonest ; mênos jústamente, less justly. When two adverbs in "mênte" concur, the first " mente" is suppressed, as "frânca e lealmênte fallândo."

1. Of Place.

acolá	o hómem está *acolá*, the man is over there, yonder
ahí	*ahí* está, *there* he is ; *ahí* mêsmo, just *there;* d'*ahí* a alguns días, some days *hence*
além	*além* d'isso, besides that; *alem* daque, *besides ; além* das súas fórças, beyond his strength
alí, alli	móra *alí*, he lives *there, yonder* ; por *alí, that* way; em d'*allí*, thence ; para *allí*, thither
aquém	*aquém* do río, *this side* of the river; muito *aquém* de, much *below* ; within, beneath, less than
arríba	díto arríba, said above ; — de dez, *above* ten ; rio —, *up* stream; de bâixo —, *from* head to foot
atráz	como dísse —, as I said *above* ; fíca—, he falls *behind* ; deixár —, to leave *behind*

cá	vénha *cá,* come *here;* dê *cá,* give *here; cá* e lá, *here and there;* chégue-se para *cá,* come nearer
cérca	mêio dia ou á —, noon or *about* it; á — de mil, *about* 1000; môrto ou *ácerca,* dead or almost
dahí	— por diânte, thence, from that place (more used as adverb of time)
debáixo	— da mêsa, *under* the table
dêntro	— de cása, within doors; ir pára —, go in; — da cidáde, *in* the city; por —, inside
diânte	va —, go *on;* para —, on, forwards; ir por —, continue; andár —, precede, anticipate
fóra	— *out,* not at home; jantár —, dine *out;* está —, he's *out;* gênte de —, *company;* — de si, out of his senses
lá	there, *in* that place; pára —, *thither;* de —, *thence;* — em címa, up *there;* — báixo, down *there*
lônge	múito —, very *far;* ao —, *far* off; — da cidáde, *far* from town; tão —, come as *far* as
ônde	— quêira, *where* you please; de —, *whence;* pára —, *whither;* por —, how
pérto	mora aquí —, he lives *near* here; mais —, *nearer;* — de o fazêr, *near* doing it; de —, *nigh*
tráz, tras,	para —, back, backwards; ir a — de, to pursue; andár para —, turn back, relapse
aquí*	está *aquí,* he is *here; aquí* dêntro, in *here;* d'*aquí, hence;* até *aquí, thus far*

2. OF TIME.

agóra	*now:* até —, till *now;* aínda —, just *now;* dêsde —, henceforth; — —, now now; — mêsmo, instantly
aínda	*yet, still:* elle — não vêio, he is not come *yet;* — mais têmpo, *still* more time; — não, not yet
ântes	— de jantár, *before* dinner; — do dia, *before* the day; — de pagár, *before* paying
avânte	passár —, pass *on;* ir —, go on; a óbra vai —, the work goes on
cédo	vênha —, come *soon;* múito —, very *early;* de-

* *Aquí,* where the *speaker* is; *ahí,* where the one *spoken to* is; *allí,* where *neither* is.

	manhá —, early in the morning, tão —, so early
depóis	— de jantár, *after* dinner; o día —, the day *after*; — disso, afterwards; lógo —, immediately
então	*then, at that time:* até —, till *then*; desde —, since *then*; pois —, well *then*, in this case
hôje	*to-day:* — em día, this day; — faz um ânno, a year *to-day*; de — em diânte, from *to-day* onwards
já	— paguei, I have paid *already*; vôu —, I am going *directly*; — —, quickly; — se vê, it's quite clear
lógo	— vou, I am going *presently, by and by;* — que receber, *as soon as* you receive; até —, *good-bye*
núnca	*never:* — mais, *never* more; — jamáis, *never more*; pâra — mais, for ever
quândo	*when:* até —, till *when;* — mais *at* most; — mênos, *at* least; dêsde —, since *when*
hóntem	*yesterday:* ântehóntem, the day before yesterday
sêmpre	*always, ever:* para —, for *ever*; pâra tôdo —, without end; — que pênso, *every time* I think

3. Quantity.

acérca	— de quinhêntos soldádos, *about* 500 soldiers
apénas	— tive têmpo de, I *hardly* had time to —; — chegôu foi elle vendido, he had *scarcely* come when he was sold*
assáz	fico — contente, I am sufficiently satisfied
demáis	éstas bótas são grândes —, these boots are *too* large
mais	— vínho que cervêja, *more* wine than beer; pôuco — ou mênos, thereabouts
mênos	— frio, *less* cold; ao —, at least; nem mais nem —, neither more nor *less*
mui	— agradável, *very* pleasant
múito	— bom, *very* good; não —, not *much*; quândo —, at *most*; — apertádo, *too* tight

* *Apénas* is equal to *hardly, when.*

quão	— bello! *how* beautiful; tão formósa — bôa, as fair *as* she is good
quânto	— em mim fôr, *as much as* in me lies; — pósso, *as much as* I can; em —, while
quási	— dúas hóras, *almost* two o'clock; o — mórto, *nearly* dead
sequér	nem —, not *even*; nem — um só, not *even* one; nem — téve têmpo de, he has not *even* had time
tão	vai — de préssa, he goes *so* fast; — ríco cômo, *so* rich as; — bom! *so* good!
tânto	— melhór, *so much* the better; — mônta, it amounts to *so much*; álgum —, a little

4. Quality.

assím	*so*: façâmos —, let us do *so*; — sêja, *so* be it; — —, so so; — cômo, *as* soon as; tânto —, *so* that
bêm	*well*: múito —, very *well*; cânta —, he sings *well*; — chêio, *very* full; está —, all right; — pôuco, very little
cômo	*how*: assim —, as, like, just as; — assim! *how* so! — se, as if; doênte — está, ill *as* he is
náda	elle não me dísse —, he said nothing to me; — mênos, *nothing* less; não é —, it's nothing!
não	*no*: — o crêio, I do not believe it; — lê bem, he does *not* read well; dígo que —, I say no
sim	*yes*: crêio que —, I believe *so*; mas —, but *rather*; dar o —, consent; agôra —, now indeed
talvêz	— não sêja assím, *perhaps* it is not so; — que não, *perhaps* not
mal	estou —, I am *ill*; — fêito, *ill*-made; de — para peiór, from bad to worse; — o vío, *hardly* had he seen him
porque	— não va? *why* don't you go? — não quéro, *because* I won't; sem —, without cause
ora	— um — outro, *now* one, *now* the other; — vai! *now* go! — segue-se, *now* it follows

PREPOSITIONS.

1. Some prepositions govern words *directly*: e. g., *pâra mim*, for me; *por mar*, by sea; *para vêr*, in order to see.

2. Some prepositions require a, de, etc.: tocânte *ao* assumpto, touching the subject; diante *de* mim, before me.

3. The prepositions a, até, com, côntra, de, em, para, etc., por, sobre, form *complements* to nouns, adjectives, and verbs.

Nouns.—Amor *a* alliânça *com*, o intênto *de*, confiânça *em*, subscripção *pâra*, prêces *pôr*, tratáda *éntre*, conspiração *cóntra*, reflexões *sôbre*.

Adjectives.—Expôsto *a*, contênte *com*, dígno *de*, fiél *em*, próprio *pâra*, famôso *pôr*, insérto *sôbre*, conspirádo *cóntra*, castéllo campeândo *sôbre* o terrêno, ingráto *pâra com* elle.

Verbs.—Chegár *até*, pertencêr *a*, gostár *de*, pensár *em*, peccár *cóntra*, contrastár *com*, distinguír *éntre*, olhár *pâra*, esperár *pôr*, conversár *sôbre*.

4. The same verb has *different* complements: e. *g.*, dar *á*, give *to*; dar *com*, meet *with*; dar *em*, strike; dar *pâra*, face, front; dar *sôbre*, rush *on*; dar *atráz*, run *after*.

5. Prepositions intervene between the *governing* and *governed* verb, when the verb expresses a *definite* act: acábo de escrevér, continúo a lêr; but not when *indefinite*: dévo dizêr, *fáço* sabêr, etc.

6. The preposition is often *in* the verb, as *jantár* pêixe, to *dine on* fish; *almoçár óvos*, breakfast *on* eggs; *calçár* bótas, *put on* boots; *vestír* rôupa, *put on* linen; *agradecêr* lhe o lívro, *thank* him *for* the book.

7. The safest rule is, at first, to follow the literal translation of the English prepositions, to, *a*; of, *de*; with, *com*; for, *para*; for, by, *por*. The dictionary and practice will meet such cases as think *of*, pensar *em*; *em* extremo, extremely.

8. Prepositions before infinitives, in Portuguese, are ofter rendered by prepositions and participles in English:

lônge de querêr, far *from wishing*; *em visitár* os orphãos, *in visiting* the orphans; começôu *por queimár* o lívro, he began *by burning* the book; motívo *pāra ficár*, reason *for remaining*; *depois de eu lêr* a cárta, *after* my *reading* the letter; *sem conhecêr, without knowing*; e depois de o *têrem* examinádo, and after *their having* examined it.

9. Prepositions before infinitives are sometimes equal to a *finite* verb: e preciso pelejâr *até vencêr*, we must fight till *we conquer*.

10. *Em* governs the present participle, and is equal to *when*, or *as soon as*: *em morrêndo*-lhe seu pai, *when* his father dies; *em sêndo* 2 hóras, when it is two o'clock; *em eu têndo* bôa câma. *Em acabando*, irei.

1. SIMPLE PREPOSITIONS.

a   vôu *a* Lisbôa, I go *to* Lisbon; — têmpo, *in* time; — sua vontáde, *at* one's ease; — pé, *on* foot; — inglêza, in the English style; —des vinténs, *at* 10*d.*; —razão de, *at* the rate of; — véla, under sail; — proposito, by the by; — fórça de, *by* dint of; — fálsa fé, *with* treachery; a × a = á

até   — o natál, *till* Christmas; — ámanhã, *till* tomorrow; — os mais vis, *even* the vilest; — Lôndres, *as far as* London; — agóra, *till* now; — então, *till* then

com   cortár — uma fáca, cut *with* a knife; está — mêdo, he is afraid; — vencêr, in conquering

confórme   trajár — a estação, dress *according to* the season; — o uso, *according to* custom

cóntra   — *against* me; — o parecêr do médico, *against* the doctor's opinion; — a nôite, *towards* night

de   vem — Frânça, he comes *from* France; — pônte-pédra, stone-bridge; — bôa ráça, *of* good family; amádo — mim, loved *by* me; — dia *by* day; — porta em porta, *from* door to door; vivér — pêixe, live *on* fish; mênos —, — less *than*; é — crêr, it is to be believed; é —, belongs *to*; póbre — mim, poor me;

	o bom *do* mônge, the poor monk; — cór, by heart; forms many phrases, *de* vagár, *de* pressa, *de* gráça, *de* véras, etc.
désde	— Pariz até Londres, *from* Paris to London; — as trés hóras até as quárto, from three to four o'clock; então, *since* then
durânte	— a guérra, *during* the war; — tôdos os días da sua vída, during all the days of his life
após	— isso, *after* that; corrêr *apoz* êlle, run after him; búsque paz, e vá *após* délla
em	vínho — garrafa, wine *in* bottle; — cása, *at* home; — guérra, *in* war; de rúa — rúa, from street *to* street; dormír — térra, sleep *on* the ground; não está — si, he's not in his senses. Before a present participle equal to *as soon as:* *em* chegândo na cidáde, as soon as he arrived in the city; *no* día, *in the* day; *na* hóra, *in the* hour; *nos* quártos, *in the* rooms; *nas* câmas, *in the* beds; — nóssa procúra, *in* search of us; — jcjúm, fasting.
êntre	— nós, *between* ourselves; — as 10 e 11 hóras, *between* 10 and 11 o'clock; — dia, *during* the day; — mãos, *in* hand; — tânto, *meanwhile*; um costúme — os francêzes, a custom *amongst* the French; — o pôvo, *amongst* the people.
pâra	1. Person *to* or *for* : cárta — João, letter *for* John; isto é — mim, this is *for* me; — elle, *for* him
	*2. Before infinitive, *in order to :* trabálho — ganhár, I work *to* gain; estudo — chegár a ser sábio
	3. *Motion to* a place: vôu — India, I am going to India; — o ar, upwards; — o sul, *to* the south
	4. Time, period : o dia seguínte, *for* next day; — hôje, *for* to-day; — o fim da semâna, *towards* the end of the week.

* Estôu *para* pagár a cônta, I am just going to pay the account; a cônta está *por* pagár, the account is *to be* paid, or, is *not yet* paid, or *unpaid*.

por

5. Por (purpose): nao présta — náda, good *for* nothing; bom —, good *for;* fêito —, made *for*
6. About to: está — partir, he is *about to* start; — chovêr, *going to* rain
1. Done *by:* causádo — elle, caused *by* him; tomádo *pelos* grêgos, taken *by* the Greeks.
2. Object: — amor de min, *for* my sake; fáço — isso, I work *for* that; trabálha — dinhêiro
3. Place: *pélas* rúas, in the streets; — *tôda* a Asia, *throughout* Asia; passarêi — Bêira, I shall go *through* Beira
4. Means: ganhêi o — empênho, I got it *by* interest; — ésta cárta verá, you will see *by* this
5. Manner: fêito — fôrça, done *by* force; — cújas chágas, *by* whose wounds
6. Time: — ânno, *per* annum; — mêz, by the month
7. Value: — mênos de 4, *for* less than 4; 20 — cênto, 20 per cent; — quánto, for how much
8. Exchange: tróca vínho — pão, he barters wine *for* bread; tânto — cabêça, so much *a* head
9. Favour: intercedi — João, I pleaded *for* John; estôu — ísso, I am *for* that; estão — élla, they are *for* her
10. In lieu of: padeceu — nós, suffered *for* us
11. Equality: um vále — muitos, one goes *for* many; olho — olho, e dente — dente
12. As, for: ir — consul, go *as* consul; — meu amígo, *as* my friend; — mórto, *for* dead; tomár —
13. Before infinitive, to be: a óbra está — fazêr, the work is *to be* done
14. Fetching: fôi — vínho, he has gone *for* wine; va *pelo* médico, go *for* the doctor; ir — lênha, go *for* wood
15. As for: — mim, fíco aqui, *as for* me, I stay here; com as mãos *por* lavár, with *un*washed hands

	16. However: *por* dôuto que sêja, *however* learned he may be; — muito ríco que sêja, — bem que eu fáça
	17. Though: *por* ser póbre, *though* poor
	18. Reason *for:* famôso —, famous *for;* — vergônha, *for* shame; — invêja, *through* envy
segundo	— a cárne, *according to* the flesh
sem	1. — amígos, *without* friends; — vída, *without* life; — ceremónia
	2. (Before infinitive), — *querér*, without wishing; — *írmos*, *without* our going
	3. (Present subjunctive) — que tudo *estêja* prômpto, *without* all *being* ready; — que o châmem
	4. (Imperfect subjunctive), tôdos fôrão mórtos, *sem que* um só *escapásse*, without one escaping
sob	— a figúra de Mentor, *under* the form: — côr de, under colour of; — pena de; — Poncio Pilatos
sôbre	— a mêsa, *on* the table; — nóssas fôrças, *beyond* our strength; estár —, be *above*; — lônga consideração, *after*; reinár —, reign *over*; tomár — si, take *on* himself

2. COMPOUND PREPOSITIONAL PHRASES.

a	*a cérca d*ésta matéria, *about* this matter; *a címa d*êlle, *above* him; *ao pé d*êlla, *near* her; *a fôrça de* bráços, *by force of* arms; *a manêira de*, like; *a pezár de* mim, *in spite of* me; *a têmpo*, *in* time; *a párte*, *aside*; *a préssa*, *in* haste; *a ríos*, *in* streams; *ao lônge*, *at* a distance; *a súa vontáde*, *at* his ease; *a pé*, *on* foot; *a espéra d*êlle, *waiting for* him; *a respéito* dísto, *as to* this; *ao lôngo* da rúa, along the street; *atráz* da cása, *behind* the house; *a fálta de*, *for want of*
de	*de báixo da* condição, *under* the condition; *de-bálde*, *in* vain; *de* brúços, prostrate; *de* côr, *by* heart; *de* propósito, on purpose; de impovíso, suddenly; *de* vagár, slowly; *de* préssa, quickly; *de* camínho, on the road;

	de joélhos, *on* one's knees; *de* bótas, *in* boots; *de* lúto, in mourning; *de* marinhêiro, *as* a sailor; *de* bôca para báixo, mouth downwards; *de* gatínhas, on all fours; de repênte, suddenly; estôu de címa e êlle debáixo, I am *above*, and he *below*; *de* címa pâra báixo, over and over
em	está *em báixo*, he is *below*; *em* cása, *at* home; *em címa da* cáma, *on* the bed; *em* címa, besides; *em* dúvida, *in* doubt; *em* fim, in fine; *em* pé, *on* foot, up; *em* bréve, shortly; *em* súmma, *in* short; *em* vívos, *while* living; *em* priméiro logár, *in* the first place; em-frênte do prégadôr, *before* the preacher; *em-tôrno do* têmplo, *round* the church; *em logár*, dêlle, in his stead
pâra	*para com* os póbres, *towards* the poor; *pâra comígo, towards* me; de mim *pâra* mim, *as to* me; para baíxo, down*wards*; — címa, up*wards*; — diánte, for*wards*; — traz, back*wards*; para lá, *that* way; para cá, *this* way
por	*por* amôr de, *for* love of; atádo *por traz*, tied behind; *por* ísso, therefore; *por* cima da cabêça, above the head; *por báixo* delle, beneath him; *por* túrno, in turn; *por* môdo de dizêr, so to speak; *por* mar e *por* térra, *by* sea and land; um *por* um, one *by* one; 10 *por* tôdos, ten in all; por isso, therefore; *por* ísso mêsmo, *for* that very reason; *por* cáusa de, *on* account of, *by* reason of; por báixo, *underneath*; — címa, *above*; — diánte, *before*; — detráz, *behind*; — dêntro, *within*; — fôra, *without*

And many others, all more or less *adverbial*.

CONJUNCTIONS.

Some simply *connect words*, as conjunctives, conditional, causal, etc.; some require the indicative, some the subjunctive; some the infinitive, some participles.

1. PURE CONJUNCTIONS.

e	João *e* eu, John *and* I; brânco *e* prêto, white *and* black; *e* que tênho eu com ísso, *and* what, etc.
mas	but: — aínda, but still! — ántes, but on the contrary; — com túdo, *but* for all that
nem	— um — ôutro, neither; — mais — mênos, *neither* more *nor* less; — eu tão pouco, nor I
ou	elle — eu, he *or* I; — ríco o póbre, whether rich *or* poor; — lêia óu escrêva, whether you read or write
óra	— dígo eu, *still* I say, etc.; — vêja, just see; — havía hómem, now there was a man
pôis	— vá, go then; — então? what *then?* — bem, be it so; — sim, oh, of course (ironical); — não, most certainly
porém	— Mentor que temía, etc., *however*, etc.; é certo, — que, it is certain, *however*, that —
que	diz — quer, he says *that* he wants, etc.; diga-lhe — venha, tell him *to* come; tenho — ir me, I must go; jantemos, — ó tarde, let us dine, *for* it is late; menos —, less *than*
quer	— público — particulár, whether public or private; se —, at least, at any rate; — sim — não, all one, quite the same
também	eu — sôu Francêz, I *too* am a Frenchman; não somênte, mas —, not only, but *also*
todavía	— não podía pagár o dinhêiro, *nevertheless* he could not pay the money
senão	não tênho — ôuro, I have nothing *but* gold; não só —, not only, *but also;* não faz —, does nothing *but*

2. CONJUNCTIONS WITH INDICATIVE.

a proporcão que — estúda, aprênde, *as* he studies, he learns

aínda que	— alguns dízem *though* some say
cômo	— era de esperár, *as* was to be expected; ríco — elle é, rich *as* he is; fálla — quem sábe, *as* one who
de manêira que	— âmbos estavão inquiétos, *so that* both were uneasy
de pois que	— isso acontecêo, *after* that happened
de sórte que	— não posso lêr, *so that* I can't read; — parecião amígos, so that they seemed friends
durânte	— eu retardáva, *while* I was delaying
em quánto que	— eu fáço, *while* I am doing
lógo que	— chêga, dígo me, *as soon as* he comes, tell me
por que	— não sabía, *because* he did not know
se bem que	— não fáço, *though* I do not make
segúndo	— vêjo, *as far as* I see; — dízem, *as* they say; — o que está escrípto, *according to* what, etc.
se	básta me, — ainda víve, enough *if* he still lives; — o vizir vai, *if* the V. goes
se não	— pósso pagár, *if* I can*not* pay, etc.; se aínda o não lêu, if you have not read it
vísto que	— os são inferióres, *since* these are inferior.

3. CONJUNCTIONS WITH SUBJUNCTIVE.

aínda que	— êlle me reprehênda, *though* he chides me
aínda quándo	— assim fôsse, *even if* it were so
ántes que	— vênha, *before* he comes; — acontecéssem, *before* they happened; — êlles chegássem
até que	— me *págue, till* he pays me; — eu víva, *as long as* I live
a ménos que	— elles me não convídem, *unless* they invite me; — que elle estúde, unless he studies
bem que	— estivésse escrípto lá, *though* it was written there
comtânto que	— o fação, *provided that* they do it; —

	me não faça mal, *so that* he does not hurt me
cáso que	— eu não póssa pagár, *in case* I can't pay
cômo	sêja — fôr, *be that as* it may; — quer que sêja, *however* that may be; — elle não lá estêja, *if*
pâra que	— se acábe, *that* it be finished; — vivamos, *that* we may live
pôsto que	— vênha, não irêi, *though* he should come, I won't go
primêiro que	— isso aconteça, *sooner than* that should happen
cômo se	— eu fôsse criânça, *as if* I were a child; fallôu — tivesse perdído o juízo, he spoke *as if*
embóra	— censúrem os críticos, *what though* the critics censure
lôgo que	— V. S., recebêr ésta cárta, *as soon as* you get this letter
no cása que	— V. S., sêja enganádo, *in case* you may be wrong
por bom que	— eu podésse, *even if* I could
póde ser que	— párta hôje, he *perhaps* goes to-day
se	— elle pagár, *if* he pays; — quizér, *if* you like; — me dêr, *if* you give me; — eu estivésse
sem que	— demos, *without* our giving; fôssem ouvídos, *without* their being heard
A fim que	— eu sêja ríco, *that* I may be rich; — vos não ôuça, *that* I may not hear you
que	díga-lhe — me trága, tell him *to* bring me; não faltão pessôas — se appliquem, etc.

4. CONJUNCTIONS WITH INFINITIVE.

a*	— sêr assim, *if* it is so; — sabêr isso, *if* this were known; — não sêr isso, *but for* this

* *A* is strictly a preposition, but has here a conjunctive force.

além de	— apanhâr o frúcto, curtôu a árvore, *besides* plucking the fruit, etc.
ântes de	— morrêr, *before* dying
até	— não podêr mais, *till* he could do no more
em vez de	— o ajudár, *instead of* helping him; — de fugír, instead of running away
cômo	sêi — fazer, I know *what* to do
confórme	— eu achár a térra, *as* I find the country
depóis de	— lêr o lívro, *after* reading the book
em logár de	— escrevêr a cárta, *instead of* writing the letter
em quânto	— durár o múndo, *while* the world lasts
quer-quer	— chóva — fáça bom têmpo, *whether* it rains, *or* is fine
lônge de	— sêr, *far from* being
no cáso de	— V. S. vir, *in case of* your coming
sem	— sêr religiôso, *without* being religious
vísto	— ser tão tárde, *seeing* it so late

INTERJECTIONS.

ai!	— mêu fílho, *ah*, my son! — que prazêr! oh, what joy! — que desgráça! what a pity!
árra!	*oh!* ah! you rogue!
ah!	— irmao! oh my brother! —meu nóbre âmo! ah, my noble master!
ápre!	(marks aversion) get away! off! the deuce! hang it!
cía!	come on! look sharp! quick!
fóra!	— cão! get *out*, dog! — — out! out!
olá!	(calling) holla! hoy!
sáffa!	— fóra d'aqui! be off! out of this!
ta!	—!—! hush! hush!
óra!	— sus! on! on!

" *Uhm*, rosnou o clérigo," "hum, muttered the priest."

INTERJECTIONAL WORDS AND PHRASES.

affásta	— te, get out of the way! be off!

ai de mim!	woe is me! oh, dear me!
ánimo!	cheer up!
aquí d'el rei!	— gritôu o hómem! help! murder! cried the man!
avânte!	úpa! firm! —! —!
asnêira!	nonsense!
básta!	— — estou contênte! enough! enough! I am satisfied!
calúda!	hush! silence!
com affêito!	really!
coitádo!	— do pôvo! poor people!
cuidádo!	take care!
coisas!	fílha, tu dizes coísas! child, don't talk nonsense!
de véras	indeed!
dêus	— nos acúda! God help us! — o permítta! God grant it! — to págue! may God reward you!
dêus	gráças a —! thank God! — me sálve! God help me! — me perdôe! God forgive me!
isso!	exactly! just so! that's it!
por, etc.	— piedáde! for mercy's sake!
que dúvida!	why not! no doubt! of course!
misericórdia	—! bradôu o mônge! "mercy!" cried the monk
que —!	— gênte! what people!
oxalá	— que sêja felíz! may you be happy! — que vênha, *oh if* he would come!
ólha!	— fáça ísto! see, do this! — Vênha cá! I say, come here!
óptimo!	capital! very good!
paciência!	no help for it! make the best of it!
psío!	o Manuel — *psío!* chêga á falla! Manuel, *hist*, speak!*
quál!	what!
por fôrça	of course!
silêncio!	silence!

* The Portuguese always prefix *o* in calling any one: "Psio" and "olha" are commonly used to attract attention, like "Heh," *I say*, in English.

x

truz!	truz! truz! truz! á pórta; rap, rap, rap, at the door
sentído!	take care! look out! fílha da minha álma! ísso agóra! cálle a bôcca! pobre da mãe!
válha-me	— deus, God help me!
víva!	long live, etc., —; good morning! how do you do?
sêja, etc.	— pela saúde de V. S., God bless you! deus quêira que —, God grant it *may be* so!
vámos	come along! go on!

.

THE END.

www.ingramcontent.com/pod-product-compliance
Lightning Source LLC
Chambersburg PA
CBHW022101230426
43672CB00008B/1241